西南大學創新團隊項目『古文字與出土文獻研究』（SWU2009108）

出土文獻綜合研究集刊

西南大學出土文獻綜合研究中心
西南大學漢語言文獻研究所
編

劉釗題

第二十輯

巴蜀書社

中文社會科學引文索引（CSSCI）來源集刊
中國人文社會科學集刊AMI綜合評價核心集刊

出土文獻綜合研究集刊

古文字和出土文獻研究的第一要義是求真、務實，亟望你們的刊物能辨出自己的特色，儘可能刊登有價值的文章。

裘錫圭

二〇二〇年一月十八日

目　録

contents

“甲”字探源：1-18，2024（02）

“甲”字探源*

孟蓬生

摘　要：“甲”字從甲骨文開始直到今天都是一個常用字，但“甲”字（含“田”“十”兩形）的來源一直不太清楚，其構形本意的解釋也還没有一致的意見。本文結合文字學和音韻學的已有研究成果，嘗試從甲骨文“害”字構形入手探索“甲”字的來源。甲骨文“”字除去“口”形的部分本象龜腹甲之形，實即“甲（害）”字的象形初文；商代先公之名“上甲”的“田（甲）”字即由此簡省而來；表示天干第一位的“十（甲）”字則是“田（甲）”字進一步簡省的結果。音韻學者認爲上古漢語祭部字（中古祭泰夬廢四韻）來源於前上古漢語的閉口韻盍部，“甲”“害”同源分化正是盍祭通轉的一個典型案例。

關鍵詞：甲骨文；金文；甲；害；盍祭通轉

“甲”字從甲骨文開始直到今天都是一個常用字，但“甲”字（含“田”“十”兩形，下同不注）來源一直不太清楚，其構形本意的解釋也還没有一致的意見。本文結合文字學和音韻學的已有研究成果，嘗試從甲骨文“害”字構形入手探索“甲”字的來源。

一、“甲”字構形之謎

古文字資料中的“甲”字可分爲繁簡兩系，略如下表所示：

表 1　“甲”字兩系表

	繁系	簡系
商代	1	2
西周	3	4
春秋	5	6
戰國	7 8 9	
秦代	10 11	
説文	12 13	

*本文爲國家社科基金重大項目“漢字諧聲大系”（項目編號：17ZDA299）的階段性成果。

注：1《合集》19875；2《合集》19804；3 甲作寶方鼎（《集成》01949）；4 御正衛簋（《集成》04044）；5 秦景公石磬（《銘圖》19788）；6 蘇公子簋（《集成》04014）；7 新郪虎符（《集成》12108）；8《郭店·老子甲》26；9《望山》1.137；10 陽陵虎符（《銘圖》19174）；11《睡虎地·日書乙种》144；12《説文》小篆；13《説文》古文

上揭“甲”字各种字形在形體上的相關性十分明顯，演變序列也十分清楚。但從用字習慣上看，商周到秦漢一直在發生變化。春秋以前，“甲”字繁簡兩系並行而分工不同，自戰國以後，繁系字逐漸一統天下。

商代甲骨文干支之“甲”作“十”（包括以日得名之人名），而“田”只用作先公“上甲”之專名。但至遲從西周早期開始，一般人名之“甲”也可以写作“田”。例如：甲作寶方鼎（《集成》01949，西周早期）：“田（甲）作寶。”獄盨（《銘圖》02329，西周中期）：“獄肈作朕文考田公寶尊彝。”或方鼎（《集成》02824，西周中期）：“朕文考田（甲）公、文母日庚。”“文考田公”與“文母日庚”並列，“田（甲）公”之“甲”當理解爲“父甲”之“甲”。稃簋（《集成》10038，西周晚期）：“稃乍（作）父田（甲）寶簋，萬年孫子寶。”至遲到西周晚期，干支之“十（甲）”亦可以写作“田”。例如：弭叔師察簋（《集成》04253，西周晚期）：“唯五月初吉田（甲）戌。”

大家知道，殷人本以日名（先後有生日、死日、祭日等説），而日名得自天干，所以干支之“甲”和先公“上甲”之“甲”記録的是同一個詞，只是書寫形式上的差異。干支之“甲”寫作“十（甲）”，一方面是因爲有意跟專名“上甲”之“田（甲）”相區分，另外一方面是因爲干支之“十（甲）”使用過於頻繁而有意省減。周人用“田（甲）”字記録人名和干支之“甲”，一方面是因爲兩者本來記録的是同一個詞（同音同義），另一方面是因爲 “十（甲）”字與數字之“七”容易混淆。

跟字形演變序列和用字習慣相比，對“甲（十、田）”字構形本意的探索相對艱難，此前的考釋意見主要有以下六種：

1. 象木戴孚甲（戴甲於首）之形

《説文·甲部》：“甲，東方之孟，昜气萌動，从木戴孚甲之象。”[①]段玉裁於“从木戴孚甲之象”下注：“孚甲猶今言穀也。凡艸木初生，或戴穜於顛，或先見其葉，故其字象之。下象木之有莖，上象孚甲下覆也。”朱駿聲《説文通訓定聲》：“甲，鎧也，象戴甲於首之形。”

2. 象人头空（髑髏）

《説文》“甲”字下又引《大一經》曰：“人頭空爲甲。”段玉裁注：“空各本作宜。今依《集韻》作空爲善。空腔古今字。許言頭空、履空、領空、脛空皆今之腔也。人頭空，謂髑髏也。”

① “空”大徐本作“宜”，今從段玉裁改。

3. 象龜甲形

清俞樾《兒笘録 • 甲》：“甲之本義謂何？鱗甲字其本義也。《大戴禮 • 易本命篇》：‘有甲之蟲三百六十，而神龜爲之長。’是甲蟲以龜爲主，故甲字即象龜形。其上作者，與龜字頭同，其中作一者，象其肩也，許君於龜篆下所謂廣肩是也。其下作丨者，象其尾也。古文作者，其上之正象甲形，小篆从古文而省耳。”《小學識字教本》（陳獨秀，1995: 68）：“甲骨文及金文均有二形：一作十，一作田。……其所以应作十者，乃以象龜甲之縱横紋理也。”《文源》（林義光，2012: 140）：“按古作十，不象人頭，甲者皮乾裂也，十象其裂文。”

4. 象魚鱗形

《甲骨文字研究 • 釋支干》（郭沫若，1962: 166–167）：“甲亦魚身之物也。魚鱗謂之甲，此義於今猶活。……魚鱗之象形何以作十？此殆示其四鱗合一之處也。甲骨文魚字作若，均以十爲魚鱗之象形，現行隸書作魚，亦猶存其遺意。”

5. 象石函形

《甲骨文編》（孫海波，1965: 545）：“卜辭上甲之甲象石函形，小篆字即由此形衍出。”《甲骨文字典》（徐中舒，1989: 1535–1536）：“按二説均未可確證，姑存其説。或增口作田，爲先公上甲之專名。口蓋象藏主之匰。”

6. 一十为甲

丁驌（1985）：“字从一从丨。丨爲數，一爲計，故一個丨爲十（甲）。”

《大一經》“人頭空爲甲”是否爲構形説解不得而知，許慎《説文》及清代學者段玉裁、朱駿聲等均據小篆字形“”立説，清代學者俞樾則據《説文》古文立説，自非“甲（十、田）”字構形本意。現當代學者雖據更早的古文字字形立説，但均未舉出有力的旁證，也難以令人信服。

我們認爲，商代甲骨文已經是相當成熟的文字體系，其中有些字形去實際物象已遠，如果不能在殷商或西周甲骨文或金文構形系統中找出其他有力的旁證，重構字形發展演變的序列，就很難在“甲”字構形之謎的破解方面取得重要突破。

二、“害”字初文的構形本意

甲骨文“害”字初文的構形本意的探索可以幫助我們解開“甲”字的構形之謎。

但需要説明的是，甲骨文中被學者們釋爲“害”和隸定爲“害”的字形實際上不止一個，我們這裏所説的“害”字初文指以下商代甲骨文字形中包含的一個有若干異寫但可以互相認同的構件（劉釗，2014a）：

1《合集》6615；2《合集》6614；3《合集》18134；4《合集》28011；5《合集》9544反；6《合集》9544正；7《合集》17598

上揭諸字形所在的辭例如下：

（1）戊午卜，㱿貞：弜乎钔（御）羌于九，弗其隻（獲）。

（《合集》6615）

（2）戊午卜，弜乎钔（御）羌于九，弗其【隻（獲）】。

（《合集》6614）

（3）……九……。（《合集》18134）

（4）乙酉，小臣美。（《合集》28011）

（5）王固曰：吉，其。（《合集》9544反）

（6）壬戌卜古貞，乎戠黍。（《合集》9544正）

（7）示十屯。（《合集》17598）

上揭字形2、3兩形各有缺失筆划，但正好可以互相補足。劉釗把該字2、3兩形恢復爲“𠷎”是可信的。2、3兩形和1形爲同一個字的異寫，可以從辭例上得到證明。兩者的主要區別在於除去構件“口”後的部分，一爲縱置（），一爲橫置（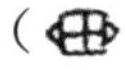），且前者兩端尖角部分中有一豎筆，而後者則無。字形1、2、3中除去構件“口”後剩餘的部分爲“害”字初文。需要注意的是：既然確定“害”字初文爲除去“口”旁的剩餘部分，則加“口”以後的各种字形如1、2、3、4隸定爲“害”都屬於寬式隸定，其嚴式隸定應爲“𠷎”。

商周兩代甲骨文中有“𫑝”字（嚴式隸定爲“𫑝”），其形如下（劉釗，2014a；2014b）：

8《英藏》2532；9《合集》36935；10《合集》36875；11《周原》H11:232

上揭諸字形所在的辭例如下：

（8）癸未卜，才（在）貞，王旬亡𡆥（憂）。　　（《英藏》2532）[①]

（9）癸未卜，才（在）貞，王旬亡𡆥（憂）。　　（《合集》36935）

（10）癸未卜，【才（在）】貞，【王】旬亡𡆥（憂）。

（《合集》36875）

（11）……其于伐侯……。　　（《周原》H11: 232）

劉釗多年前就主張把8、9、10釋爲“㝬”，但並未成文，最早將這三個字隸定爲“㝬”的文字著録書是《甲骨文字形表》（沈建華、曹錦炎，2001: 36）。最早將周原甲骨文字形11隸定爲“㝬”的是陳全方（1983）。其後學者們相承釋此四字爲“㝬”，似無異議（王宇信，1984: 111-112；徐錫臺，1987: 347；朱岐祥，1997: 62）。

劉釗（2014a）認爲商周兩代甲骨文中“㝬”字除去“大（夫）”“口”兩個構件的剩餘部分可以跟商代甲骨文的“害”字初文（、）認同。我們據此假定甲骨文中“害”字初文的發展序列如下：

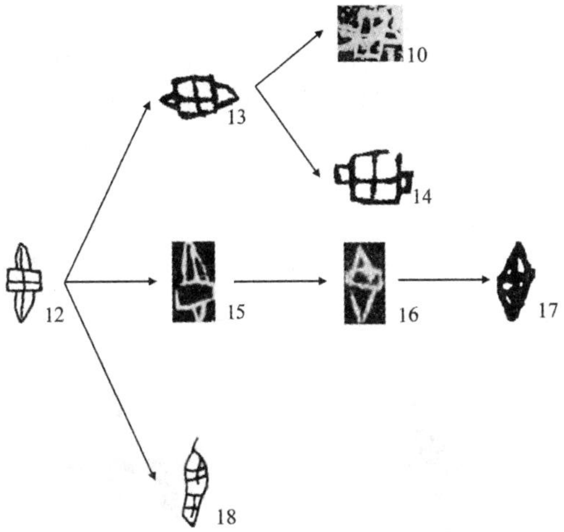

12《合集》6615“”字所从；13《合集》9544反“刈”字所从；10《合集》17598；14《合集》9544正“刈”字所从；15《合集》28011“”字所从；16《英藏》2532“㝬”字所从；17《合集》36875“㝬”字所从；18《周原》H11:232“㝬”字所从

劉釗（2014a）虽然認爲上圖這些字形爲“害”字的初文，但對於其構意或造字理據並没有做進一步的探討。他説：“‘害’字最初的構形象什麽，或説造字理據是

① 《合集》41770爲該片的摹本。

什麽，它是爲語言中的哪個詞造的字，從目前已有的資料看，似乎還得不出什麽科學合理的解釋。”劉釗在這個問題上所秉持的審慎態度值得肯定，但如果仔細審視各方面的材料，似乎還是可以看出“害”字構意或造字理據的一些蛛絲馬迹，所以我們現在不揣譾陋，嘗試做進一步的探索。

大家知道，甲骨文多爲刀筆文字，而金文多爲毛筆文字，所以金文跟甲骨文相比，往往更接近實物（裘錫圭，1988: 43）。“害”字初文虽不見於西周金文資料，但以“害”字初文爲構件的“㝬”字和“⿰害丮”字則見於西周金文，有助於我們探討“害”字初文的構意。

西周金文“㝬”字写法如下：

19㝬叔簋（《銘三》0417，西周早期）；20榮仲方鼎（《銘圖》02412，西周早期後段）；21師⿰害丮鼎（《集成》02830，西周中期前段）；22录簋蓋（《銘圖》05115，西周中期前段）；23𩛥鼎（《集成》02721，西周中期前段）

字形19上承甲骨文字形8、9、10、11，“害”字下方加“口”，字形20—23“害”字下方不加口（注意：字形23下部的“口”形顯然來自字形21、22害字下部類似“甾”旁的部分的省簡，而不是來自字形19的左旁）。因此，字形19和上揭甲骨文字形8、9、10、11隸定爲“㝬”是寬式隸定，即在隶定过程中省去了原字的构件“口”旁，嚴式的隸定應爲“㝬”。

金文中有一個被釋爲“⿰害丮”的字（容庚，1985: 1067；謝明文，2022: 50；劉釗，2014a）。該字最早見於吴式芬所著《攈古録金文》卷二之一·12·4，原銘及釋文如下：

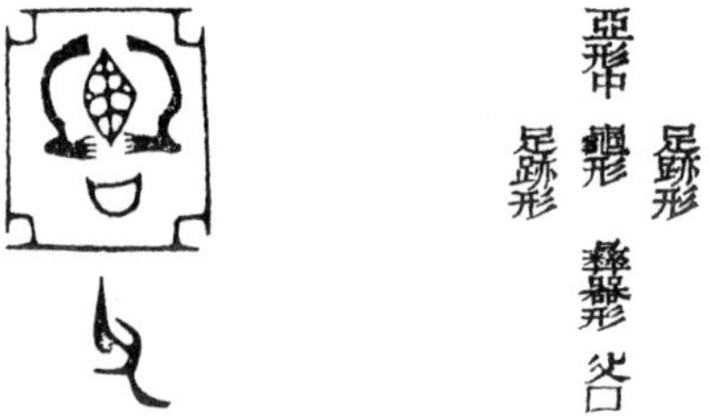

那麽“害”字初文到底象什麽物體呢？我們認爲，所謂“害”字初文極有可能是龜腹甲的象形。試以上揭字形1、11、20中“害”字初文（即下圖12、18、25形）的構形跟龜腹甲實物圖像比較，不難看出它們之間的聯繫：

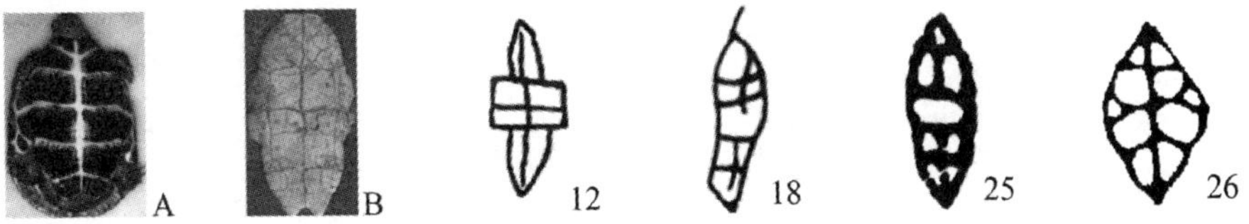

上圖A爲龜腹部照片，B爲甲骨實物龜腹甲照片。可以看出，龜腹甲略呈長橢圓形，中間方而寬、兩端尖而窄。字形12中部之“田”形象腹甲中部（方而寬），兩端尖角象首甲和尾甲（尖而窄），中有竪筆，象龜腹甲之中溝（俗稱“千里路”，斷而不連，或爲契刻之方便）；但這种字形省略了首甲和尾甲略呈V形和倒V形的盾紋。字形18省略了龜腹甲中部的“十”字形盾紋，但首甲和尾甲部分的“十”字形則可以看作千里路与V形和倒V形之盾紋交叉的粗略描摹。字形25（榮仲方鼎“㪤”字所从）爲毛筆文字，外周輪廓曲綫圓潤，龜首甲V形斜綫也得到了如實反映，但腹甲中部與字形18一樣省略了龜腹甲中部的“十”字形盾紋。字形26千里路貫通首尾，龜腹甲中部的“十”字形盾紋、首甲和尾甲部分的V形和倒V形之盾紋都得到了反映，中間部分左右兩邊略呈三角形的部分則象龜腹甲接近甲橋的部分。

文字畢竟不等同於圖畫，所以上圖字形12、18、25、26跟實物相比均有一定程度的省略，但總體來説，金文較之甲骨文更接近物象。吴式芬釋字雖然錯誤，但他能够把字形26跟“龜形”聯繫起來，實爲難能可貴。

把甲骨文比較接近物象的“害”字初文跟比較抽象的字形“上甲”之“田”和天干之“十（甲）”聯繫起來。我們可以假定甲骨文中“害”字初文的演變序列如下：

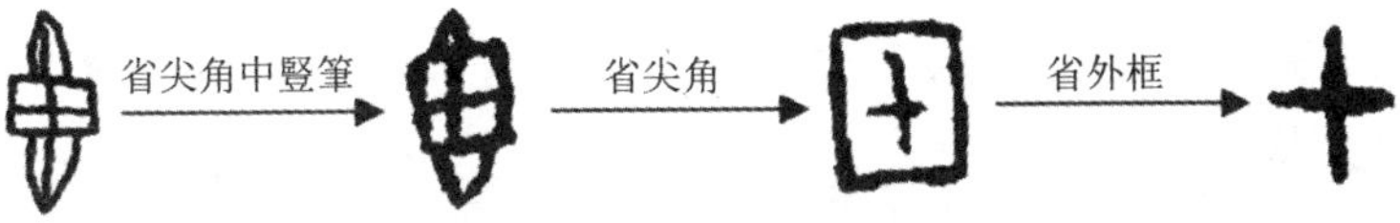

可以看出，甲骨文中“甲”字字形的發展演變是一個由繁趨簡的過程，而不是像陳獨秀（1995: 68）和徐中舒（1989: 1535- 1536）推測的那樣是一個由簡趨繁的過程。“”形“田”字中“十”與外框接觸，而“”字中“十”與外框刻意分開，當是爲了跟甲骨文的“田”字相區别。不明白這一點，就很容易誤會“十”字爲原形，而“”字乃爲“十”字外加框廓之形。①這或許是古文字學者没有能够把“”和“”聯繫起來的原因之一。

回過頭來再看前人的關於“甲”字構形本意的推測，自以陳獨秀“十（甲）”字“象龜甲之縱横紋理”之説最爲可取，而郭沫若象魚鱗甲之説爲近之。清人俞樾據小篆解釋字形固屬臆説，但他根據“甲”字所記載的詞義推測“甲”字本象龜甲形，

①古文字學界或把字隸定爲“囲”就是基於這樣的認識。

也是難能可貴的。

三、相關音理解釋

“甲”（見母盍部）和“害”（匣母祭部或匣母月部）上古讀音不同，如果我們認爲兩字爲同源分化字，還必須對其語音關係（主要是韻部關係）做出合理的解釋：一是“害”字初文是否跟後代的“害”一樣讀音在祭部（月部）的問題，二是“害”字初文爲“甲”所涉及的盍祭兩部相通的問題。

確定“害”字初文讀音的依據有兩種，一種是“本證”（商代文字材料反映的語音信息），二是“旁證”（周代文字材料反映的語音信息）。

甲骨文中反映“害”字古音的“本證”有兩條，一是“”字，二是“𣥊”字。這兩個字都是雙聲符字。

“”字見於《合集》9544號正、反，辭例如下：

12. 壬戌卜古貞，乎戠黍。

13. 王固曰：吉，其。

其中“”“”兩字，裘錫圭先生疑其从“㸚（乂之初文）”得聲，在卜辭中讀爲“刈”（裘錫圭，1992a: 38）。劉釗（2014a）認爲該字从“害”字初文得聲，則該字可以隸定爲“𩇕”。“害”字古音在祭部，“㸚”字古音在月部，音韻學者或認爲祭月兩部合一，所以“𩇕”字可以看作雙聲符字。《説文・丿部》：“乂，芟草也。从丿、从乀相交。刈，或从刀。”庾信《傷心賦》：“蘭生庭而蚤刈。”倪璠注：“刈，割也。”《説文・刀部》：“割，剝也。从刀，害聲。”又同部：“剝，裂也。从刀，彔聲。”《爾雅・釋言》：“割，裂也。”《廣雅・釋詁一》：“割，斷也。”“乂”古音在祭部，“㸚”字古音在月部；“害”古音在祭部，“割”古音在月部，兩者完全平行。“𩇕”“刈”“割”三字所記爲同一詞或同源詞。

甲骨文中“𣥊”字的寫法已見前面第一節，今重舉如下：

8　9　10

8《英藏》2532；9《合集》36935；10《合集》36875

由於“𣥊”字在商代甲骨文中用作地名（辭例已見前），難以得到確定的語音信息。但如果我們認真分析字形，還是可以發現一些端倪。

從字形來看，“㝬”字从害、从大，而“夫”字則可以看作“大”形之變（林義光，2012: 44；孫海波，1965；陳夢家，1988: 407；張世超等，1995: 2506；黄錫全，1995；何琳儀：1998: 589）。我们認爲，“㝬”字所从之“大”即“盇”字所从之“大”，亦即“去（盇之聲符）”字所从之“大”。這個“大”本象器蓋之形，即“蓋（葢）”之象形初文（裘錫圭，1979；裘錫圭，1991；裘錫圭，1992b）。

“大”象器蓋之形是根據“壺”“盇”等字的古文字構形分析得出的結論。《説文 • 血部》：“盇，覆也。从血、大。”徐鉉等按：“大象蓋覆之形。”李孝定（1992: 136- 137）：“其字實當从皿从大，即器蓋之蓋之本字，从‘血’無所取義，篆从‘血’者，形近而誤也；‘皿’即器，‘大’即蓋，壺字金文小篆皆从‘’，即象其蓋，非从小、大之大。”《説文 • 去部》：“去，人相違也。从大，凵聲。”商承祚（1993: 19）曰：“此即《説文》訓凵盧飯器之凵之本字，其或體作笶，尚存古誼，飯器宜温，故‘凵’以象器，‘’其蓋也（壺字之蓋，金文及小篆亦作形），後借用爲人相違之去，遂奪其本義，而别構凵字代之，非其朔矣。”裘錫圭先生認爲“去”字有兩個來源，一是魚部的“去”，本作（甲骨文中用作專名），表示把嘴張大的意思；一是盍部的“去”，本作，表示器皿上有蓋子（裘錫圭，1979；裘錫圭，1991；裘錫圭，1992b）。我們（孟蓬生，2016）雖然不贊成古代有兩個“去”，但却贊成“盇（盍）”字所从之“大”本象器蓋之形的觀點。“大”字象器蓋之形，即“盇（盍蓋）”字之象形初文：“盇”所从的“血（皿）”与“去”字所从的“口（凵）”是爲了説明“大（蓋之象形初文）”所在的位置（在器口之上），就像甲骨文“弋”字寫作、一樣，上部的戈柲是爲了説明“弋（杙之象形初文）”所在的位置（在戈柲之下）。這种造字方式我們稱之爲“襯托象形”。甲骨文“眉”寫作（《合集》3420）、“枼”寫作（《合集》13526正），其中“目”和“木”都是爲了説明“眉”和“葉”所在的位置，與“盇”“去”“弋”構形方式相同。

古音盍（蓋葢）聲與害聲古音相通。《説文 • 血部》：“盇，覆也。从血、大。”小徐本和《韻會》古音在匣母盍部。又《艸部》：“蓋，苫也。从艸，盇聲。”古音在見母祭部。“盇”“蓋”兩字音義相通，爲同源詞。《爾雅 • 釋言》：“蓋、割，裂也。”陸德明《經典釋文》：“蓋，舍人本作害。”訓“裂”之“蓋”字即“割（害）”之借字，而“割（害）”和“裂（列）”亦音義相通。《書 • 吕刑》：“鰥寡無蓋。”《孟子 • 万章上》：“謀蓋都君咸我績。”兩“蓋”字並讀爲“害”。定州漢墓竹簡《論語》（河北省文物研究所、定州漢墓竹簡整理小組，1997）：“盇十世希不失矣。”今本《論語 • 季氏》作“蓋十世希不失矣”。郭店簡《成之聞之》37：“昔者君子有言曰：‘聖人天德。’害言慎求之於己，而可以至順天常矣。”

“害”字讀爲虛詞之“蓋”。

大（去—盇）聲與乂（乂）聲相通。《書・多士》：“亦惟天丕建，保乂有殷。”《書•君奭》：“率惟玆有陳，保乂有殷。”《書・康誥》：“往敷求于殷先哲王，用保乂民。”《書・顧命》：“則亦有熊羆之士、不二心之臣，保乂王家，用端命于上帝。”《詩•小雅•南山有臺》：“樂只君子，保艾爾後。”大克鼎（《集成》02836）：“保辪周邦，畯尹四方。”宗婦壺（《集成》09698）：“以降大福，保辪鄁國。”晉公盤（《銘續》20952）：“保譬王國。”秦公簋：“嚴恭夤天命，保𤔲乎（又）秦。”“保𤔲”即“保乂（艾）”（楊樹達，1997:26）。叔䟭父卣（集成05429.1）：“唯汝焂其敬辪乃身。”晉公盤（《銘續》20952）：“嚴恭寅天命，以𤔲朕身。”“以𤔲朕身”之“𤔲”即“敬辪乃身”之“辪”。

“𤔲”爲雙聲符字，𤔲（業）去（盇）皆聲。甲骨文“辪”字作“”（《合集》11004，師組）或“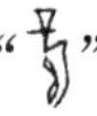”（《合集》1253正，賓組），从𠂤，乂（乂）聲。上文已經指出，甲骨文、當隸定爲“䛋”，爲雙聲符字，乂（乂）、害皆聲。

“大（盇蓋之象形初文）”既可以與“害”聲相通，又可以與其同音字乂聲相通，因此我們認爲，甲骨文“䛋”字可以看作雙聲符字，“大”“害”皆聲。大（盇部）之於害，猶𤔲（盇部）之於辪（乂）也。

古音大（盇—盇）聲與甲聲相通。《説文・口部》：“嗑（嗑），多言也。从口，盇聲。讀若甲。”《釋名・釋形體》：“甲者，闔也，與胸脇皆相會闔也。”《周易・謙卦》：“勿疑，朋盇簪。”馬王堆漢墓帛書本“盇”作“甲”。《周易》“噬嗑”之“嗑”，馬王堆漢墓帛書《易之義》和阜陽漢簡《周易》均作“閘”（白於藍，2017: 601）。《説文・大部》：“奄，覆也。大有餘也。又欠也。从大，从申。申，展也。”“奄”字古音在談部，字形何以从“申”，過去學者不得其解。馬王堆漢墓帛書中抄寫年代較早的《陰陽五行甲篇》中，“掩”字寫作、等形，右旁作“奞”，陳劍（2017: 10- 11）認爲“掩”字从“奞”得聲，而“奞”字應分析爲“从盇（盇）省，甲聲”。實際上，“奞”字可以看作雙聲符字，“大”“甲”皆聲。《説文・疒部》：“㿯，跛病也。从疒，盇聲。讀若脅，又讀若掩。”《左傳》昭公二十七年：“吴子欲因楚喪而伐之，使公子掩餘、公子燭庸帥師圍潛。”“掩餘”，《史記・吴太伯世家》和《刺客列傳》《吴越春秋・王僚傳》並作“蓋餘”。《説文・邑部》：“郁，周公所誅郁國，在魯。从邑，奄聲。”《韓非子・説林》：“周公旦已勝殷，將攻商奄。”《左傳》定公四年：“因商奄之民，命以伯禽。”《墨子・耕柱》：“（周公旦）辭三公，東處於商蓋。”清華簡《繫年》14、15作“商盇”（清華大學出土文獻研究與保護中心編，李學勤，2011: 141），是“商盇（蓋）”即“商奄（郁）”。從諧聲系統來看，以上這些盇聲與奄聲相通之例，實際就是盇聲與甲聲相通之例。

如果我們認定“大（盇—盍）”可以作“⿰害夫”字的聲符，則“⿰害夫”字的上古音或前上古音應在盇部，這种可能性是否存在呢？答案應該是肯定的，西周金文資料可以給我們提供有利的佐證。

季宮父⿷匚古之“⿷匚古”字作“⿷匚⿰害夫”（《集成》04572），弭仲⿷匚古之“⿷匚古”字作“⿷匚⿱聑大”、叔邦父⿷匚古之“⿷匚古”字作“⿷匚大”：

27

28

29

27季宮父⿷匚古（《集成》04572）；28弭仲⿷匚古《銘圖》05975；29叔邦父⿷匚古（《集成》04580）

三字所在器形如下：

圖1　季宮父⿷匚古

圖2　弭仲⿷匚古

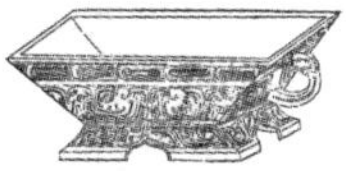
圖3　叔邦父⿷匚古

從金文器形和辭例可知，“⿷匚⿰害夫”“⿷匚⿱聑大”“⿷匚大”爲一字異構。⿷匚⿰害夫（字形27）从⿰害夫聲，⿷匚⿱聑大（字形28）从⿱聑大聲，⿷匚大（字形29）字从大（盇—盍）聲。“⿰害夫”字所从之“夫”本爲“大”字之變，“⿰害夫”和“⿱聑大”都可以分析爲雙聲符字，前者害、大（盇—盍）皆聲，後者聑、大（盇—盍）皆聲。郭店簡《緇衣》45：“朋友卣⿱聑大，⿱聑大以威儀。”今本《緇衣》：“朋友攸攝，攝以威儀。”《詩・大雅・既醉》：“朋友攸攝，攝以威儀。”可見“⿱聑大”字本从聑（聶）聲，古音在盇部。“攝”字中古音在書母，與牙喉音之“害”和“大（盇）”似有一定距離，不過楚簡有證據顯示“攝”字在上古可以跟影母字相通。上博簡《景公瘧》10：“自姑尤以西，翏以東，其人數多已。”（馬承源，2007: 184-185）今本《晏子春秋》“翏”作“聊攝”。新蔡簡乙三24：“☐祭王孫⿸厂晉☐”（河南省文物考古研究所，2003: 204）新蔡簡乙三42：“是日祭王孫厭一塚，酒食。”（河南省文物考古研究所，2003: 205）整理者（河南省文物考古研究所，2003: 183）以爲“王孫⿸厂晉”就是“王孫厭”，徐在國（2011: 259-264）贊同整理者的意見。李家浩先生以爲“⿸厂晉” 从厂，晉聲（宋華强，2010: 114-115），其説可從。包山楚簡207：“⿸厂开於野地主一豭。”（湖北省荊沙鐵路考古隊，1991: 33）包山楚簡219：“厭一豭於地主。”（湖北省荊沙鐵路考古隊，1991: 34）“⿸厂开”即“⿸厂晉”字之省，與“厭”相通。

古音甲聲與介聲相通。《詩・鄭風・清人》：“駟介旁旁。”毛傳：“介，甲也。”《詩・周頌・臣工》：“嗟爾保介。”鄭箋：“保介，車右也。……介，甲也。車右勇力之士，被甲執兵也。”《禮記・月令》：“介蟲敗穀。”鄭玄注：“介，甲也，甲蟲屬。”《禮記・月令》“其蟲介。”鄭玄注：“介，龜鱉之屬。”《吕氏春秋•孟冬》：“一曰孟冬之月……其蟲介。”高誘注：“介，甲也。象冬閉固，皮漫胡也。”《左傳》昭公五年：“或夢伯有介而行。”杜注：“介，甲也。”漢蔡邕《郭有道碑序》：“猶百川之歸巨海，鱗介之宗龜龍也。”“鱗介”即“鱗甲”。“甲”和“介”的語音關係，章太炎（1999: 367）解釋爲緝泰音轉，王力（1982: 508）解釋爲月盍通轉。

盇聲與介聲相通。《説文解字・大部》：“乔，大也。从大，介聲。讀若蓋。”《銀雀山漢墓竹簡（貳）・將德》1201：“敬之若嚴師，用之若土蓋，將軍【之□也】。”“土蓋”即“土芥”。《説文・門部》：“闔，門扉也。从門，盇聲。”①《説文・門部》：“閅，門扉也。从門，介聲。”《爾雅·釋宫》：“闔謂之扉。”《禮記・月令》：“乃脩闔扇。”鄭注云：“用木曰闔，用竹葦曰扇。”闔之於閅，猶蓋之於乔、蓋之於芥。

介聲與害聲相通。《説文・手部》：“扴，刮也。从手，介聲。”又同部：“擖，刮也。从手，葛声。”又同部：“搳，擖也。从手，害声。”扴、擖、搳三字音義相通。清華簡《邦家之政》：“如是，則視其民如茻蓟矣。”“茻蓟”即“艸（草）芥”（清華大學出土文獻研究與保護中心編、李學勤，2018: 122）。北大簡《老子》197：“大制無界，將欲取天下而爲之，吾見其不得已也。”（北京大學出土文獻研究所，2012: 158）傳世本《老子》“界”作“割”。《方言》卷三：“蘇、芥，草也。江淮南楚之間曰蘇，自關而西或曰草，或曰芥。……沅湘之南或謂之薈。”《説文・女部》：“妎，妒也。从女，介聲。”《玉篇・女部》：“婧，與妎同。”

古音大（盇—盇）聲與曷聲相通。《説文・艸部》：“藹，蓋也。从艸，渴聲。”段注：“今人靄字當用此。”王筠：“此殆覆蓋字，二字叠韻。”《楚辭・離騷》：“揚雲霓之晻藹兮。”舊校：“藹，《釋文》作溘，一作靄。”《漢書・禮樂志》：“《郊祀歌》十九章，其詩曰：……赤蛟綏，黄華蓋，露夜零，晝晻溘。”顔師古注：“溘，音藹。”《文選・班固〈西都賦〉》：“軼埃堨之混濁，鮮顥氣之清英。”唐李善注：“許慎《淮南子》注曰：‘堨，埃也。’堨與壒同。”《説文・鳥部》：“鴠，渴鴠也。从鳥，旦聲。”段玉裁注：“《坊記》作‘盇旦’。”上博簡《容成氏》21、22：“禹乃建鼓於廷，以爲民之有訞告者訊焉。”“訞告”讀“謁告”（陳劍，2013b: 57-79）。《説文・去部》：“朅，去也。从去，曷聲。”“朅”字當爲雙聲符字，去（盇）曷皆聲。

①徐本作“門扇”，此從小徐本。

古音害聲與曷聲相通。《書・湯誓》：“時日曷喪？”《孟子・梁惠王上》引“曷”作“害”。《詩・商頌・長發》：“則莫我敢曷。”毛傳：“曷，害也。”《尚書・大誥》：“予曷其不于前寧人圖功攸終？”又：“予曷敢不于前寧人攸受休畢？”又：“予曷敢不終朕畝？”《漢書・翟義傳》載莽誥，三“曷”字皆作“害”。《管子・地數》：“修教十年，而葛盧之山發而出水。”《漢書・高帝紀》顔注引臣瓚曰作“割盧山”。《管子・七法》：“莫當其前，莫害其後。獨出獨入，莫能禁圉。”“害”字當讀“遏”（于省吾，1962: 6）。

从曷聲之“猲”中古存在又讀。《廣韻・乏韻》：“猲，恐受財。《史記》：‘恐猲諸侯。’”“起乏切”又“呼葛切”。《廣韻・月韻》：“猲，短喙犬，又恐也。又音歇。”《漢書・王子侯表》：“恐猲受賕。”顔注：“猲，以威力脅人也。”“起乏切”上推古音在盍部，“呼葛切”（“許葛切”）上推古音在月（祭）部。《集韻・乏韻》：“猲獥，短喙犬。一曰：恐逼也。或从歇。”《集韻・曷韻》：“歇獥猲獦，短喙犬。或作獥猲獦。”“愒曷，相恐怯也。或作曷。通作猲。”音“許葛切”。由於隸楷階段“巤”“葛”在字形上的糾葛，一些人否認“曷”字的閉口韻又讀（裘錫圭，1992d: 491－524；王閏吉，2013；龔元華，2021），現在看來是不對的。

古音夾聲與曷聲相通。《説文・弦部》：“竭（竭），不成遂，急戾也。从弦省，曷聲。讀若瘞葬。”从夾聲之瘞字，《廣韻・祭韻》音“於罽切”，據此上推古音正在祭部。《説文・土部》：“瘞，幽貍也。从土，瘱聲。”《説文・疒部》：“瘱，病息也。从疒，夾聲。”朱駿聲《説文通訓定聲》：“病息，猶病閒也。息者，止也，已也，休也。”《説文・心部》：“愒，息也。从心，曷聲。”段注：“憩者，愒之俗體。”《詩・召南・甘棠》：“勿翦勿敗，召伯所憩。”毛傳：“憩，息也。”《釋文》：“憩，本又作揭。”在“休息”的意義上，“瘱”“憩（愒）”爲同源詞。

古音夾聲與甲聲、去（盍）聲相通。《書・多方》：“因甲於内亂。”孔穎達《正義》：“夾聲近甲，古人甲與夾通用，夾於二事之内而爲亂行。”《周禮・夏官・射鳥氏》：“則以並夾取之。”鄭注：“夾讀爲甲。”《白虎通義》：“二月謂之夾鐘何？夾者，孚甲也。”《史記・廉頗藺相如列傳》：“然士或怯懦。”裴駰《集解》：“徐廣曰：怯懦，一作慊懦。”

古音夾聲與介聲相通。《周禮・春官・大司樂》：“歌夾鐘。”《禮記・月令》：“律中夾鐘。”商承祚（1966: 4）著録之東周石磬，其一磬有銘文“介鍾右八”。“介鍾”即“夾鐘”（商承祚，1996: 50；于省吾，2009: 149－150；胡小石，1982: 193、195、201）。《左傳》僖公四年：“五侯九伯，女實征之，以夾輔周室。”𡟰盤（《銘續》20948）：“余周室攸輔。”“攸輔”即“夾輔”。清華簡

《耆夜》1、2：“召公保奭爲夾。”整理者注：“夾訓爲‘介’，指助賓客行禮者。”（清華大學出土文獻研究與保護中心編、李學勤，2010：150－151）陳劍（2013a：274）認爲“夾”可以直接讀爲“介”，其説可從。

以上所論通轉字例可以歸納爲下表：

表2　盍祭（月）通轉表

盍部	祭（月）部	類型
盍	蓋	諧聲
盇	乔（葢）	讀若
盇	芥（葢）	假借
闔	閞	同源
劫	割	假借
孼	乂（辥）	假借
盍（旦）	渴（旦）	假借
詓	謁	假借
揭	揭	雙聲符字
猲	猲	又音
甲	介	假借
甲	害	假借
夾	瘞	諧聲
夾	蝎	讀若
疢	憩（愒）	同源
夾	介	假借
夾	攸	假借

根據上古音的主流認識，“害”字古音在匣母祭部（包括中古“祭泰夬廢”四韻）或匣母月部（祭月兩部合一），而“甲”字古音在盍部，兩字讀音似有一定的距離。但一些音韻學者（陸志韋，1985：216-218；羅常培，2001：338－340；張清常，2006：50－81；龍宇純，2002a：317－352；龍宇純，2002b：358－359）早已指出，上古漢語祭部字來源於更早時候（前上古漢語）的閉口韻盍部。筆者（孟蓬生，2016）在《前上古音論綱》一文中曾有過介紹，現轉引如下：

從非綫性音系結構看，祭部（中古祭泰怪廢四韻）獨立，没有相配的陰聲韻和陽聲韻，再加上祭部字跟盍部字聲符上的聯繫，承認閉口韻跟祭

> 部字關係的學者較多。陸志韋、高本漢、張清常等多認爲祭部部分字在更早的時候收-b尾。一些學者如王力、龍宇純先生雖然不同意-b尾説，但他們對閉口韻跟歌月元的通轉關係是承認的。

並在前上古音（商代及其以前的語音）分部表中做了如下分配：

表3 歌元月（盍）配合表

第七类	歌（歌）	元（元部分）	月（月盍部分）

表中的月部從王力先生所定，包括一些音韻學家所説的祭月兩部。“盍部分”意思是説，前上古音中的月部字中包含更早時候由盍部來的一部分字（對於上古音來説也仍然是适用的）。

根據古音學家（高本漢，2021:118、235；王力，1987: 39；李方桂，1980: 50、56）的擬音，盍部字和祭部字的關係如下：

表4 盍祭兩部擬音表

	盍部	祭部（月部）
高本漢	ɑp	ɑt
王 力	ɑp	ɑt
李方桂	ap	at(adh)

盍祭兩部主要元音相同，而韻尾不同，古音學家對兩部字主要元音的構擬基本相同，所以盍部字跟月部（祭部）相通是不存在任何問題的。“甲”和“害”就像大家所熟知的“法（灋）”和“廢”、“盍”和“蓋”等一樣，屬於盍祭（月）通轉①。

從語源學的角度看，“甲（介害）”“盍（蓋）”“闔（閉）”實際上是同源詞，不僅語音相轉，而且語義相關。“龜甲”就是“覆蓋”在烏龜體表的東西。“”（横置）、“”（横置）爲“甲”字初文，亦即“害”字的初文，本象“龜腹甲”之形。以表示“龜甲”義的“害”字記録“賊害”義的“害”字（其語源即甲骨文“刈”字），屬於六書中的假借，與其本義無關。

順便説一下，金文“𢦏”字往往讀入魚部，一些學者據此懷疑甚至否認“𢦏”字有月部的讀音，在我們看來大可不必。盍、月、魚三部主元音均爲a，故三部相通從音理上看完全没有問題。“𢦏”字有盍、月、魚三部的讀音，跟“去”字有盍、月、

①本文初稿寫成後，經友生喻威提示，讀到了蔡一峰《“害”字新證》（蔡一峰，2017）。蔡先生雖然没有指出“害”字和“害”字初文的來源，但他在李新魁和麥耘先生關於部分次入韻字來源於盍部之説的基礎上，已經明確指出“害”字讀音來源於上古漢語的盍部，有興趣的讀者可以參看。

魚三部的讀音一樣（筆者另有未刊稿《“𣧑”字音釋》一文論之，此處從略）。

四、結論

綜上所述，甲骨文“”（横置）、“”（縱置）本象龜腹甲之形，實即“甲（害）”字的象形初文；商代先公之名“上甲”的“田（甲）”字即由此簡省而來；表示天干第一位的“十（甲）”字則是“田（甲）”字進一步簡省的結果。音韻學者認爲上古漢語祭部字（中古祭泰夬廢四韻）來源於前上古漢語的閉口韻盍部，“甲”“害”同源分化正是盍祭通轉的一個典型案例。

附記：本文作者參與復旦大學出土文獻與古文字研究中心（“古文字與中華文明傳承發展工程”）協同攻關創新平台“楚簡綜合研究”（G3444）項目。文章曾蒙李發先生審閲，在資料方面得到楊熠、喻威兩位朋友的幫助，謹致謝忱！

引書簡稱表

合集	甲骨文合集	**銘圖**	商周青銅器銘文暨圖像集成
英藏	英国所藏甲骨集	**銘續**	商周青銅器銘文暨圖像集成續編
集成	殷周金文集成	**銘三**	商周青銅器銘文暨圖像集成三編

參考文獻

白於藍　2017　《戰國秦漢簡帛古書通假字大系》，福建人民出版社。
北京大學出土文獻研究所編　2012　《北京大學藏西漢竹書（貳）》，上海古籍出版社。
蔡一峰　2017　《“害”字新證》，《古漢語研究》第1期。
陳　劍　2013a　《釋“疌”及相關諸字》，《出土文獻與古文字研究》（第5輯），上海古籍出版社。
陳　劍　2013b　《上博楚簡〈容成氏〉與古史傳説》，《戰國竹書論集》，上海古籍出版社。
陳　劍　2016　《據〈清華簡（伍）〉的“古文虞”字説毛公鼎和殷墟甲骨文的有關諸字》，《古文字與古代史》（第5輯），“中研院”歷史語言研究所。
陳　劍　2017　《説“規”等字並論一些特别的形聲字意符》，《源遠流長：漢字國際學術研討會暨AEARU第三屆漢字文化研討會論文集》，北京大學出版社。
陳獨秀　1995　《小學識字教本》，巴蜀書社。
陳夢家　1988　《殷虚卜辭綜述》，中華書局。
陳全方　1983　《周原甲骨所見國名補釋》，《古文字論集（一）》，《考古與文物叢刊第2號》。
陳全方　1988　《周原出土的西周甲骨文》，《周原與周文化・下編》，上海人民出版社。
丁　驌　1985　《讀契記》，《中國文字》新10期。
董　珊　2012　《新見魯叔四器銘文考釋》，《古文字研究》（第29辑），中華書局。

董蓮池　2011　《新金文編》，作家出版社。
龔元華　2021　《釋“獵蚤”——兼談“獦蚤”的歷時變化》，《中國語文》第3期。
高本漢　2021　《漢文典（修訂本）》（潘悟雲等編譯），中華書局。
郭沫若　1962　《釋支干》，《甲骨文字研究》，中國科學院考古研究所《考古學專刊甲种第十號》，科學出版社。
河北省文物研究所　定州漢墓竹簡整理小組　1997　《定州漢墓竹簡・論語》，文物出版社。
河南省文物考古研究所　2003　《新蔡葛陵楚墓》，大象出版社。
何琳儀　1998　《戰國古文字典》，中華書局。
湖北省荆沙鐵路考古隊　1991　《包山楚简》，文物出版社。
胡小石　1982　《考商氏所藏古夾鍾磬》，《胡小石論文集》，上海古籍出版社。
黄錫全　1995　《“夫鋁”戈銘新考》，《臺北故宫學術季刊》第十三卷，第1期。
李方桂　1980　《上古音研究》，中華書局。
李孝定　1992　《讀説文記》，臺灣商務印書館。
林義光　2012　《文源》，中西書局，2012年。
劉　釗　2014a　《甲骨文“害”字及从“害”諸字考釋》，《甲骨文與殷商史》（新4輯），上海古籍出版社。
劉　釗（主編）　2014b　《新甲骨文編》（增訂本），福建人民出版社。
龍宇純　2002a　《上古陰聲字具輔音韻尾説檢討》，《中上古漢語音韻論文集》，臺灣五四書店。
龍宇純　2002b　《再論上古音-b尾説》，《中上古漢語音韻論文集》，臺灣五四書店。
陸志韋　1985　《陸志韋先生著作集（一）》（《古音説略》），中華書局。
羅常培　2001　《周秦古音研究述略・周秦古音之新問題及近人研究之貢獻》，《羅常培文集》第六卷，山東教育出版社。
馬承源（主編）　2007　《上海博物館藏戰國楚竹書（六）》，上海古籍出版社。
孟蓬生　2016　《前上古音論綱》，《學燈》（第1辑），上海古籍出版社。
孟蓬生　2018　《試釋吴國金文中與“諸樊”之“諸”相當的字》，《吉林大學學報》第1期。
清華大學出土文獻研究與保護中心編、李學勤(主編)　2010　《清華大學藏戰國竹簡（壹）》，中西書局。
清華大學出土文獻研究與保護中心編、李學勤(主編)　2011　《清華大學藏戰國竹簡（貳）》，中西書局。
清華大學出土文獻研究與保護中心編、李學勤(主編)　2018　《清華大學藏戰國竹簡（捌）》，中西書局。
裘錫圭　1979　《談談古文字資料對古漢語研究的重要性》，《中國語文》第6期。
裘錫圭　1988　《文字學概要》，商務印書館。
裘錫圭　1991　《再談古文字中的“去”字》，《漢字文化》第2期。
裘錫圭　1992a　《釋“𢑚”“𥝩”》，《古文字論集》，中華書局。
裘錫圭　1992b　《説字小記》，《古文字論集》，中華書局。
裘錫圭　1992c　《讀〈戰國縱横家書釋文注釋〉札記》，《文史》（第36輯），中華書局。
裘錫圭　1992d　《〈秦漢魏晉篆隸字形表〉讀後記》，《古文字論集》，中華書局。
裘錫圭　2012　《釋“𧊒”》，《裘錫圭學術文集・甲骨文卷》，復旦大學出版社。
容　庚　1985　《金文編》，中華書局。
商承祚　1933　《殷契佚存考釋》，金陵大學石印本。
商承祚　1996　《石刻篆文編》，中華書局。
沈建華　曹錦炎　2001　《新編甲骨文字形總表》，香港中文大學出版社。
宋華强　2010　《新蔡葛陵楚簡初探》，武漢大學出版社。

孫海波　1965　《甲骨文編》，中華書局。
王　力　1982　《同源字典》，商務印書館。
王　力　1987　《漢語語音史》，《王力文集》第十卷，山東教育出版社。
王　輝　2021　《周原出土昔鷄銅器與昔氏分封諸問題考證》，《寧夏社會科學》第1期。
王閏吉　2013　《“獦獠”的詞義及其宗教學意義》，《漢語史學報》（第13輯）。
王宇信　1984　《西周甲骨探論》，中國社會科學出版社。
謝明文　2022　《商代金文研究》，中西書局。
徐錫臺　1987　《周原甲骨文綜述》，三秦出版社。
徐中舒（主编）　1989　《甲骨文字典》，四川辭書出版社。
徐在國　2008　《談楚帛書讀“厭”之字》，《華學》（第9、10輯）（一），上海古籍出版社。
楊樹達　1997　《秦公簋跋》，《積微居金文説（增訂本）》，中華書局。
于省吾　1962　《雙劍誃諸子新証》，中華書局。
于省吾　2009　《雙劍誃古器物圖録》，中華書局。
張清常　2006　《中國上古-b聲尾的遺迹》，《張清常文集》第一卷，商務印書館。
張世超等　1995　《金文形義通解》，日本中文出版社。
章太炎　1999　《文始》，《章太炎全集（七）》，上海人民出版社。
朱歧祥　1997　《周原甲骨研究》，臺灣學生書局。

Tracing the Character *Jia* (甲) to its Origin

Meng Pengsheng

Abstract: The character *jia* (甲) has been a commonly used character since the oracle bone script, but its origin has always been unclear (including its graphic forms: 田 and 十), and there has not been a consensus on the interpretation of its original meaning yet. In combination of the findings of previous studies on graphology and phonology, this article attempts to start with the structure of character *hai* (害) in oracle bone script, to trace the character *jia* to its origin. If the mouth-shaped component (口) is removed from the oracle bone script , the remaining part resembles the plastron of a turtle, which was actually the pictographic protoform of character *jia* (甲/害); The character *jia* (田) in Shangjia, name of one of the former lords of Shang dynasty, was an abbreviated form of the mentioned protoform; The character *jia* (十), representing the first Heavenly Stem, was a further abbreviated form of the graphic form 田. Phonologists believe that Ji (祭) rhyme group in Old Chinese (i.e. 4 rhyme classes in Middle Chinese: Ji 祭, Tai 泰, Guai 夬, Fei 废) originated from the He (盍) rhyme groups with a labial coda in Pre-Old Chinese. The differentiation of cognates *jia* (甲) and *hai* (害) is a typical case of the phonetic alternation between He (盍) and Ji (祭) rhyme groups.

Key words: Oracle bone script; Bronze script; *Jia* (甲); *Hai* (害); Phonetic alternation between He (盍) and Ji (祭) rhyme groups

（孟蓬生，西南大學漢語言文獻研究所/出土文獻綜合研究中心　重慶　400715）

甲骨文並列連詞“于”及相關問題研究*

張玉金

摘　要：甲骨文中已有並列連詞“于”，源自兩個並列的“于”字介賓短語作動詞的補語，即源於“侑于祖辛于母辛”這類句式中的第二個“于”。到了西周春秋金文和傳世上古文獻中，仍可見到並列連詞“于”，它不但可連接名詞或名詞性短語，還可連接謂詞或分句，後者是由前者擴展而來的。

關鍵詞：甲骨文；金文；連詞；于

殷墟甲骨文中的“于”有並列連詞的用法嗎？後世上古文獻中的“于”有這種用法嗎？如果有，這種並列連詞“于”的來源如何？這是本文要探討的問題。

一

最早提出殷墟甲骨文中的“于”可用作連詞的，是管燮初（1953:41）。管先生認爲甲骨文中的“叀”“于”“㞢”“又”“眔”“以”“氏”“从”“自”，都是連詞，可連接名詞或數詞。陳夢家（1956:121-124）則認爲甲骨文中的連詞有“眔”“又”“于”“兄”“叀”“氏”，這六個詞中的“眔”“㞢”“又”“于”是連詞毫無問題。“㞢”和“又”完全相同，而“及”“氏”“兄”之例極少，只能存以待考。姜寶昌（1982）認爲甲骨文中的連詞有“眔”“及”“于”“以”四個。趙誠（1986）認爲甲骨文中的連詞有“眔”“以”“于”“兄”“叀”“又”“㞢”“比”“並”九個。向熹（1993:15-17）認爲甲骨文中有“以”“與”“眔（暨）”三個連詞。張玉金（1994:22）的《甲骨文虛詞詞典》認爲甲骨文中的連詞有“眔（暨）”“及”“于”“有”“唯”五個，後來在《甲骨文語法學》（2001:88）中去掉了“及”。李曦（2004:321-322）認爲甲骨文中的連詞有“眔”“並”“又”“以”“于”等5個。楊逢彬（2003:400）則認爲甲骨文中不能肯定存在連詞。他說：“郭

*本文爲國家社科基金重大項目“殷墟甲骨文譯注與語法分析及資料建設”（項目編號：17ZDA299）的階段性成果、古文字與中華文明傳承發展工程規劃項目“甲骨文字詞合編”（項目編號：G3021）的階段性成果。

沫若、管燮初、陳夢家、向熹等先生在他們的著作中列出‘叀、于、與、又、以、氏、眔、暨、从、自、母、兄、及、亦、乍、若、則……乃’等17個（引者按：實爲18個）連詞。其中，釋作‘以’和釋作‘氏’的是一個字，隸定爲‘眔’的字釋作‘暨’，‘于’讀若‘與’，這都是重複計算。餘下的14個詞中，有的可以肯定不是連詞，有的難以肯定是連詞，都可以歸入其他虚詞以及實詞中。可以歸入其他虚詞的有‘亦、自、叀、于’；可以歸入實詞的除‘母’應歸入名詞外，其餘‘兄、以、从、及、乍、若、暨、又’均可歸入動詞。‘則……乃’則應析爲兩個詞。”武振玉（2010:184）認爲，楊逢彬未提及趙誠所列的“比”“並”二詞，這兩個詞在殷墟甲骨文中也應視爲動詞。她又説：“綜合各家觀點，甲骨文中‘暨’‘又’‘于’三詞基本可以肯定有並列連詞用法。其中‘暨’是各家最爲肯定的，用例也明顯多于其他各詞，‘又’主要是用于連接整數和零數，用法上與他詞不同，‘于’只涉及一例，即‘余其比多田于多白（伯）征盂方’，各家尚有不同意見。”

由上述可見，論及這個問題的學者，多數認爲甲骨文中的“于”有並列連詞的用法，但用例只有一個；少數學者則認爲“于”並没有連詞用法。

二

依據筆者的考察，在殷墟甲骨文中，“于”確有用作並列連詞的用法。用例雖少，但是並不是只有一個例子：

（1）丁卯王卜貞：𠚤巫九𠕋，余其比多田于多白正盂方伯炎，叀衣翌日步，亡尤，自上下于𣪘示，余受有祐，不䓞𢦏，［肩］告于兹大邑商，亡𡿧在畎？（《合集》36511　黄類）

（2）□戌王卜貞：𠚤巫九𠕋，［余其］比多田于多白正盂方［伯炎］□［不䓞］𢦏，肩告于兹大［邑商］□。（《合集》36511　黄類）

（3）□［𠚤］巫九［𠕋，乍余］耏，朕［𠦪（禱），余其］比多田于［多白正］盂方伯［炎，自上下于］𣪘示□。（《合集》36321　黄類）

（4）□□［卜］，行貞：王賓祖乙奭妣庚歲伐于物一眔兄庚歲二宰，［亡尤］？（《合集》23331　出二）

前引三個例子中，都有“𠚤巫九𠕋”，這是黄類卜辭中的一個常用固定短語。其意義如何，學術界衆説紛紜。朱鳳瀚（2013）認爲“𠚤”字从囗、今聲，“今”爲見母侵部字，與从“甚”得聲的字相通用，在此似當讀爲“戡”。“戡”見于《説文》新附，其義爲“校”，即是“考覆”之意。而“𠕋”則讀爲“至”，訓爲“通”，認爲其義像“繇”一樣，當是“通神靈的卜兆”，是“可引申爲符合神靈指示的卜兆的占辭”。朱鳳瀚（2013）認爲“畣巫九畓”的意思就是考覆用“巫九”筮術所得到的占辭。“比”是動詞，意思是聯合。“田”，讀爲“甸”，是職官名，指被商王派駐在商都以外某地從事農墾的職官。“白”讀爲“伯”，指諸侯。“多田”指諸位甸官，例如“以多田伐有封，廼☐”（《合》27893）。“多白”指多位方伯，也可以單用，如“癸卜，永貞：𠂤克以多白？二月”（《英》199正）。例（1）中的“正”後作“征”，是征伐的意思。“盂方”是方國名，在今河南睢縣界。“炎”是人名。“盂方伯炎”是同位短語，意即私名叫“炎”的盂方伯。“余其比多田于多白正盂方白炎”，是連謂句，是“S＋AV＋V1＋O1＋V2＋O2”句式。這個例句中的“O1”即是“多田于多白”，這是一個名詞性的聯合短語，意即多位甸官和多位方伯，“于”可訓爲“與”。例中的“衣”，讀爲“卒”，意思是結束。“叀衣（卒）翌日步”，意思是要到“翌日”祭結束時步行。例（1）中的“㲋”，陳劍（2018）認爲是“徹”字異體。字从“示”前有“貝”或“血”，从“丑”表對“貝”或“血”施加某種動作，顯然應解釋爲“徹去、徹去祭品”之“徹”的表意字，或者説是從“徹去、徹除祭品”角度爲“徹”字造的異體。“徹示”即所有的神主。對于例（1）中的“亡左自上下于徹示”，陳劍（2018）認爲它的結構是“動詞（亡）＋賓語（左）＋介賓結構補語”，“上下于徹示”作“自”的介詞賓語；例子中“上下、徹示”中間可以不用“于”（賓組卜辭有“上下、徹示”，可知此辭也不會是漏刻“于”字），則“上下”與“徹示”二者只能理解爲並列關係，“于”字是連詞，其用法與“多田于多白”中的“于”相同。例中的“𩁹”，可讀爲“越”，“越”在古書中常用爲虛詞，用法與“唯”相同。“肩”訓爲“克”，能够。“𡿧”即“害”，意思是災禍。“𢦏”讀爲“憂”，意思是憂患。“亡𡿧在𢦏”，意即在憂患中没有災禍。對於這個成語，黄天樹（姚萱2006:序）認爲其意思是在卜兆上顯示是無害的。

例（2）有殘缺，與例（1）兩辭的占卜日是不同的，其餘的基本一致。“多田于多白”中的“于”也是並列連詞。例（3）中的“乍余彡”，是雙賓語結構，意即爲我舉行彡祭。例中的兩個“于”都應該是並列連詞。

例（4）的釋文，各家有所不同。胡厚宣等（1999）的《甲骨文合集釋文》的釋文如下：

□□［卜］，行，貞王賓祖乙奭妣庚歲人于物眔兄庚歲二宰［亡尤］。

曹錦炎等（2006）的《甲骨文校釋總集》的釋文如下：

□□［卜］，□，貞王賓祖乙奭妣庚歲人于勿牛，眔兄庚歲二宰，［亡尤］。

陳年福（2022）的《殷墟甲骨文資料庫》的釋文是：

……貞王賓祖乙奭妣庚歲人于物眔兄庚歲二宰［亡尤］。

黄天樹等（2022）的《甲骨文摹本大系》所做的釋文如下：

□□［卜］。行鼎（貞）。王宾（賓）且（祖）乙奭匕（妣）庚。歲伐于〈二〉、物一眔兄庚歲二宰（牢）。亡（無）尤。

“歲”下一個字，確實是“人”上有一横，不像是泐痕，“物”字之下確實是有一個“一”，如果不是兆序，則應屬于貞辭。在“匕（妣）庚”之後不應加標點，故釋文應該是：

□□［卜］，行鼎（貞）：王賓祖乙奭妣庚歲伐于物一眔兄庚歲二宰，亡尤？

在分析這條卜辭之前，先看下例：

（5）丁酉卜，行鼎（貞）：王賓父丁歲一宰眔祖丁歲二宰，亡尤？

（《合集》22729＋《通纂》79）

例（5）這個例子中的貞辭“王賓父丁歲一宰眔祖丁歲二宰”，是一個主謂賓句，主語是“王”，謂語動詞是“賓”，而“父丁歲一宰眔祖丁歲二宰”是賓語，具體説來是作“賓”的爲動賓語。這是卜問：王爲了對父丁的用一隻圈養羊的歲祭和對祖丁的用兩隻圈養羊的歲祭而去迎導神靈。

據此看來，例（4）中“王賓祖乙奭妣庚歲伐于物一眔兄庚歲二宰”也是一個主謂賓句，主語是“王”，謂語動詞是“賓”，賓語是“祖乙奭妣庚歲伐于物一眔兄庚歲二宰”，它也是“賓”的爲動賓語。例中的“伐于物一”相當于同一條卜辭的“二宰”，是表示祭牲的。“伐”可以用作名詞，表示人牲，例如“貞：𠕋祖乙十伐又五、卯十宰又五？”（《合集》897）“物”是指雜色牛，也是指祭牲。“一”是數詞定語後置。“伐于物一”中“于”，《大系》以爲是“二”字之誤，應不可從。細看此字原拓，明顯是有一個斜竪，刻“二”字時不會有這麽一個斜竪，是“于”字無誤。這個“于”也應該是一個並列連詞。“伐于物一”即“伐與物一”即是指人牲和一頭雜色的牛。例（4）是卜問：王爲了對祖乙的配偶妣庚的用人牲和一頭雜色牛的歲祭和對兄庚的用兩隻圈養羊的歲祭而去迎導神靈。

如果上面的分析是正確的，那麽並列連詞“于”確實在殷墟甲骨文中是可以見到的，其出現的次數至少有6次。甲骨文並列連詞“于”一般用來連詞名詞或名詞性短語，“NP1＋于＋NP2”都是作賓語的，或者作動詞的賓語，或者作介詞的賓語。

三

在西周春秋的金文中，是否有並列連詞呢？

陳初生（2004:509）認爲“于”有連詞用法，表示並列。他一共舉了以下三個例子：

（6）迺令曰：“今我隹（唯）令女（汝）二人亢眔夨奭左右于乃寮以乃友事。（令彝，西周早期，《集成》5.6016）

（7）穆穆朕文且（祖）師華父冲讓氒（厥）心，寧静于猷，盄（淑）悊（哲）氒（厥）德，肆克龏保氒（厥）辟龏王。

（大克鼎，西周晚期，《集成》2.2836）

（8）杜白（伯）乍（作）寶盨，其用亯（享）孝于皇神且（祖）考于好倗友，用桒壽匄永命。（杜伯盨，西周晚期，《集成》4.445）

陳初生（2004:509）依據管燮初的譯文，將上引三個例子中的“于”都分析爲表示並列關係的連詞。但是前兩例不可信，最後一例可信。

例（6）一例，馬承源（1988:68）譯爲“我命你們亢和夨兩人輔助你們的同僚和友官”。“左右”是動詞，意爲輔助。如馬承源説可信，則這個例子中的“于”仍應看成介詞，不是連詞。例（7）中的“寧静于猷”，馬承源（1988:216）訓爲“寧静于心”，其中的“于”應看成介詞。例（8）中的“于”應是一個並列連詞，所連接的是“享孝于皇神祖考”和“好朋友”。“好”應是動詞，是討好的意思，金文中有這樣的用例，如“用亯大宗，用濼（樂）好賓”（虘鐘，《集成》1.88）。如果把“好”看成形容詞，那麼“好朋友”是“享孝”的對象，是講不通的。這樣看來這個“于”連接的是兩個分句。

在西周春秋金文中，還可以見到其他一些用作並列連詞的“于”。例如：

（9）其用夙夜亯（享）孝于氒文且（祖）乙公于文妣日戊。

（𢦚方鼎，西周中期，《集成》5.2789）

（10）用追孝于氒皇且（祖）晨公于氒皇考屖盉（盂）公。

（鄀公平侯鼎，春秋早期，《集成》5.2772）

（11）用亯（享）孝于氒皇且（祖）于氒皇丂（考）。

（上鄀公敄人簋蓋，春秋早期，《集成》8.4183）

張世超等（1996:1144－1145）對上引例（9）中的第二個“于”訓釋曰：“連詞，猶‘與’也。……下‘于’字爲連詞。王引之《經傳釋詞》卷一：‘于，與也，連及之詞。’《書・多方》：‘不克敬于和，則無我怨。’”

如果上引三例中的第二個“于”都是表並列關係的連詞，那麽它們所連接的都是名詞或名詞性短語。

當然，還有一種解釋，即上引三例中“享孝/追孝”之後是兩個並列的介賓短語作補語。如果這樣，那麽上引三個例子中的第二個“于”仍是介詞。不過，筆者認爲還是看作連詞更好，詳見下文。

四

在傳世上古文獻中，也可以見到並列連詞“于”，它可以連接兩個名詞或名詞性短語，例如：

(12) 告女德之説于罰之行。（《尚書·康誥》）

(13) 殺越人于貨。（《尚書·康誥》）

(14) 號泣于旻天于父母。（《孟子·萬章上》）

對于上引例(14)，《經詞衍釋》訓釋曰：《經傳釋詞》“于”之訓“與”，因越義而生，其實“于”“於”“與”“予”四字，古並通用。

並列連詞“于”還可以連接兩個形容詞。例如：

(15) 時惟爾初，不克敬于和，則無我怨。（《尚書·多方》）

(16) 不實于亶。（“亶”是誠的意思）（《詩經·大雅·板》）

(17) 俾緝熙于純嘏。（使我光明又偉大）（《詩經·周頌·載見》）

並列連詞“于”還可以連接分句，構成並列複句，這屬于句間連詞了。例如：

(18) 子弗祗服厥父事，大傷厥考心；于父不能字厥子，乃疾厥子；于弟弗念天顯，乃弗克恭厥兄；兄亦不念鞠子哀，大不友于弟。（《尚書·康誥》）

(19) 四方迪亂未定，于宗禮亦未克敉，公功迪將其後。（《尚書·洛誥》）

對于例(18)，王引之的《經傳釋詞》訓釋曰：“言子之不孝，與父之不慈，與弟之不恭，兄之不友也。某氏《傳》曰：‘于爲人父，于爲人弟。’失之。”對于例(19)，王引之《經傳釋詞》訓釋説：當以“四方迪亂未定”爲句，“于宗禮亦未克敉”爲句，“公功迪將其後”爲句……于，越也。言四方正治未定，越宗禮亦未克安也。

把西周春秋金文中的並列連詞“于”和傳世上古文獻中的並列連詞“于”相比

較，應知有同有異：

兩種材料中的“于”都可以連接名詞或名詞性短語，也都可以連接兩個分句。

但傳世上古文獻中的“于”還可以連接兩個形容詞，而西周春秋金文中的“于”没有這種用法。

上引例（14）中的第二個“于”和前引例（9）、例（10）、例（11）中的第二個“于”，語法位置和意義應是相同的，例（14）中的第二個“于”既然可分析爲表示並列關係的連詞，那麼例（9）、例（10）、例（11）中的第二個“于”，也可以這樣分析。

五

“于”爲什麼會有並列連詞的用法呢？

過去對這個問題的解釋，往往從音近義通或通假來解釋。前面説過，王引之《經傳釋詞》認爲“于”之訓“與”，是因“越”義而生。楊逢彬（2003: 400）則認爲“于”讀若“與”。這樣的説法都不可信。

前面説過，在殷墟甲骨文中已有並列連詞“于”，但是，當時並没有並列連詞“與”，所以不可以説“于”讀若“與”。“越”在出土文獻中作“雩”，“雩”在西周時代已出現連詞用法，但是在殷商時代雖已有“雩”，可是並不用作連詞，所以説並列連詞“于”因“越（雩）”義而生，亦不可信。

解惠全等（2008: 994）認爲，“于”的並列連詞用法“大約是由動詞至義或介詞跟、同義虚化而來。”這話有正確的部分，但是過于抽象。

我們認爲，並列連詞“于”確實是由介詞“于”語法化而來的。

六

在甲骨卜辭中，有些“以”，王子楊（2017）認爲是連帶的意義，可以看作動詞：

（20）乙未卜，貞：豕獲㞢？十二月。允獲十六，以羌六。（《合集》258）
（21）庚辰：令彘隹來豕，以龜二。若令。（《合集》21562）

如果把上兩例中的“以”前的逗號去掉，則會形成下面的形式：

獲十六以羌六
來豕以龜二

這兩個形式裏的“以”很像並列連詞。

後世文獻中已有並列連詞“以”。例如：

（22）得妾以其子，無咎。（《周易·鼎卦》）

（23）賦《常棣》之七章以卒。（《左傳》襄公十二年）

上引兩例中的“以”，王引之的《經傳釋詞》歸在“以，與也”之下。後世文獻中的並列連詞“以”，其實就是源自例（20）、例（21）這類“以”。

連接名詞或名詞性短語跟並列連詞“以”的起源相類似，並列連詞“于”應是在下面的語境中産生的。例如：

（24）庚申卜，王貞：其侑于祖辛？
庚申卜，王貞：其侑于母辛？十月。
庚申卜，王貞：毋侑于祖辛于母辛？
（《合集》22963＋《上博》17647.684）　出組二類）

對于例（24）“侑于祖辛于母辛”中的第二個“于”，應該如何進行分析呢？從例（24）中的“其侑于祖辛？／其侑于母辛？”來看，還是傾向把兩個“于”都看成介詞，“侑于祖辛于母辛”中的謂語中心是“侑”，爲祭祀動詞，而“于祖辛于母辛”是兩個並列的介賓短語作補語。

但是，“侑于祖辛于母辛”中的第二個“于”，也可以重新分析爲並列連詞，就像“獲十六以羌六”中的“以”一樣。這樣，並列連詞“于”就可以在這樣的語言環境中産生了。

如果把“侑于祖辛于母辛”中的第二個“于”分析爲並列連詞，那麽“祖辛于母辛”就成了一個名詞性聯合短語，作第一介詞“于”的賓語。語法化後的虚詞，都會保留其源頭的特性，正因如此，如前引例（1）至例（4）所顯示的那樣，其中的“NP1＋于＋NP2”都是作賓語的，保留了其源頭作賓語的特性。

從時間上來説，可以確切地分析爲並列連詞的“于”多數是晚于作爲其源頭的“于”，這樣把“侑于祖辛于母辛”中第二個“于”看作並列連詞“于”的源頭，也講得通。

在西周春秋的金文以及傳世上古文獻中，還可以見到像前面舉過的例（24）、例（25）那樣的例子，如前引例（9）、例（10）、例（11）、例（14）等。但是由于到了殷商末期，並列連詞“于”已經産生，所以例（9）、例（10）、例（11）、例（14）各例中的第二個“于”是可以分析爲並列連詞的。

結語

由上述可見，在殷墟甲骨文中已可以見到並列連詞“于”，其用例不止一個。“于”所連接的兩項都是名詞或名詞性短語。“于”所構成的聯合短語“NP1＋于＋NP2”都是作賓語的。

這種並列連詞“于”應該是源自“侑于祖辛于母辛”這類句式中的第二個“于”，即源自兩個“于”字介賓短語聯合作動詞的補語。

在西周春秋金文和傳世上古文獻中，仍可以見到並列連詞“于”，但是用例不多。這時的並列連詞“于”不但可以連接兩個名詞或名詞性短語，還可以連接兩個謂詞或謂詞性短語，甚至可以連接兩個分句，構成並列複句。如果説連接名詞或名詞性短語的用法是其本來用法，那麼其他用法應是它本來用法的擴展。前面説過，“以”也有並列連詞的用法，它是由連帶意義的動詞虚化而來的。所以並列連詞“以”最初也是連接兩個名詞或名詞性短語的，但是後來也有了連接兩個謂詞的用法，例如“使民敬忠以勸，如之何？”（《論語・爲政》）對于這種現象，解惠全等（2008:898）認爲，有些“以”可訓爲“與”，是等立連詞，有連接名詞的，是由動詞及義或介詞與義虚化而來；有連接動詞和形容詞的，或爲前者的擴展，也可能是受“而”的影響類化而成的。解惠全等認爲是擴展，是可從的。但是認爲是由“而”的影響類化，則可商榷。因爲“而”萌芽于西周晚期，到春秋戰國時代才較常用，出現的時代比較晚，難以對早期的語言現象進行類化。

引書簡稱表

合集	甲骨文合集	**通纂**	卜辭通纂
集成	殷周金文集成	**上博**	上海博物館藏甲骨文字

參考文獻

陳初生　2004　《金文常用字典》，陝西人民出版社。

陳　劍　2018　《釋甲骨金文的“徹”字——據卜辭類組差異釋字之又一例》，《出土文獻與古文字研究》（第7輯），上海古籍出版社。

陳夢家　1956　《殷虛卜辭綜述》，中華書局。

陳年福　2022　《殷墟甲骨文數據庫》，中華書局。

曹錦炎　沈建華　2006　《甲骨文校釋總集》，上海辭書出版社。

管燮初　1953　《殷虛甲骨刻辭的語法研究》，中國科學院。

胡厚宣（主編）　王宇信　楊升南總審校　1999　《甲骨文合集釋文》（上、下兩册），中國社會科學出版社。

黄天樹　2006　《序》，姚萱《殷墟花園莊東地甲骨卜辭的初步研究》，綫裝書局。

黄天樹（主編）　2022　《甲骨文摹本大系（全34册）》，北京大學出版社。
姜寶昌　1982　《卜辭虚詞試析》，程湘清主編《先秦漢語研究》，山東教育出版社。
李　曦　2004　《殷墟卜辭語法》，陝西師範大學出版社。
馬承源　1988　《商周青銅器銘文選》（一—四），文物出版社。
王子楊　2017　《談甲骨文“以”的一種用法》，《出土文獻》（第10輯），中西書局。
武振玉　2010　《兩周金文虚詞研究》，綫裝書局。
向　熹　1993　《簡明漢語史》（上、下册），高等教育出版社。
解惠全　崔永琳　鄭天一　2008　《古書虚詞通解》，中華書局。
楊逢彬　2003　《殷墟甲骨刻辭詞類研究》，花城出版社。
張世超　孫凌安　金國泰　馬如森　1996　《金文形義通解》，（日本）中文出版社。
張玉金　1994　《甲骨文虚詞詞典》，中華書局。
張玉金　2001　《甲骨文語法學》，學林出版社。
趙　誠　1986　《甲骨文虚詞探索》，《古文字研究》（第15輯），中華書局。
朱鳳瀚　2013　《黄組卜辭中的“㽙巫九㽙”試論》，《甲骨文與殷商史》（新3輯），上海古籍出版社。

A Study of the Coordinating Conjunction *Yu* (于) in the Oracle Bone Script and its Related Issues

Zhang Yujin

Abstract: The coordinating conjunction *yu* (于) has already appeared in the oracle bone script, which originated from two coordinating *yu* in the prepositional phrase serving as a complement governed by a verb, i.e. the second *yu* in the sentence pattern like *you yu Zuxin yu Muxin* (侑于祖辛于母辛). The coordinating conjunction *yu* can still be found in the Western Zhou and Spring and Autumn bronze script, and in the handed-down ancient documents, where it can connect not only nouns or nominal phrases, but also predicatives or clauses, the latter usage being an extension of the former.

Key words: Oracle bone script; Bronze script; Conjunction; *Yu* (于)

（張玉金，遼寧師範大學文學院　遼寧　116081）

“銘文重合辨僞法”補説*

——以兩組春秋金文爲例

葛　亮

摘　要：作爲判别僞銘或重複著録的簡明方式，“銘文重合辨僞法”不但適用於春秋之前、整篇金文的比對，對於春秋以後、非整篇金文的比對也有重要參考價值。在非考古發掘的傳世品中，有不少略似“全銘模”“單字模”“複合模”製成的銘文，仍能以重合法判定爲僞銘，但需要綜合器形圖像、新舊著録等各方面材料作具體分析。

關鍵詞：金文；辨僞；春秋時代

“對拓片”是整理金文資料的基礎工作，金文著録的編纂大多也要經過這一程序，以去重複、辨真僞。近年來，這項工作的理念、材料、手段都有了重要的革新。

理念方面，崎川隆先生歸納出“銘文重合辨僞法”，並發表了一系列文章，證明了這一研究方法的有效性。其主要觀點爲：

> 至少就東周之前（即商、西周時期）的金文材料而言，除了真僞有疑問的材料以外，基本不存在彼此可以完全重合的銘文……每一篇銘文都是由手工方式一件件獨立地複寫過來的……如果在東周之前的鑄造銘文材料中出現兩篇（或多篇）彼此完全重合的銘文，那麽至少其中一篇應是後代的僞造（或仿造）或重複著録等“不原始”的材料。
>
> （崎川隆，2019a：5–6，參看崎川隆2014；2016；2019b；2022）

材料方面，在新出的各類青銅器及金文著録中（包括大型叢書、收藏單位圖録、展覽圖録、收藏單位網站公布的藏品數據庫等），發表金文彩照已成爲一種常態，有的還附有X光片乃至X-CT圖像。因此，“對拓片”的工作已經擴展到“校對一切金文圖像”。此外，相關器形資料也越來越多地公布出來，對校重、辨僞起到了至關重要的作用。可以設想，除銘文外，紋飾、鏽迹等的各種形態、一切痕迹，今後都可能

*本文爲教育部重大專案“基於資料庫技術的殷商甲骨刻辭事類排譜、整理與研究”（22JZD036）的階段性成果。

成爲重合辨僞的新材料。[①]

手段方面，主要的變化是數字化。研究者多利用圖形處理軟件，把相關數字圖像置於不同“圖層”，通過上下層叠比對，快速、清晰地判斷它們的異同。較之並排比對、來回掃視，更容易發現其中存在的問題。[②]

目前看來，對於春秋之前的金文材料，“銘文重合辨僞法”基本是適用的，可以作爲判别僞銘或重複著録的簡明方式之一。

春秋以後的情況則相對複雜。由於金文的製作方式逐漸多樣，先後出現了使用“全銘模”“單字模”“複合模”等印模工具批量複製而成的銘文。在可靠的金文材料中，兩篇（或多篇）完全重合、部分重合或行款不同而單字重合的銘文都不再罕見（參看崎川隆，2023）。[③]

那麽，當我們面對春秋以後的，完全重合、部分重合或單字重合的金文圖像時，也就面臨著多種可能：（1）它們是同一篇真銘的不同著録，（2）它們是使用“全銘模”“單字模”“複合模”等印模工具批量複製而成的多篇真銘，（3）其中存在僞銘或僞拓本。[④]因此，也就更需要綜合各方面信息作具體分析，不能一概而論。

此外，就非科學考古發掘的傳世品而言，春秋以後的金文圖像如有重合，出於僞造（仿造）或重複著録的概率仍相當之高，需要特别留意。下面舉春秋金文中兩組十分特殊的例子。

一、齊太宰歸父盤

（一）上博盤

上海博物館現藏齊太宰歸父盤殘底一件（《銘圖》14495，圖1），係陳介祺舊藏。銘文右行，六行，行四字，其文曰：

---

①利用鏽迹重合進行金文辨僞的案例，參看拙作《芮公壺的著録整理與辨僞》，《〈西清古鑑今訪〉藴讀》，待刊。

②更好的辦法，是將金文圖像交由計算機進行自動比對、校重。在甲骨校重方面，人工智能（AI）技術已有成功運用的案例，見武智融、莫伯峰、鞏詩晨《人工智能在甲骨文重片整理中的應用》，中國社會科學院古代史研究所先秦史研究室網站，2022年11月30日，https://www.xianqin.org/blog/archives/17264.html。我們也期待AI技術能盡早引進到金文及青銅器的研究中來。

③所谓“春秋之前”“春秋以後”並不是精確的年代劃分，不排除“全銘模”等出現的時間早於西周春秋之交可能。

④關於“僞拓本”，參看葛亮（2024）。

唯王八月|丁亥，齊太|宰歸①父[illegible]（莊）②|爲忌（其）③沐盤，|以祈④眉壽，|靈命難老。

"歸父"是春秋時代常見的人名（參看袁金平，2011: 95）。清人著録盤銘時，已將"齊太宰歸父"與見於《左傳》僖公二十八、二十九、三十三年的齊人"國歸父"（亦稱"國莊子"）相聯繫，見《從古》16.11、《綴遺》7.25-26等。郭沫若（1957: 201b）、馬承源主編（1990: 533）等亦主此説，學者多從之。結合作器者身份及銘文字形看，齊太宰歸父盤的年代應屬春秋中期。即便"太宰歸父"另有其人，年代的差距也不會太大。⑤

圖1　上海博物館藏齊太宰歸父盤殘底

（二）納爾遜盤

美國納爾遜－阿特金斯博物館亦藏有"齊太宰歸父盤"一件，係端方舊藏，最早著録於《陶續》2.17（圖2）。納爾遜盤與上博盤同銘，⑥將兩者的拓本層疊比對（圖3），可以發現其字口幾乎完全重合，僅個别筆畫存在細微差異。

這兩篇銘文顯然不是重複著録，《銘圖》14495將納爾遜盤的著録信息作爲"重

①關於此"歸"字的構形，參看徐在國（1999）。

②此字的釋讀頗有異説，參看袁金平（2011）、單育辰（2016）、李聰（2020）及黄錦前（2019）。筆者傾向釋爲"筐"、讀爲"莊"的意見。

③關於此"忌"字的讀法，參看趙超（1987）。或讀爲"己"，亦指作器者自身或釋爲"己之"二字，參看蘇影（2015）。

④或釋爲"祈易（賜）"二字，參看蘇影（2015）。

⑤或有反對"太宰歸父"爲"國歸父"者，如黄錦前（2019）。關於"齊太宰歸父盤"的年代則未見異議。

⑥研究者或誤以爲上博盤現藏納爾遜，如蘇影（2015）。

出”併入上博盤（詳見表1），是錯誤的。那麽，它們是使用“全銘模”製作的兩篇真銘，還是一真一僞呢？從以下兩方面看，納爾遜盤的銘文應該是僞造的。

一方面，納爾遜盤個別字形有誤，如“命”所从之“卩”，下部斜筆誤與“口”相連，上博盤筆畫雖斷開，但關係不誤（圖4）。

《陶續》2.17 綫圖

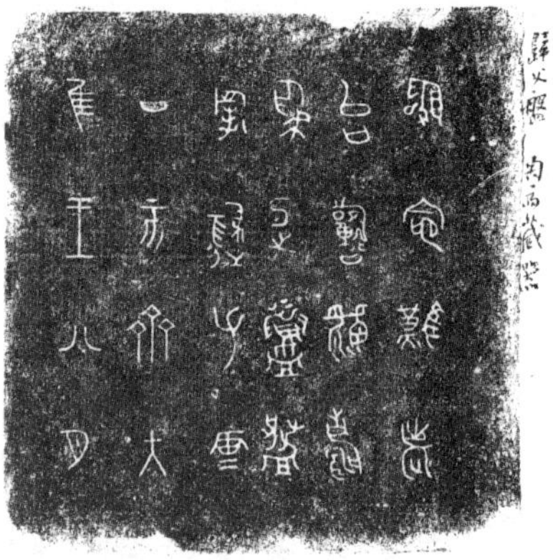

《周金》4.7.2 拓本（《陶續》同）

圖 2　納爾遜－阿特金斯博物館藏“齊太宰歸父盤”

圖 3　上博盤（黑）、納爾遜盤（灰）銘文重合

誤　　　　正

圖 4　納爾遜盤（左）、上博盤（右）“命”字比較

另一方面，也是更關鍵的問題：是銘文與器物的年代不合。納爾遜盤的器形見

於《陶續》2.17綫圖（圖2）及博物館網站發布的照片（圖5），[①]是一件西周早期早段風格的無耳盤（真僞亦存疑）。器形與納爾遜盤近似者，可舉河南鹿邑長子口墓出土的龍紋盤（M1: 210）爲例（圖6），長子口墓的年代即西周早期早段（河南省文物考古研究所、周口市文化局，2000: 121-122、199-209）。由此可見，無論納爾遜盤真僞如何，其中與器物年代不合的春秋金文必爲僞銘。

圖 5　納爾遜盤器形照片

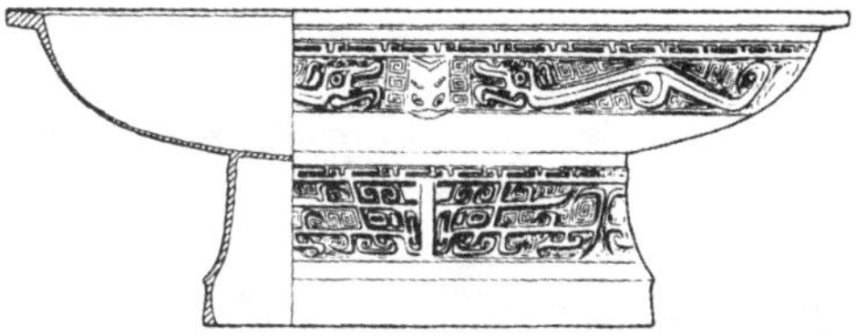

圖 6　長子口墓出土西周早期龍紋盤（M1: 210）綫圖

《三代》以下，各種金文著録多同時收録"陳介祺－上博盤"真銘及"端方－納爾遜盤"僞銘（表1）。《集成》10151不收僞銘及其著録，是正確的。《銘圖》14495誤將多條僞銘著録作爲"重出"併入真銘，新出之《齊金》等仍誤收真僞兩篇盤銘，均應修正。

表 1

上博 真銘	三代 17.14.1	周金 4.10.1	山東存 • 齊 5.2	彙編 264	總集 6768	山東成 681	海岱 37.156	齊金 • 齊 禮28
納爾遜 僞銘	三代 17.14.2▲	周金 4.7.2	山東存 • 齊 6.1△▲	彙編 265	總集 6769▲	山東成 682▲	海岱 37.157	齊金 • 齊 禮29

標△者，《集成》10151 併入真銘著録；標▲者，《銘圖》14495 併入真銘著録，誤以爲重出。

（三）錫博盤

第三件"齊太宰歸父盤"現藏無錫博物院，曾著録於《銘續》932，其器形彩照

①見納爾遜 阿特金斯博物館網站，https://art.nelson-atkins.org/objects/4541/ritual-vessel-pan?ctx=efcde2f9-5ed6-4aa4-9c48-e10fd353624f&idx=1，瀏覽日期：2021年4月16日。銘文照片未發布。

見博物院網站（圖7.1），另有一件無銘青銅匜與之連號（指照片文件名相連，圖7.2）。[1]兩者的年代均屬春秋中晚期，且鏽蝕狀況相近，可能屬於同一組水器。

1.J1-517　　2.J1-518

圖 7　無錫博物院藏盤、匜照片

錫博盤的盤底被鏽層覆蓋，基本不見銘文。[2]《銘續》932收録了盤底X光片，可見鏽層下方有銘文兩行——“唯王八月丁亥，齊|太宰歸父䀉”（圖8），恰是齊太宰歸父盤銘文的前十二字。然而其行款與上博盤完全不同。上博盤右行，每行四字；錫博盤左行，第一行七字，第二行五字，整體偏在盤底的右側，内容缺少一半，文句亦被打斷。

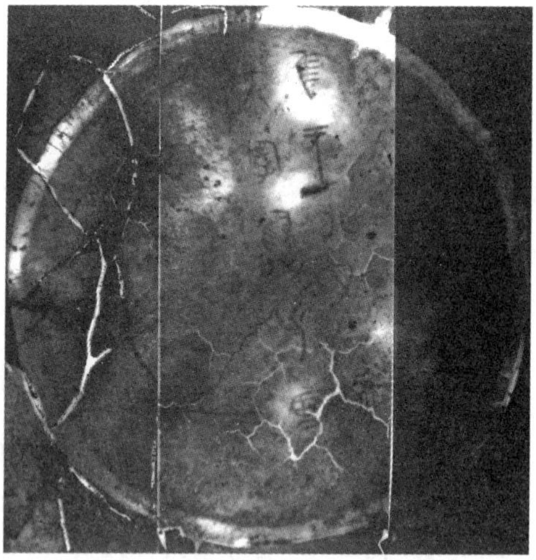

圖8　《銘續》932盤底X光片

①無錫博物院網站“文物藏品庫”，http://www.wxmuseum.com/Collection/Details/b5851858-5e5a-47ae-a930-ed65c30ba3a3（盤）、http://www.wxmuseum.com/Collection/Details/91363362-a321-4598-8c1c-bbc0809719b1（匜），瀏覽日期：2021年4月16日。

②據博物院網站”文創錫博|共享青銅時代榮光”一文介紹，盤底可見“唯王”二字，http://www.wxmuseum.com/News/Details/d6c8982f-1bfb-435f-9794-4805e62b92a8，瀏覽日期：2024年4月16日。

錫博盤與上博盤的銘文行款不同，但將每個單字拆開分别層叠比對，則可以發現，它們的字形（包括大小）基本都能重合（表2）。其中"宰""歸"等較複雜且有所訛變的字，内部構件的位置關係也基本相同；"大""父"等較簡單的字，筆畫的走向也完全相同。

表 2

	隹	王	八	月	丁	亥	齊	大	宰	歸	父	雩
錫博盤					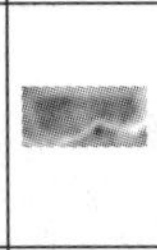		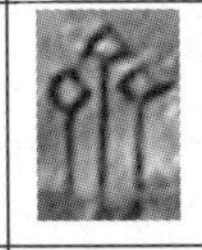				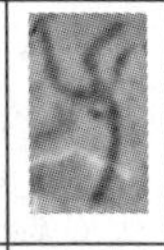	
上博盤	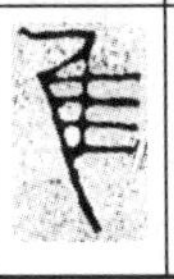	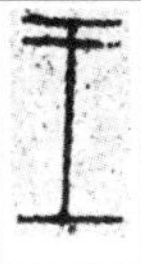					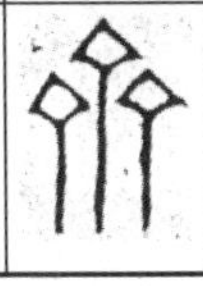	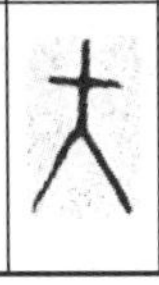			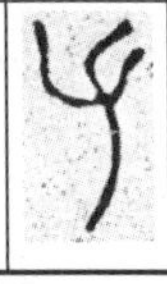	

兩篇金文單字重合而行款差異巨大的現象，除了使用"單字模"製作或存在僞銘外，恐怕很難解釋。那麽，上博盤與錫博盤的銘文是使用"單字模"製作的兩篇真銘，還是一真一僞呢？從以下幾方面看，錫博盤的銘文應該是僞造的。

第一，使用單字模製作的銘文，一般會留下模具的痕迹。典型者如春秋中期的秦公簋銘文（《銘圖》5370，圖9），字模壓痕明顯，而在上博盤、錫博盤上（尤其是上博盤表面）完全看不到類似的痕迹。

器

蓋

圖 9　春秋中期秦公簋單字銘文模痕迹

第二，與上博盤相比，錫博盤銘文的筆畫有多處失真，如"隹"字上部、"齊"字左半、"歸"字"彳"旁等（見表2）。

第三，前舉與錫博盤連號之匜無銘（圖7.2），如果盤、匜原爲一組，則盤很可能也無銘。

第四，也是最關鍵的問題，是錫博盤銘文的位置、方向與器物破損情況的關係，亦即器物破損與銘文製作的先後關係——如破損在先，則銘文必僞。

觀察錫博盤X光片（圖8）可知，這件盤碎裂嚴重，經過大修。X光片左側有幾個大碎片，修復前可能已經脱離了盤底。而盤銘行款的特殊之處，恰與盤底破損的位置相關。

按設計行款，做完二十四字的銘文需要四行空間，但實際情況是，哪怕做到破損邊緣，也只能勉强放下三行。銘文製作中途而廢的原因，很可能就是空間不足。

那銘文爲何左行呢？錫博盤左側殘損，如果銘文是在殘損之後做的，甚至是修復之前，在最大的碎片上做的，那麼從相對完整的右側開始排列銘文，大概就是很自然的選擇了。

此外，通過X光片尚難判斷錫博盤銘文與三足兩耳的位置關係，如銘文以殘片的最大徑爲正方向，却不與三足兩耳對稱，也是違背正常形態的表現。①

可以推測，或許因爲半篇銘文顯得太假，或者造成鏽層下有銘文的假象也能達到作僞的目的，這半篇銘文又被掩蓋起來，成爲我們見到的現狀。總之，錫博盤的銘文應該是仿上博盤而成的僞銘。②

二、魯伯愈父盤

魯伯愈父組器1830年出土于山東滕州鳳凰嶺，時代屬春秋早期，已知有鬲、簠、匜、盤四類器物，數量如下：

鬲5－6件（《銘圖》2901－2906共收拓本6件，其中《銘圖》2906銘文疑僞③）

簠2－3件（《銘圖》5860－5862、《銘三》561共收拓本4件，其中《銘三》561與《銘圖》5860自重，其餘3件拓本似分屬2件簠之器、蓋）

匜1件（《銘圖》14932）

盤著録4件（《銘圖》14448－14450、《周金》4.13.2）

其中一匜與四盤的組合顯得十分反常。與魯伯愈父組器同時代、同地區、同等級的青銅禮器組合，可以滕州薛國墓地M1、M2爲例，兩座墓均出土六鬲、二簠、一匜、一盤（山東省濟寧市文物管理局，1991）。那麼，魯伯愈父盤究竟有幾件呢？

---

①此點蒙匿名審稿專家提示，謹致謝忱。

②錫博盤信息蒙丁忠明先生提示，謹致謝忱。

③《銘圖》2906鬲的口徑明顯小於另五器，口沿寬度則寬於另五器，銘文字口亦似腐蝕或鑿刻而成。

魯伯愈父盤的銘文拓本可分爲以下四類（圖10，簡稱拓本A、B、C、D）：

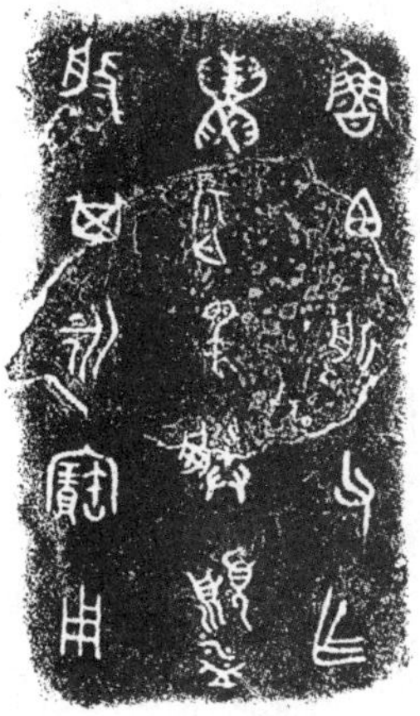

A、銘圖 14448

B、銘圖 14450

C、銘圖 14449

D、周金 4.13.2

圖 10 四類魯伯愈父盤銘文拓本

其中拓本A、B間差别較小，拓本C、D間差别較小，A、B與C、D間差别較大（可觀察“朕”字、“永”字）。從拓本A可以看出，其中部有一圓形區域，邊界清晰，拓本B、C上也可以看到對應的痕迹（拓本C可看“其”字）。

如將拓本A、B、C、D層叠比對，可以發現四者在圓形區域以外的“魯”“父”“乍”“邾”“沫”“般”“寶”“用”八字幾乎完全重合，鏽迹亦可對應（如“般”字左下）；而圓形區域以内或邊緣上的“白”“愈”“姬”“[illegible]”“朕”“其”“永”七字則不能重合，鏽迹亦無法對應（如圖11所示）。

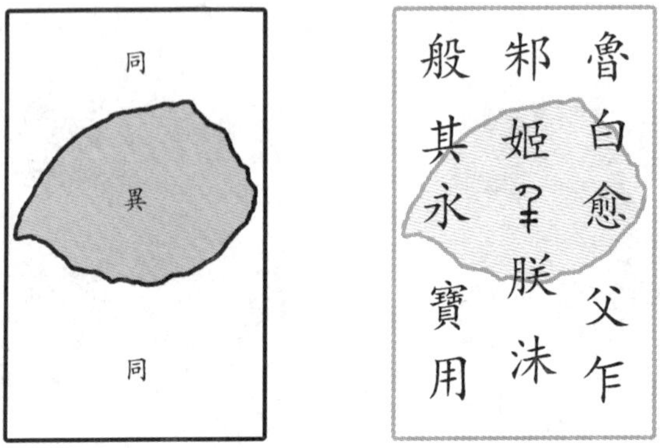

圖11　四類魯伯愈父盤拓本異同示意

這四類盤銘拓本的蹊蹺之處，在於外圍全同而中部有别，和一般的僞銘或著録自重不同，而略似使用“複合模”製作銘文形成的效果。但其中異、同的界綫不規整，且打破字口，並非“複合模”應有的狀態。而且，已知運用“複合模”的實例晚至戰國以後（參看崎川隆，2023），魯伯愈父盤的年代也過早。那麽，以上四類拓本是如何形成的呢？是拓自同一件盤，還是不同的幾件盤呢？

上海博物館所藏魯伯愈父器中有盤、匜各一件（圖12），①其中的盤是所謂四件魯伯愈父盤中唯一確知的實物。盤底銘文中部缺損一塊，經修補，在修補處隱約可見“孖”“永”及“朕”字上部，其餘各字已不可見（圖13）。

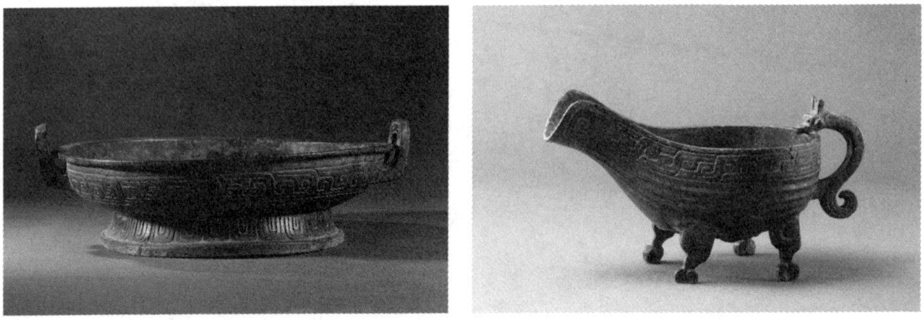

圖 12　上海博物館藏魯伯愈父盤、匜照片

以之對比拓本A、B、C、D，大概只能得到一種合理的解釋：拓本A、B、C、D均拓自上博藏魯伯愈父盤。這件盤的底部早年既已殘損，清代以來屢經修補，在歷次修補過程中，前人曾多次補全盤銘，因而留下了面貌不同的盤銘拓本。魯伯愈父組器中實際仍應是一匜一盤的標準配置。

①上海博物館網站“數字文物庫”，https://www.shanghaimuseum.net/mu/frontend/pg/article/id/CI00040425（盤）、https://www.shanghaimuseum.net/mu/frontend/pg/article/id/CI00043401（匜），瀏覽日期：2024年4月20日。

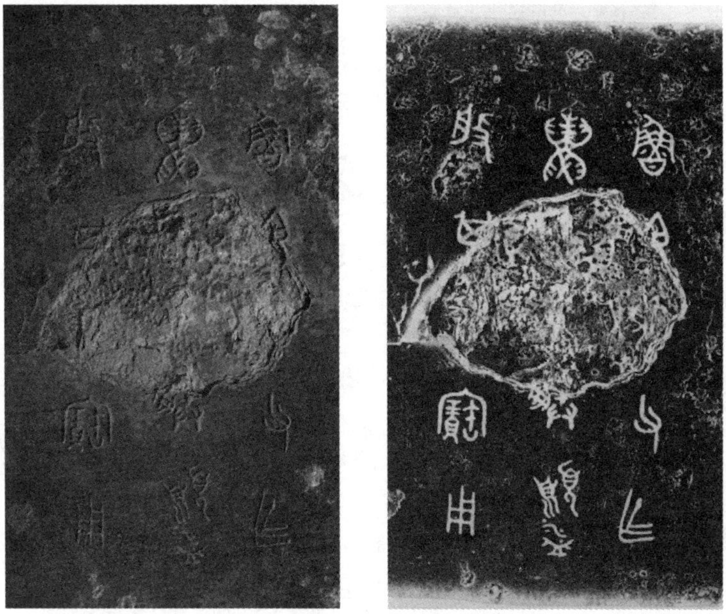

圖 13　魯伯愈父盤底部現狀（拓片見《青研》471）

那麽四種盤銘拓本的先後關係如何，其中有無殘損前的拓本呢？從文字訛誤的角度看（見表3），拓本C"朕"字構形無誤，而此字現狀與之不同，左側結構錯亂，至少部分筆畫爲後刻。拓本A、B"朕"字與現狀相同，可見其年代較晚，拓本C的年代則可能較早（拓本C之"収"形與拓本A、B不同，且無明確包含關係，尚需解釋）。

表 3

盤拓本C	盤現狀誤	盤拓本A誤	盤拓本B誤	匜
	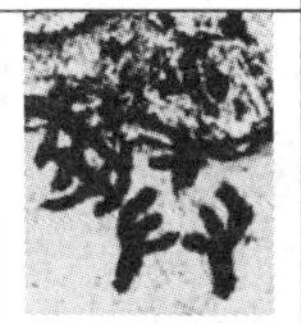			

從銘文重合的角度看，拓本A、B中部後補的"愈""姬""𡰥""永"四字，多能與魯伯愈父匜對應之單字重合（見表4，行款不同，僅單字重合），應是修補時仿匜銘而成。前舉"朕"字左側後刻的筆畫也能與匜銘重合，實際也是仿匜銘加刻的（見表3）。拓本C中部諸字與匜銘均不同，或許正是殘損之前的原貌（最清晰者見《三代》17.7.3）。

拓本D見《周金》4.13.2、《山東存》魯12.2，《集成》10113、《銘圖》14449等均將其歸入C類。實則拓本D中部文字的字形、行款均與拓本C有别（如圖10C、D"𡰥""愈"行款明顯不同），可能反映了盤底的另一種修補形態。其外圍文字也有個别筆畫與拓本A、B、C及實物不同（如"其"字、"用"字右上角），或許是印刷時修版造成的。

表 4

	愈	姬		永
匜				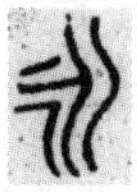
盤拓本A或B 多與匜重合				
盤拓本C 不與匜重合				

現有著録書多重複收録魯伯愈父盤銘，收録兩次者有：《希古》5.20.1－2，《小校》9.71.1－2；收録三次者有：《山東存》魯12.1、12.2、13.1，《總集》6736－6738，《集成》10113－10115，《山東成》660－662、《銘圖》14448－14450、《齊金》魯禮45－47等，均應歸併爲一器。①

以上列舉的是兩組春秋金文特殊重合例。前一組，納爾遜盤銘是整篇仿製上博盤的僞銘，既非重複著録，又非“全銘模”製成的真銘；錫博盤銘是拆解上博盤單字仿製的僞銘，而非“單字模”製成的真銘。後一組，魯伯愈父盤多種部分重合的拓本是不同修補形態的反映，是仿匜銘單字補做銘文而成的半真半僞例，而非運用“複合模”的結果。

由此可見，“銘文重合辨僞法”不但適用於春秋之前、整篇金文的比對，對於春秋以後、非整篇金文的比對也有重要參考價值。在非考古發掘的傳世品中，有不少略似“全銘模”“單字模”“複合模”製成的銘文，仍能以重合法判定爲僞銘，但需要綜合器形圖像、新舊著録等各方面材料作具體分析。

附記：本文初稿曾在曲阜師範大學“新出文獻與中國早期文明研究學術研討會”（2021年4月24—25日）上宣讀。

2021年4月17日初稿

2024年4月20日修訂

①關於魯伯愈父盤銘文的分合，拙著《介堪》於考釋編391號已作簡述，但其中對《攈古》《綴遺》摹本的歸屬判斷有誤，應删去。

引書簡稱表

從古	從古堂款識學	**青研**	夏商周青銅器研究
海岱	海岱古族古國吉金文集	**三代**	三代吉金文存
彙編	中日歐美澳紐所見所拓所摹金文彙編	**山東成**	山東金文集成
集成	殷周金文集成（修訂增補本）	**山東存**	山東金文集存
介堪	方介堪藏吉金拓片集	**陶續**	陶齋吉金續録
攈古	攈古録金文	**希古**	希古樓金石萃編
銘圖	商周青銅器銘文暨圖像集成	**小校**	小校經閣金文拓本
銘續	商周青銅器銘文暨圖像集成續編	**周金**	周金文存
銘三	商周青銅器銘文暨圖像集成三編	**綴遺**	綴遺齋彝器考釋
齊金	齊系金文集成	**總集**	金文總集

參考文獻

葛　亮　2024　《金文翻拓本辨識》，《中國古典學》（第5卷），北京大學出版社。

郭沫若　1957　《兩周金文辭大系圖録考釋》，科學出版社（本文所引頁碼爲其中《兩周金文辭大系考釋》之頁碼）。

河南省文物考古研究所　周口市文化局　2000　《鹿邑太清宫長子口墓》，中州古籍出版社。

黄錦前　2019　《齊太宰歸父盤新釋》，山東省文物考古研究院、山東大學歷史文化學院、臨淄區齊文化發展研究中心、齊文化博物院編《傳承與創新：考古學視野下的齊文化學術研討會論文集》，上海古籍出版社。

李　聰　2020　《弁、筐考辯》，《甲骨文與殷商史》（新10輯），上海古籍出版社。

馬承源　1990　《商周青銅器銘文選（四）》，文物出版社。

崎川隆　2014　《“銘文重合法”對商周青銅器銘文辨僞研究的有效性》，《出土文獻研究視野與方法》（第5輯），臺湾政治大學。

崎川隆　2016　《壬册父丁爵銘文拓本考證》，《古文字研究》（第31輯），中華書局。

崎川隆　2019a　《“非機械複製時代”青銅器銘文的真僞判定——以集㞓簋及其相關器物銘文爲例》，《浙江大學藝術與考古研究》（第4輯），浙江大學出版社。

崎川隆　2019b　《“作册般黿”史料性質商榷》，《第八屆出土文獻青年學者國際論壇論文集》，臺湾中興大學。

崎川隆　2022　《“妇闟”銘銅器群的重新整理》，李峰、施劲松主編《張長壽、陳公柔先生紀念文集》，中西書局。

崎川隆　2023　《商周青銅器銘文鑄造中的機械複製技術——從淅川和尚嶺二號墓出土編鐘編鎛銘文談起》，《中國國家博物館館刊》第1期。

山東省濟寧市文物管理局　1991　《薛國故城勘查和墓葬發掘報告》，《考古學報》第4期。

單育辰　2016　《釋甲骨文“甶”字》，李守奎主編《清華簡〈繫年〉與古史新探》，中西書局。

蘇　影　2015　《釋齊太宰歸父盤銘中的“已之”和“祈易”》，《中國文字研究》（第21輯），上海書店出版社。

徐在國　1999　《戰國官璽考釋三則》，《考古與文物》第3期。
袁金平　2011　《齊金文考釋二則》，《考古與文物》第5期。
趙　超　1987　《讀金文札記三則》，《考古與文物》第4期。

Supplementary Discussion on the Method of Discernment of Authenticity by Coinciding Inscriptions: Taking Two Groups of Bronze Inscriptions from the Spring and Autumn Period as Examples

Ge Liang

Abstract: As a concise way to distinguish fake inscriptions or repeated inclusion, the method of discernment of authenticity by coinciding inscriptions does not only apply to the comparison of the complete inscriptions before the Spring and Autumn period, but also has important reference value for the comparison of incomplete inscriptions after the Spring and Autumn period. Among the handed down bronzes that were not archaeologically excavated, there are many inscriptions cast seemingly in a "full inscription mould", "single character mould" or "compound mould", which can still be judged as fake inscriptions by coinciding inscriptions, but it requires specific analysis while synthesizing the images of bronze inscriptions and old and new inclusions in the compilations.

Key words: Bronze Inscriptions; Discernment of Authenticity; Spring and Autumn period

（葛亮，上海博物館／復旦大學出土文獻與古文字研究中心／“古文字與中華文明傳承發展工程”協同攻關創新平臺　上海　200003）

小邾國銅器的新發現

——出土邾君郳州慶簋蓋銘文新釋*

吴家勛

摘　要：文章對《銘三》0499號“生毆君厲州慶簋蓋”銘文進行了改釋，認爲銘文中的“𣪘”應爲一字，讀爲“邾”；“”應隸定作“㡰”，讀爲“郳”。簋蓋可重新命名作“邾君郳州慶簋蓋”。本文還討論了銘文的相關内容，認爲此簋蓋本是小邾國君主邾君慶爲周王室姬姓名剌的女子所作的媵器，由於種種原因成爲了不其簋後配的簋蓋。簋蓋銘文的正確釋讀爲探究小邾國早期歷史提供了新的資料。

關鍵詞：小邾國；郳；州；不其簋

《商周青銅器銘文暨圖像集成三編》①0499號公布一件現藏山東省滕州博物館的西周晚期銅簋蓋（圖1）。據吴先生介紹，簋蓋於1980年出土于山東滕縣後荆溝（今屬滕州市北辛街道）一座西周殘墓。該簋蓋“出土時蓋在不𡢁簋上”。李學勤（2002:337）曾説：“不其簋的那個後配的蓋兒上也有字，説當地的國君娶了周王的女兒爲妻。”後來，陳昭容（2009:21）在李文的指引下特意請李朝遠先生到滕州博物館“尋寶”，但也“總共只看了大約30秒鐘”的銘文，確認了蓋内有字，“行款從左到右，字體爲反書”。至於銘文内容，則不得而知。如今這件簋蓋終於露出真容，吴先生也給出了銘文的釋文，但其中尚有疑問。我們有一些不成熟的想法，寫出來請教於方家學者。

此簋蓋銘文反書，今將其翻轉如圖2所示。吴先生所附釋文如下：

生毆君厲州慶作王姬剌尊簋，用享用孝，用祈多福，眉壽無疆，其子子孫

*本文爲“古文字與中華文明傳承發展工程”規劃項目“吉林大學所藏甲骨集”（項目號G1003）和“《雙劍誃文集》整理”（項目號G1812）的階段性研究成果。本文寫作得到導師吴振武先生的鼓勵，李春桃老師，師兄紀帥、張晨陽，同學朱胄等都對本文的寫作提供了很多幫助。匿名審稿專家也對本文提出了寶貴的修改意見，在此一併致謝。

②吴鎮烽編著：《商周青銅器銘文暨圖像集成三編》，上海古籍出版社，2020年。本文在引用時簡稱《銘三》。

孫萬年永寶用。[①]

圖 1

圖 2

吴先生所釋“生眍”二字，原篆作“”（下用△代替），實際上應爲一字。只是由於左半上下偏旁間隔太大以致有兩字之感。如本銘的“刺”字作“”，左右間距亦較大，與△情况近似。其次，從通篇銘文來看，除最後一行爲七字外（尚有兩例重文符號，姑置不論），其餘幾行均爲六字，分布均匀。再者，前三行上下整齊，應是鑄銘者有意爲之。綜合各方面來看，將△視作一字都是很合理的。我們認爲△从“鼄”从“殳”，可隸定作“鼀殳”，在銘文中讀爲“邾”。西周晚期至春秋早期銅器銘文中的“邾”有如下三種寫法（參看董蓮池，2011:831-832、1858-1860）：

A1：邾友父鬲　《銘圖》[②]2943　邾君慶壺　《銘圖》12333

A2：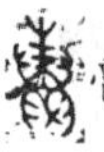魯伯愈父鬲　《銘圖》2901　杞伯每亡簋　《銘圖》4854

A3：杞伯每亡鼎《銘圖》2213　邾慶瑚　《銘圖》5878

邾慶瑚　《銘圖》5879

B：杞伯每亡鼎　《銘圖》1206

C：尋伯匜　《銘圖》14910

A類寫法皆假借从“朱”聲的“鼄”字，只是聲符的位置略有區别。A1第二例

①本文引用銘文一般采用寬式。

②吴鎮烽編著：《商周青銅器銘文暨圖像集成》，上海古籍出版社，2012年。本文在引用時簡稱《銘圖》。

已出現寫法較爲簡略的“朱”，A2第二例則出現鼄形上下分割的寫法。A3應是由上述兩種寫法糅合（參看吴振武，2003:92–93）而來。即將外圍的鼄形彙聚於“朱”字中間的一横，使得該字近乎演變爲上下結構。A3後兩形較第一形省減更爲厲害。B的寫法也較爲特别，且只一見。雖然少見，但也足以證明當時存在从“殳”的“邾”。△很可能是糅合A、B兩種寫法而成的一種从鼄从殳的特殊寫法。也可以説B是△的省略寫法，即省去繁複的鼄形，而只取聲符“朱”所造的一個簡化字。總之，△與B形間應存在著較爲緊密的聯繫。C形則加注邑旁，應是爲表地名的“邾”所造的專字。上揭寫法中，A使用的最爲頻繁，或許與當地的圖騰崇拜有關，即用其來表示族屬（參看袁俊傑、賈一凡，2020:213–215）。

吴先生所釋“厲”字，原篆作“”（下用○代替）。按釋“厲”非是。陳英傑（2022:137）認爲下部所从爲“兒”，其説甚是。該字可隸定作“厜”。古文字中有一些字可以加“厂”旁進行繁化（參看劉釗，2011:341），如“鬲”既可作“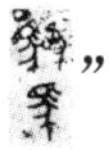”（鬲姒簋（《銘圖》4324）），又可加“厂”旁繁化作“”（鬲氏鐘乙《銘圖》15112），本銘“兒”加“厂”旁也屬於這類情況，應是“兒”的一種繁化。《説文·邑部》：“郳，齊地。从邑儿聲。”據此，銘文中的“○”可讀爲“郳”。

將△、○二字重新進行釋讀後，我們再來討論銘文的具體内容。兹將校補後的銘文釋寫如下：

> 邾君郳州慶作王姬剌尊簋，用享用孝，用祈多福，眉壽無疆，其子子孫孫萬年永寶用。

“邾君”，係作器者自表其身份。“郳州慶”則是自表其名。“郳”是小邾國别稱，邾、郳互見，可知其應爲小邾國國君。春秋早期銅器銘文中常見兒（郳）慶，如兒慶鼎（《銘圖》1947）、兒慶鬲（《銘圖》2866）等。或作邾慶，如邾慶鬲（《銘圖》2782）。或作邾君慶，如邾君慶壺（《銘圖》12333、12334等）。又作邾慶父，如邾慶父簋（《銘續》[①]0388、0389）。兩者均以“慶”爲名，又同爲邾國國君，自當爲一人。因此，“郳州慶”應是邾君慶的又一種稱呼。這裏有必要對邾（郳）慶的身份做一個説明。

張海（2020:116）認爲“稱‘兒慶’‘邾慶’等器的鑄造要早於稱‘邾君慶’之器。‘兒慶’是以采邑名爲氏，‘邾慶’則是以上級邦名爲氏，説明兒（郳）地領主慶亦是邾邦下屬之家。”進而推測“作爲友父後人的慶曾以小宗即邾邦邦君之位”。

①吴鎮烽編著：《商周青銅器銘文暨圖像集成續編》，上海古籍出版社，2016年。本文在引用時簡稱《銘續》。

按張説可商。首先，根據學者研究，山東省棗莊市山亭區東江春秋墓地爲小邾國貴族墓地蓋可論定（李光雨、劉愛民，2007）。若慶曾即任邦君之位，則勢必要遷居至邦君所在之地，即張文所言“回邦邑任邾君”，而非留居郳地。若是，則其墓葬出現於東江墓地明顯是解釋不通的。况且，邾慶之墓爲M4（李光雨、劉愛民，2007），屬規格最高者，這與邾慶長期在郳地經營是脱不了關係的。其次，張文認爲因慶升任邦君，故瑚（按, 即邾公子害瑚《銘圖》5907、5908）銘稱其子爲“邾公子”，“應與繼慶爲邾君的儀父是兄弟。害繼慶爲郳的領主，仍稱‘公子’，可見此地只是邾邦小宗分支的采邑。”此説亦可商。“公子害”這一稱謂與古書常見之“公子某”意義相同，只是表明其身份爲國君之子，且應是未繼位時的稱呼，如鄭昭公未繼位時稱“公子忽”（楊伯峻，2016:29）。“邾公子害”這一稱呼只能證明至少在鑄造此器時，公子害尚未繼任郳的領主。最後，需要明白的一點是，郳自邾分出之後，所謂“大小宗”之間的關係並不友好，邾慶是邾友父之子（李學勤，2007），已屬旁支，回到邦邑升任邦君恐怕不是那麽容易的事。這種不友好的關係在進入春秋以後表現得更爲明顯。春秋早期小邾國采取的策略是依附宋國，在這期間，宋、邾兩國交戰相當頻繁，參下表：

表1

時間	交戰雙方	文獻記載	出處
隱公五年	宋 VS 邾鄭	宋人取邾田。邾人告於鄭曰：‘請君釋憾於宋，敝邑爲道。’鄭人以王師會之，伐宋，入其郛，以報東門之役。”	楊伯峻，2016:50
隱公七年	宋魯 VS 邾	公伐邾，爲宋討也。	楊伯峻，2016:59
桓公八年	魯 VS 邾	秋，伐邾。《經》	楊伯峻，2016:130
桓公十七年	宋衛魯 VS 邾	及宋人、衛人伐邾。《經》 伐邾，宋志也。《傳》	楊伯峻，2016:160-161

注：桓公八年魯伐邾無傳，未詳何事，推測應與宋國難脱干系，故一併放置於此。

宋、邾之間的戰争，主要推手自是小邾。雖然上表所列並未見到小邾的身影，但小邾在背叛宋國後所遭受的征伐足以爲證。《春秋經》莊公十五年云：“宋人、齊人、邾人伐郳。”（楊伯峻，2016:217）邾赫然在諸侯聯軍之列，且與宋國結成了同盟。敵友轉换之間，邾、小邾兩國間互相攻伐的局面蓋可想見。

基於以上原因，我們認爲郳慶的身份仍是小邾國國君，並未擔任邾邦邦君。邾慶自稱邾君，只是其借以宣傳的手段，其目的當是與母國争鋒，即意在表明郳地之邾才是邾之大宗。兩國間的關係跟晉國曲沃和翼的關係頗有相通之處。“邾君”的稱呼實際上也只是表明一個争的意圖，而非既定的事實。明白了這些，也就可知道邾慶雖有代替大宗之心，實無代替大宗之力。果如張文所言，邾慶想要升任邦君，也只能是以“曲沃代翼”的方式，和平升任恐怕是不大可能的。

弄明白了這一點，我們再回過頭來討論“州”字的讀法。我們認爲“州”應讀爲“鑄”，春秋早期銅器鑄公瑚（高明，1982）蓋銘云：

> 鑄公作孟妊車母賸瑚，其萬年眉壽，子子孫孫永寶用。
>
> （《銘圖》5905）

王國維（1959:889-890）在考釋該銘時説：

> 簠云“鑄公作孟妊車母賸簠”。孟妊蓋鑄公之女，故爲之作賸器。然則鑄，妊姓之國也。《樂記》：“武王克殷，封黄帝之後于祝。”鄭注云：“祝或爲鑄。”《吕氏春秋·慎大覽》亦云“封皇帝之後于鑄”。古鑄、祝同字。《晉語》：“黄帝之子二十五宗，其得姓者十四人，爲十二姓。”任居其一，鑄爲任姓，其爲黄帝后之祝，信矣。古“祝”音又與“州”同，《春秋左氏》及《公羊傳》之“州吁”，《穀梁傳》作“祝吁”。《説文解字》“喌”，从吅、从州聲，讀若祝。是鑄公即祝公，亦即州公矣。

按王氏認爲“鑄、州爲一”非是（參看陳槃，2009:854-856），但指出“鑄”“州”音近可通則甚確。《銘圖》3362著録一件王孫叔夔甗，其中“鑄”字正作“夔”，从“州”得聲，可證。《銘續》0388、0389著録有兩件邾慶父簋，銘文作：

> 邾慶父作州姒車母寶簋，永寶用。（《銘續》388）
>
> 邾慶父作州姒母寶簋，永寶用。（《銘續》389）

又有一件杞伯雙聯鬲：

> 杞伯作車母賸鬲，用享孝于其姑公，萬年子子孫孫永寶用。
>
> （《銘續》262）

黄錫全、楊鵬華（2022:40）將兩者聯繫起來，認爲“州”爲國名，即州國，“車母”則爲杞國人，並推定“邾慶父簋的‘車母’可能就是杞伯鬲的‘車母’，是姒姓杞國人，嫁到州國，邾慶父爲之作器。”[①]按黄、楊兩先生繫聯“車母”的説法當可信從，但認爲“州”爲“州國”則有可商。結合東江墓地出土的銅器來看，邾、

①銘文中的“姒”字，原篆作“”，過去多釋作“ 㚰 ”，如廖堉汝（2019: 下編84）：“此字《銘續》釋文隸作‘㚰’。用法爲人名，字形金文首見。”黄、楊兩先生改釋爲“姒”，甚是。《銘續》0389“姒”字，原釋文誤作“車”，當改正。此外，黄德寬（2007: 426）收有四例“㚰”，並謂：“㚰，从女丩聲，疑姁之省文。金文㚰，族名或人名。”其中年姒簋（《銘圖》4327）“”應隸定作“姒”，伯田父簋（《銘圖》4881）“”應隸定作“妧”，當剔除。另外兩例應無疑問。

鑄兩國的關係更爲密切，倒是郳、州兩國互動的相關信息，目前尚未見到。考慮及此，我們認爲其中的“州”也當讀爲“鑄”。[①]簋應是郳慶父爲嫁至鑄國名“車母”的女子所作的媵器。

郳慶父爲何要給異姓的“車母”作器呢？黄錫全、楊鵬華（2022:40）認爲郳慶父爲“車母”作器與“他國之人爲異姓女子作器”同類。按其説近是，但稍顯迂遠。銘文中的“車母”既爲同一人，那麼爲之作器的郳慶父與杞伯年代應相當。上文討論△的形體時，我們曾指出，杞伯諸器與郳慶諸器的字體有互相影響的關係，可知郳慶與杞伯每亡在位的時間也應接近。若是，則爲車母作器的杞伯與杞伯每亡很可能是同一人，也不排除是兩代杞國國君的可能。杞伯每亡的夫人爲郳國女子，根據“通鑒”的檢索結果來看，杞伯爲郳曹所作器物計有四鼎（《銘圖》2061、2062、2213、《銘續》2017）、[②]八簋（《銘圖》2854-4860、“通鑒”40092）、[③]三壺（《銘圖》12379、12380，《銘續》20386）、一盆（《銘圖》6265）、一匜（《銘圖》14943），聯繫到郳慶爲車母作器的動機，我們認爲，郳曹很可能來自小郳國。小郳、杞國存在通婚關係。至於郳慶、郳曹、車母間是否有更爲親近的關係，限於材料，不好做進一步的推測。

根據上面的討論，我們認爲“郳州慶”當讀爲“郳鑄慶”，是郳君之名，係“父親國名＋母親國名＋私名”。從這一稱謂中，我們可以瞭解到郳君郳慶的母親來自鑄國。值得注意的是，郳君慶的三位配偶同樣來自鑄國。東江小郳國墓地2號墓曾出土數件郳君慶爲“秦妊”所作銅器，如郳慶鼎“郳慶作秦妊匜鼎，其永寶用”（《銘圖》1947）、郳慶鬲“郳慶作秦妊羞鬲，其永寶用”（《銘圖》2866）等。“秦妊”中的“秦”所指爲何，學界多有争論，或主張爲國名或邑名（參看趙平安，2014:117-118；林澐，2006:195；李零，2006:178；李學勤，2007；陳絜，2015:266）；或主張爲女子私名（參看孫剛，2012:86；謝明文，2017:58）。前者的缺陷在於無法解釋同墓出土的郳君慶爲“華妊”“奏妊”所作的銅器，如郳慶鬲“郳慶作華妊羞鬲”（《銘圖》2782）、郳慶壺“郳慶作奏妊壺，其萬年子子孫孫永寶用享”（《銘圖》12352）等。因此，我們贊同後説，“秦”“華”“奏”都是女子的

①按，雖然鑄、州不是一地，但兩字可以通假是毫無問題的。至於“鑄”在鑄國銅器銘文中多用“鑄”，而不用“州”，此處用“州”表“鑄”，很可能是郳國對“鑄”的稱呼。此外，過去多認爲淳于公戈（《銘圖》16850、16851、16852）爲“州公”所作，邢侯簋（《銘圖》5274）中的“州人”即淳于（州）國，現在看來恐怕都不可信，參李珊倪（2020: 233－237）“州國”條。史密簋（《銘圖》5327）有“舟夷”，李學勤（1991）認爲即“州夷”，但“舟”是否即國名或地名，尚不能確定，參張晨陽（2022: 480、542）。總之，目前已公布的銅器銘文中尚未見到“州國”銅器，黄、楊兩先生將“州”等同於“州國”是值得懷疑的。

②鼎銘皆爲“杞伯每亡作郳曹寶鼎，其萬年眉壽無疆，子子孫孫永寶用（亯）”。簋銘、壺銘、盆銘、匜銘除自名有異外，餘皆近此。

③其中有兩簋蓋，不知是否可與其他簋相配，即便去除兩蓋（或可與簋相配），仍有六件。

私名，其稱名方式爲“私名＋姓”。同墓出土有三件被盜掘的鑄叔盤，銘文云“鑄叔作叔妊秦媵盤，其萬年眉壽永寶用”（《銘圖》14456），“叔妊秦”即“秦妊”，係“排行＋姓＋私名”。盤銘的發現一方面證實了“秦”確爲女子之名，另一方面也證明了邾、鑄兩國確實存在通婚現象。由此也可反證我們將“州”讀爲“鑄”是很合適的。

既然邾、鑄兩國存在通婚關係，邾君慶的母親、配偶都來自鑄國，爲了展示兩國的友好關係，在其稱名方式上加上母親／配偶的國氏，也是可以説得通的。只是這樣理解的話，可能會陷入孤證不立的困境，畢竟在《左傳》等傳世文獻以及出土銅器銘文中，尚未見到男子有這樣的稱名方式（參看方炫琛，2017:59-65；閆麗，2012:109-118；吴鎮烽，2006:453-460）。我們認爲，這樣一種類似複合式的稱名方式是有其現實意義的。用“郳”來表示其父家之所出，其中應含有自别於邾邦的意圖。“鑄”則表示母／配偶之所出，則是爲了强調同盟關係，即要以此來拉攏盟國，同時起到震懾邾邦的效果。

“剌”很可能是王姬的名，如魯伯愈父鬲（《銘圖》2901-2906），“魯伯愈父作邾姬𡥂媵羞鬲，其永寶用”，“𡥂”就是季姬的名。又如中伯簋（《銘圖》4775），“中伯作辛姬孌人媵壺”，“孌人”亦是辛姬的名。均可爲證。

陳英傑（2020:137-138）指出，本銘“作器對象應該是‘王臣剌’。”其説甚是。該銘文雖没有“媵”字，但屬媵器無疑。金文中有不少爲異姓製作媵器的例子，如鑄侯求鐘（《銘圖》15178）“鑄侯求作季姜媵鐘，其子子孫孫永享用之”（參看陳槃，2009:856）、邾季瑚（《銘三》0571）“邾季㖝纂用乍（退）仲娸，用鑄寶瑚，其萬年子子孫孫永寶用”（參看李春桃:2019），均屬此類。因此，我們認爲該器是邾君慶贈予周王室出嫁的姬姓名剌的女子的禮物，至於王姬所嫁爲何國，銘文並没有反映出來。作爲異姓國的邾國，爲周王室鑄造媵器當然是可以的，①但不免有些僭越。小邾國至附從齊桓公尊周後，才得周王室册命（參看楊伯峻，2016:180）。可見，在此之前，歷代小邾君努力的目標就是獲得周王室的認可，簋蓋銘文的正確釋讀恰好爲我們了解這一政治活動提供了鮮活的證據。我們有理由推測邾君慶鑄造的這件媵器，很可能是其借王姬出嫁之機向周王室獻功的一次政治活動。這與邾君慶在位時小邾國的强盛局面也是相符合的。

從器物的形制上看，邾君郳州慶簋蓋（圖3）與現藏國家博物館的不其簋蓋（圖4）差别很大，葛海洋、魏慎玉（2014:92）指出：“從鑄造工藝來看，後荊溝出土的不其簋，蓋與器鑄造工藝有著明顯的差别，器的鑄造工藝優於蓋的鑄造工藝。器的鑄

① 《左傳》成公八年：“衛人來媵共姬，禮也。凡諸侯嫁女，同姓媵之，異姓則否。”俞正燮已有反駁，《癸巳類稿》卷二《武王女得適齊侯之子義答何休皇甫謐》：“《左傳》記載事實，言同姓當媵，異姓不必凡嫁皆媵，非謂不許媵。”參楊伯峻（2016:841）。

造精緻規整，蓋的鑄造粗糙，紋飾模糊。從紋飾上看，後荊溝出土的不其簋的蓋與器雖然都是竊曲紋，但是器上所飾是無目竊曲紋，且鑄造精良，紋飾清晰，與中國國家博物館藏的不其簋蓋所飾無目竊曲紋相同。”圖5爲葛文公布的清晰照片，對比更爲明顯。顯然，將邾君郳州慶簋蓋蓋在不其簋上是一種不得已的辦法，雖然製作工藝比不上原來的蓋，但蓋銘中的“王姬”顯示了其本身不俗的身份，所以拿它來充當簋蓋倒也非常“合適”。

此簋蓋面呈弧形鼓起，上有圈狀捉手。捉手內飾蜷曲的夔龍紋，蓋沿飾S形竊曲紋，上部飾瓦溝紋。上引兩件邾慶父簋（圖6、圖7）形制相同，子口內斂，鼓腹，一對獸首耳，①下有垂珥，底部近平，圈足連鑄三條獸面小足，蓋面隆起，上有圈狀捉手。捉手內飾蜷曲的夔龍紋，蓋沿和器口下均有紋飾兩組，每組以浮雕獸頭爲中心，兩側各有兩隻小鳥和兩條夔龍組成，小鳥與夔龍相間，不施地紋，蓋面和器腹均飾瓦溝紋。

圖3

圖4

圖5

圖6

圖7

除蓋沿處紋飾有不同外，其餘部分相同，似有一定關聯。還需注意的是，捉手內部蜷曲的夔龍紋，這種裝飾在別的簋蓋上很難見到。②檢索所得，只有來鬳瑚（《銘圖》5896）上有類似的裝飾，但該瑚通體以蜷曲夔龍紋裝飾，與簋蓋似有不同。總之，從捉手內部的“特色”來看，其出於同人所作是有可能的。

根據銘文反映的內容來看，簋蓋和不其簋可能並無關係。兩者是怎麽彙集到一處，又是怎麽誤打誤撞地組合到了一起，尚需相關材料來進一步證明。

①邾君慶所作簋，除本文新考釋簋蓋外，似乎只有這兩件，故在對比形制時只有這兩件可作爲素材。

②蒙李春桃老師提示，這類紋飾還出現在一些無銘文的銅器上，包括蜷曲鳥紋、蜷曲龍紋、蜷曲虎紋等，有些没有俯視照片，所以看不到具體紋飾形狀。故此處利用紋飾來系聯相關銅器尚需謹慎對待。謹致謝忱。

附記：小文待刊期間，讀到滕勝霖先生《滕縣後荊溝出土不嬰簋蓋銘文補釋》（《“第二屆戰國文字研究青年學者論壇”論文集》，第178-182頁，合肥，2023年11月17日-19日）及金方廷先生《論幾例特殊的青銅器器蓋異銘現象》（《第四屆“早期中國經典研究國際學術研討會”論文集》，第80-100頁，珠海，2023年12月15-17日）兩文。在文字釋讀上，滕文與拙作意見相近，金文據模糊照片亦釋出“郳”字，是所謂“閉門造車，出門合轍耳”。但在銘文内容的理解上，兩文與拙作看法不同，請讀者參看。

參考文獻

陳　絜　2015　《塱方鼎銘與周公東徵路綫初探》，李宗焜主編《古文字與古代史》（第4輯），“中研院”歷史語言研究所。

陳　槃　2009　《春秋大事表列國爵姓及存滅表撰異》，上海古籍出版社。

陳英傑　2022　《商周金文中“王”之稱謂使用情况的考察》，《第八屆中國文字發展論壇論文集》，中州古籍出版社。

陳昭容　2009　《從滕縣博物館藏〈不其簋〉説起》，《上海文博論叢》第2期。

董蓮池　2011　《新金文編》，作家出版社。

方炫琛　2017　《左傳人物名號研究》，花木蘭文化事業有限公司。

葛海洋　魏慎玉　2014　《文物鑒定與鑒賞》第1期。

高　明　1982　《盬、簠考辨》，《文物》第6期。

黄德寬（主編）　2007　《古文字譜系疏證》，商務印書館。

黄錫全　楊鵬華　2022　《郳慶父簋銘文校補及有關問題》，《中國文字研究》（第36輯），華東師範大學出版社。

李　零　2006　《讀小邾國銅器的銘文——兼論東江墓地的墓主和年代》，《小邾國文化》，中國文史出版社。

李春桃　2019　《郳季瑚研究》，《出土文獻》（第15輯）。

李光雨　劉愛民　2007　《棗莊東江小邾國貴族墓地發掘的意義及相關問題》，《東嶽論叢》第2期。

李珊倪　2020　《楊伯峻〈春秋左傳注〉所引金文注解的整理與研究》，吉林大學碩士學位論文。

李學勤　1991　《史密簋銘所記西周重要史實考》，《中國社會科學院研究生院學報》第2期。

李學勤　2002　《夏商周與山東》，《煙臺大學學報（哲學社會科學版）》第3期。

李學勤　2007　《小邾國墓地及其青銅器研究》，《東嶽論叢》第2期。

廖堉汝　2019　《新見商周金文字形編》，臺灣暨南國際大學中國語文學系碩士學位論文。

林　澐　2006　《小邾國東江墓地青銅器銘文部分人名的考釋》，《小邾國文化》，中國文史出版社。

劉　釗　2011　《古文字構形學》，福建人民出版社。

孫　剛　2019　《東周齊系題銘研究》，上海古籍出版社。

王國維　1959　《觀堂集林》，中華書局。

吴鎮烽　2006　《金文人名彙編》（修訂本），中華書局。

吴鎮烽　2012　《商周青銅器銘文暨圖像集成》，上海古籍出版社。

吴鎮烽　2016　《商周青銅器銘文暨圖像集成續編》，上海古籍出版社。

吴鎮烽　2020　《商周青銅器銘文暨圖像集成三編》，上海古籍出版社。

吴振武　2003　《戰國文字中一種值得注意的構型方式》，《姜亮夫、蔣禮鴻、郭在貽先生紀念文集》，上海教育出版社。
謝明文　2017　《談談周代金文女子稱謂研究中張應該注意的幾個問題》，《出土文獻》（第10輯）。
閆　麗　2012　《〈左傳〉人物稱謂文化研究》，東北師範大學博士學位論文。
楊伯峻　2016　《春秋左傳注》（修訂本），中華書局。
袁俊傑　賈一凡　2020　《小邾國歷史文化的考古學研究》，科學出版社。
張晨陽　2022　《西周金文地名集釋》，吉林大學碩士學位論文。
張　海　2020　《邾器與兩周邾邦史事》，《青銅器與金文》（第4輯），上海古籍出版社。
趙平安　2004　《山東秦國考》，《華學》（第7輯），中山大學出版社。

A New Discovery of the Bronze of the State of Xiao Zhu: New Interpretation of the Inscription on the Lid of the Unearthed Zhujun Nizhu Qing *Gui*

Wu Jiaxun

Abstract: The article revises the interpretation of the inscription on the lid of the No. 0499 bronze 生毆君厲州慶簋蓋 in of *The Third Collection of Shang and Zhou Bronze Inscriptions and Images*, and holds that the inscription  should be one single character, which should be clerically transcribed as 𣪊 and read as Zhu (邾); that the inscription  shall be clerically transcribed as 㞾 and read as *Ni* (郳). The lid can be renamed as Zhujun Nizhu Qing gui (邾君郳州慶簋蓋). This article also discusses the relevant content of the inscriptions. It holds that this lid was originally a dowry vessel made by Qing, Viscount of Xiao Zhu, for a woman named La (剌) with the ancestral surname Ji (姬) from the royal house of Zhou, but somehow became the later lid of the Buqi *gui* (不其簋). The correct interpretation of the inscriptions on the lid provides new materials for exploring the early history of the state of Xiao Zhu.

Key words: State of Xiao Zhu (小邾國); Ni (郳); Zhou (州); Buqi *gui* (不其簋)

（吴家勛，吉林大學考古學院古籍研究所　吉林　130012）

讀楚簡札記（二則）*

孔婷琰　白於藍

摘　要：曾侯乙墓竹簡文字中原整理者隸定爲“瓎”（讀作“纁”）之字當隸定爲“⿰王異”（或“⿰王冀”“⿰王翼”），讀爲“黓”，表黑色之義。望山二號楚墓簡20中原整理者釋爲“遫”之字當隸定作“遝”，讀爲“絼”，表重疊、重複之義。

關鍵詞：曾侯乙簡；望山簡；黓；絼

近年來，戰國楚簡文字研究發展迅速，成果豐碩。不少楚簡材料還有紅外照片圖版公布，這爲進一步研究提供了便利。本文擬在諸家研究的基礎上，對曾侯乙墓和望山楚墓竹簡中的兩個字進行重新釋讀。不當之處，敬請方家批評指正。

一

曾侯乙墓竹簡中有一字（下文以“△”號代替該字），作如下三形：

A （簡72）　B （簡105）　C （簡213）

該字在曾侯乙墓竹簡中共出現23例，除簡212、213分別出現在“△一人”“△一夫”之辭例中外，其餘諸例均出現在“屯△組之綏”“△組之綏”和“△組”這樣的辭例當中。

曾侯乙墓竹簡的整理者（裘錫圭、李家浩，1989:490、500）認爲該字从玉熏聲，隸定作“瓎”，對簡212、213之“△”字未做解釋，但將其餘諸例中之“△”字讀作“纁”，亦未做進一步解釋。“纁”字典籍習見，爲淺絳或絳色之義。《説文》：“纁，淺絳也。”《爾雅·釋器》：“三染謂之纁。”郭璞注：“纁，絳也。”《説文》：“絳，大赤也。”段玉裁注：“大赤者，今俗所謂大紅也。”《廣雅·釋器》：

*本文爲教育部、國家語委“甲骨文等古文字研究與應用專項”重點項目“戰國秦漢簡帛文獻通假字集成及數據庫建設”（項目批准號：YWZ-J030）、2021年度教育部哲學社會科學研究重大課題攻關項目“出土商周秦漢文獻通假語料的整理與數據庫建設研究”（項目批准號：21JZD043）的階段性成果。

“絳，赤也。”整理者的意思當即此義。後來出現的古文字工具書均從整理者的看法，將“△”字隸定爲“瓁”（滕壬生，1995:47；2008:53；何琳儀，1998:1312；湯餘惠，2001:19；李守奎，2003:30；季旭昇，2010:67；2010:64；孫啓燦，2016:8–9）。①

按，將“△”字隸定爲“瓁”是有問題的，其右旁所从其實並非“熏”字。

“熏”字見於《説文》，小篆字形作“”。《説文·中部》：“熏，火煙上出也。从中从黑。中黑，熏黑也。”認爲“熏”字是一個“从中从黑”的會意字。西周中晚期金文中“熏”字習見，作“”（吴方彝蓋，《集成》09898B）、“”（毛公鼎，《集成》02841B）、“”（師克盨，《集成》04467.1）、“”（三年師兑簋，《集成》04318.2）、“”（番生簋蓋，《集成》04326）、“”（四十三年逑鼎乙，《銘圖》02504）等形。就西周中期的吴方彝蓋、西周晚期的毛公鼎等之字形來看，“熏”字構形起初並非“从中从黑”，但最遲在西周晚期的番生簋蓋、四十三年逑鼎乙中，其形體已經變得與《説文》小篆“熏”字十分接近，演變爲“从中从黑”之形。②戰國秦封泥中有“熏”字作“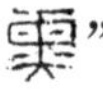”（楊廣泰，2010:1956）、“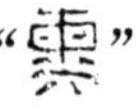”（楊廣泰，2010:1964），與上引西周金文諸形一脉相承，爲《説文》“熏”字小篆字形所本。

就字形而言，“熏”字構形總是上下連爲一體，而“△”字右旁顯然是由上下兩部分組成。兩者明顯不同。除此之外，兩者之間還存在以下兩點重要區别：

一、“熏”字自西周中期以來，其上部寫法都類似“中”形。“△”字右旁上部所从，A、B、C三形雖有所不同，但顯然均非“中”字形。其中，A形字所从爲“禾”，B形字所从爲“黍”，③C形字所从爲“采”。④“禾”“黍”“采”三者義

①其中，李守奎（2003:30）和滕壬生（2008:53）於“瓁”字頭下增列隸定形體“璓”，孫啓燦（2016:8–9）於“瓁”字頭下分列“瓁”“璓”兩種隸定形體。“璓”和“璓”這兩種隸定形體，應是針對上引第三種字形C形所作的專門隸定。

②金文中的“黑”字構形，參看董蓮池（2011:1423–1425、1875）“黑”字頭及相關從“黑”諸字。

③B形字右上在“禾”的基礎上增加水點形，即“黍”字，參看裘錫圭（2012:234–238）。楚簡文字中類似寫法如“”（新蔡葛陵簡零415）、“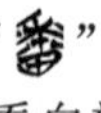”（清華簡《晉文公入於晉》簡3）等。

④C形字右上所从即“穗”或“秀”，參看白於藍（1999:348–352）。楚簡文字中類似寫法如“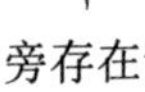”（上博簡《子羔》簡8）、“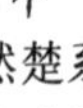”（郭店簡《忠信之道》簡6）等。匿名審稿專家提示C形的“爪”旁存在飾符的可能。筆者認爲，雖然楚系文字中“卒”“家”等字存在增“爪”爲飾的現象，但“禾”字及相關从“禾”之字似未見有增“爪”爲飾的例子，因此一仍初稿的觀點，並感謝審稿專家賜教。

近，[1]表義功能相仿，故而在用作表義偏旁時可以換用。[2]

二、“熏”字自西周晚期之後，其下部寫法已演變爲“黑”字形。“△”字右旁下部所从，其實並非“黑”字。曾侯乙墓竹簡文字中“黑”與从“黑”之字習見，作如下諸形：

黑：（簡174）

墨：（簡46） （簡47） （簡173）

黴：（簡164） （簡169） （簡170）

（簡174） （簡178）

“黑”字和“黑”旁與“△”字右旁下部所从寫法存在明顯區別，主要體現在前者上部爲尖首狀，多作“目”字形，而後者上部爲平首狀，作“田”字形。

總之，“△”字右旁所从與古文字中現已確知之“熏”字明顯不同，兩者並非一字。可見，將“△”隸定爲“瓗”並不可信。

筆者認爲，“△”字右旁下部所从實爲“異”字。曾侯乙墓竹簡文字中有二字，整理者（裘錫圭、李家浩，1989:490）分别釋爲“萛”“翼”，諸家均無異議。字形如下：

萛：（簡15） （簡84） （簡149）

翼：（簡3） （簡6） （簡55）

此二字均見於《説文》，且置於簡文中均文辭通順，整理者的釋法當屬可信。此二字所从之“異”旁與“△”字右旁下部所从完全同形。據此，“△”字右旁所从當隸定爲“糞”（或“糞”“糞”），而“△”字本身則可隸定爲“瓗”（或“瓗”“瓗”）。

---

① 《説文》：“禾，嘉穀也……从木从𠂹省。𠂹，象其穗。”《説文》：“黍，禾屬而黏者也。以大暑而種，故謂之黍。从禾，雨省聲。孔子曰：‘黍可爲酒，禾入水也。’”《説文》：“采，禾成秀也，人所以收。从爪禾。穗，采或从禾惠聲。”

② “糅”既作“”（《花東》416）、“”（曾伯克父簋甲，《銘續》0518）形，从米从黍，又作“”（《花東》393）、“”（曾伯克父簋乙，《銘續》0519）、“”（嶽麓書院藏秦簡《占夢書》簡28）形，从米从禾，現多釋作“黍”，參看梁月娥（2020:32-35），即“禾”“黍”換用之例證。“采”與“禾”“黍”换用暫未見於其他古文字材料中。

按，“㔻”（或“㔻”“㔻”）似當釋爲“杙”。[①]上古音“異”“弋”均爲餘母職部，兩字雙聲叠韻，例可相通。《尚書·多士》：“非我小國敢弋殷命。”陸德明《經典釋文》：“弋，馬本作翼。”孔穎達疏：“鄭玄、王肅本弋作翼。”《爾雅·釋地》：“南方有比翼鳥焉。”陸德明《經典釋文》：“翼又作䝩〈䝩〉。”《廣韻·職韻》：“翼，羽翼……䝩，古文。”均其例。此外，典籍中从“弋”聲之字與从“㠯”聲之字常可相通。《老子》四十一章：“夫唯道，善貸且成。”北京大學漢簡本《老子》貸作貣（北京大學出土文獻研究所，2012:125），馬王堆漢墓帛書乙本《老子》貸作始（裘錫圭，2014:194）。《左傳》定公十五年經：“姒氏卒。”《公羊傳》同，《穀梁傳》姒作弋。《左傳》襄公四年經：“夫人姒氏薨……葬我小君定姒。”《穀梁傳》同，《公羊傳》姒作弋。《淮南子·氾論》：“出百死而紿一生。”高誘注：“紿讀仍代之代也。”均其例。典籍中从“異”聲之字與从“㠯”聲之字亦常可相通。《説文》：“飴，米糱煎也。从食台聲。㚃，籀文飴从異省。”《説文》：“厲，石利也。从厂異聲。讀若枲。”《楚辭·九章》：“又衆兆之所咍。”王逸《楚辭章句》：“或曰衆兆之所異。”上博簡《三德》：“諆而不諆，天乃降材（災）；已而不已，天乃降㠱。”整理者（馬承源，2005:290）讀“㠱”爲“異”。均其證。由此可見，“異”可以用作“杙”字之聲符。《玉篇·禾部》：“杙，穀。”《廣韻·職韻》：“杙，禾杙。”《集韻·職韻》：“麶，麥䴷〈䴷〉也，或从禾。”“㔻”與“杙”之關係，與“䝩”之與“翼”類似，同爲聲符互换。若此説不誤，則“瓀”亦可釋爲“玳”。《玉篇·玉部》：“玳，俗以瑇瑁作玳。”《廣韻·代韻》：“瑇，瑇瑁……俗又作玳。”“玳”从“代”聲，而“代”“杙”均从“弋”聲，故“玳”亦可从“㔻（杙）”聲作。

戰國楚簡遣册文字中，凡“某組之某”之辭例，“組”字前常冠以顔色詞。如“紫組之綏”（曾侯乙墓簡8、19等）、“紫組之绁（纗）”（曾侯乙墓簡63、75等）、“緑組之縢（縢）”（包山簡269、270等）、“黄攴組之纓（綴）”（望山二號墓簡2）、“紅組之綏”（仰天湖簡7）等。據此，前引曾侯乙墓竹簡“屯瓀（玳）組之綏”“瓀（玳）組之綏”和“瓀（玳）組”之“瓀（玳）”似當讀作“黓”。《廣雅·釋器》：“黓，黑也。”王念孫疏證：“《爾雅》：‘大歲在壬曰玄黓。’是黓爲黑也。字通作弋。《漢書·文帝紀》：‘身衣弋綈。’如淳注云：‘弋，早（皁）也。’《張安世傳》云：‘安世尊爲公侯，身衣弋綈。’”《玉篇·黑部》：“黓，黑也。”

據整理者考察，曾侯乙墓竹簡簡212、213所記内容是有關“俑”的記録，内中

①匿名審稿專家認爲“△”字右旁存在仍是“熏”字訛誤的可能。此説供參考。

還記有“柏溪（奚）二夫”“桐溪（奚）一夫”[①]這樣的俑人名稱。整理者（裘錫圭、李家浩，1989:500、530）指出，“柏溪（奚）二夫”“桐溪（奚）一夫”分别是指用柏木和桐木製作的奚奴之俑。這些看法應當都是可信的。如此看來，同樣出現在簡212、213之“瓌（玳）一人”“瓌（玳）一夫”之“瓌（玳）”也應當是與“溪（奚）”類似的俑人名稱，但其具體名稱仍待今後進一步考證。

二

望山二號楚墓遣册簡20中有一字（下文以“△”號代替該字），原簡照片中該字字形漫漶，原書（湖北省文物考古研究所、北京大學中文系，1995:27）所附摹本中該字被摹寫作如下之形：

“△”字在簡20中的辭例是：

……之箬（席），絵（錦）純。亓（其）△……（簡20）

望山楚簡的整理者（1995:109）將之釋爲“趣”。商承祚（1995:90、107）將之隸定作“逗”。滕壬生（1995:150；2008:175-176）將之摹寫爲“”，起初隸定作“逶”，單列字頭，後又改從整理者看法，將之歸入“趣”字下。古敬恒（2001:172）將之摹寫爲“”，認爲該字从辵匽聲，釋爲“透”，讀作“緌”，指旌旗的垂斿或席邊的裝飾部分。

按，楚簡文字中“趣”字很常見，作“”（包山簡142）、“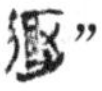”（上博簡《融師有成氏》簡5）、“”（清華簡《越公其事》簡17）等形，所从“取”旁與“△”字右上所从明顯不同。楚簡中“子”字亦十分常見，作“”（望山一號墓簡118）、“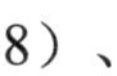”（包山簡2）、“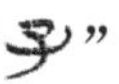”（新蔡葛陵簡乙一13）等形，與“△”字右上“匚”之内部所从亦顯然不類，故“趣”“逗”兩種看法均不可取。就上引諸家摹本的情況來看，似乎將之隸定爲“逶”最爲合理，特别是在戰國中山王譽大鼎銘文中有“委任之邦”語，其中“委”字作“”，[②]字形與上引諸家摹本“△”字右上所从幾乎一致。

新近出版的《楚地出土戰國簡册合集（四）·望山楚墓竹簡·曹家崗楚墓竹簡》

① “溪”字從袁國華（1997:241-244）釋。
② “委”字從徐中舒、伍仕謙（1979）釋。

（武漢大學簡帛研究中心等，2019:）一書中附有該簡的最新紅外照片圖版，照片中該字作如下之形：

（紅外照片圖版） （筆者摹本）

據紅外照片，"△"字右上所从其實亦並非"稇"字。這是因爲"稇"字从"禾"，而楚簡文字中"禾"字作如下之形：

（清華簡《金縢》簡13）

（清華簡《筮法》簡36）

（上博簡《民之父母》簡13）

其上部一撇和中間竪筆分作兩筆書寫，而"△"字右上"匚"之内部所从與之有所不同，其上部彎筆與中間竪筆連爲一體，是由一筆書寫而成。清華簡《越公其事》簡21、《廼命二》簡11亦有"稇"字，分别作""""，所从之"禾"旁亦可參。

筆者認爲，"△"字右上"匚"之内部所从實是"多"字。"多"之右下彎筆部分雖有所殘泐，但起筆略粗、收筆漸細的筆迹仍清晰可辨。只是由於上下兩個"夕（'肉'之訛變）"旁側叠黏合，兼之其右下有所殘泐，致使容易誤認爲是"禾"字。據此，"△"字當分析爲从辵匜聲，可隸定爲"遝"。"遝"字亦見於包山楚簡（凡五見），作如下之形：

（簡204） （簡210） （簡213） （簡214）

（簡214）

包山楚簡的整理者（湖北省荆沙鐵路考古隊，1991:54）指出"遝"即"迻字異體"。可信。

與前引望山二號墓遣册簡20相鄰的簡21之辭例是：

……純緂笞（席），綃（絹）……（簡21）

商承祚（1995:90）曾指出簡20與簡21可以拼合。據整理者所編《望山楚簡》（湖北省文物考古研究所、北京大學中文系，1995:148）記載，此二簡寬窄一致，均爲0.7厘米。又據李世俊、羅丹青主編《望山楚簡》（2018:223-224）一書所公布的紅外彩色照片來看，此二簡契口密合（如下圖所示）。因此，商先生的看法可從。

（簡20下端）＋（簡21上端）→

兩段簡文拼合之後，釋文可重新釋寫如下：

……之䇶（席），⿰糸金（錦）純。亓（其）⿺辶⿷匚多，純緂䇶（席），絹（絹）……

楚簡遣册文字中常見“紫因（絪）之⿱竹店（席）”（曾侯乙墓簡53）、“腦（赭）韋之⿱竹店（席）”（曾侯乙墓簡58）、[①]“繅录（緑）之 ⿱竹店（席）”（曾侯乙墓簡66）、“一紫⿰糸金（錦）之䇶（席）”（仰天湖簡20）等，據此可知，本簡“之䇶（席）”二字前很可能殘缺了表示顏色和材質之字。“⿰糸金（錦）純”當指該席有以錦裝飾的邊緣。

簡文“亓（其）⿺辶⿷匚多”之“亓（其）”當是指代前文之“䇶（席）”。至於“⿺辶⿷匚多”字，似當讀作“䋪”。“⿺辶⿷匚多”从“⿷匚多”聲，而“⿷匚多”“䋪”俱从“多”聲，則“⿺辶⿷匚多”自可讀作“䋪”。“䋪”字古有重疊、重複之義，古書中這種用法的“䋪”與“貤（或貤、䝰）”音義皆通。[②]《説文》：“貤，重次弟物也，从貝也聲。”段玉裁注：“《漢書》注引作‘物之重次弟也’。重次弟者，既次弟之又因而重之也。”王筠句讀：“物之重疊者，其次弟謂之貤也。”《廣雅·釋詁四》：“䋪，重也。”王念孫疏證：“《説文》：‘貤，重次弟物也。’《漢書·武帝紀》注云：‘今俗謂凡物一重爲一貤。’左思《魏都賦》：‘兼重悂以貤繆。’李善注云：‘言既重其悂而又累其繆也。’悂與紕通，貤、貤並與䋪通。”《玉篇·糸部》：“䋪，重也。”《集韻·寘韻》：“貤，《説文》：‘重次弟物也。’或作䋪。”《集韻·寘韻》：“貤，物重數。”《集韻·至韻》：“䝰，物重有次謂之䝰。”關於“純緂䇶（席）”，望山楚簡的整理者（1995:122）指出：“仰天湖十三號簡有‘一純緅䇶’，文例與此相近。”據此，簡文“亓（其）⿺辶⿷匚多，純緂䇶（席）”大意是講：其重疊者，是純緂席。

古有重席、加席之禮，以坐席層疊的多少表示身分的高低。《禮記·禮器》：“天子之席五重，諸侯之席三重，大夫再重。”《儀禮·鄉射禮》：“大夫辭加席，主人對，不去加席。”鄭玄注：“辭之者，謙不以己尊加賢者也；不去者，大夫再重

① “腦（赭）”從白於藍（2003:197-198）釋讀。

② 匿名審稿專家提示“貤”有增益、增加的意思。《廣雅·釋詁一》：“貤，益也。”王念孫疏證：“貤之言移也，移此以益彼也。”筆者以爲，“重疊、重複”與“增益、增加”兩義相成。《爾雅·釋詁》：“從、申、神、加、弼、崇，重也。”郭璞注：“隨從、弼輔、增崇，皆所以爲重疊。神，所未詳。”郝懿行義疏：“加者，增也，益也，故爲重。”《廣雅·釋詁一》：“賥，益也。”王念孫疏證：“物之次第相重，則相附益，故‘賥貤’又爲益也。”

席，正也。賓一重席。”《儀禮・鄉飲酒禮》：“公三重，大夫再重……公升如賓禮，辭一席，使一人去之。大夫則如介禮，有諸公，則辭加席，委于席端，主人不徹。無諸公，則大夫辭加席，主人對，不去加席。”鄭玄注：“加席，上席也。大夫席再重。”《周禮・春官・司几筵》：“祀先王，昨席亦如之。”孫詒讓正義：“凡同席而重累設之者曰重，不重則曰單……異席而增益設之則曰加……下鋪之筵有重有單，上藉之席有加無重。《禮器》所記天子席五重、諸侯席三重、大夫席再重者，並指重筵而言。”《左傳》襄公二十三年：“季氏飲大夫酒，臧紇爲客，既獻，臧孫命北面重席，新樽絜之。”楊伯峻（2016:1188）注：“重席，二層席。古代席地坐，席之層次，依其位之高低。《儀禮・鄉飲酒禮》云：‘公三重，大夫再重。’則重席，大夫之坐。”包山楚簡簡263記有“一寎（寢）筶（席），二俾（蓖）筶（席），一疰（坐）筶（席），二莢（莞）筶（席），皆又（有）秀（韜）”，李家浩（2013:180-187）認爲此處簡文記録了兩套席，其中“二俾（蓖）筶（席）”和“二莢（莞）筶（席）”分別是下鋪的重席，“一寎（寢）筶（席）”和“一疰（坐）筶（席）”分別是上藉的加席。望山二號楚墓簡20、21所記席子的現象可能與之相關。此外，據考古发掘報告，望山二號楚墓於槨蓋板上出土有與之面積相等的若干竹席，於頭箱還出土有1件彩漆竹席（湖北省文物考古研究所，1996:113、122、159），本簡所記之“席”當與之有關。據筆者統計，望山二號楚墓簡文所記之席總計有22件，但是由於竹簡和實物兩方面均有殘損，因此無法一一對應。

附記：本文待刊期間，注意到劉信芳先生《望山楚簡校讀記》（《簡帛研究》第3輯，廣西教育出版社，1998年，第38頁）已指出望山二號楚墓簡20“經檢核原簡，‘逌’應是‘逕’之誤釋”，甚確，但由於缺少清晰的字形圖版和相關的字形分析，後來的研究論著均未採納該説。本文在寫作過程中失收劉先生觀點，實屬不該。今試就望山二號楚墓簡20之“逕”字字形及辭例進行探討，或可作爲補充。

參考文獻

白於藍　1999　《釋“褎”——兼談秀、采一字分化》，《中國古文字研究》（第1輯），吉林大學出版社。

白於藍　2003　《曾侯乙墓竹簡中的“鹵”和“櫓”》，《中國文字》新29期，臺灣藝文印書館。

北京大學出土文獻研究所　2012　《北京大學藏西漢竹書（貳）》，上海古籍出版社。

董蓮池　2011　《新金文編》，作家出版社。

古敬恒　2001　《望山楚簡文字考釋三則》，《中國文字研究》（第2輯），廣西教育出版社。

何琳儀　1998　《戰國古文字典——戰國文字聲系》，中華書局。

湖北省荆沙鐵路考古隊　1991　《包山楚簡》，文物出版社。

湖北省文物考古研究所　北京大學中文系　1995　《望山楚簡》，中華書局。

湖北省文物考古研究所　1996　《江陵望山沙冢楚墓》，文物出版社。

季旭昇　2010　《説文新證》，福建人民出版社。
李家浩　2013　《談包山楚簡263號所記的席》，《安徽大學漢語言文字研究叢書·李家浩卷》，安徽大學出版社。
李世俊　羅丹青（主編）　2018　《望山楚簡》，書法出版社。
李守奎　2003　《楚文字編》，華東師範大學出版社。
梁月娥　2020　《〈殷墟花園莊東地甲骨〉“黍”字補釋》，《中國文字研究》（第31輯），華東師範大學出版社。
馬承源（主編）　2005　《上海博物館藏戰國楚竹書（五）》，上海古籍出版社。
裘錫圭　2012　《甲骨文中所見的商代農業》，《裘錫圭學術文集》（第1卷），復旦大學出版社。
裘錫圭（主編）　2014　《長沙馬王堆漢墓簡帛集成（肆）》，中華書局。
裘錫圭　李家浩　1989　《曾侯乙墓竹簡釋文與考釋》，湖北省博物館編《曾侯乙墓（上）》，文物出版社。
商承祚　1995　《戰國楚竹簡匯編》，齊魯書社。
孫啓燦　2016　《曾文字編》，吉林大學碩士學位論文。
湯餘惠（主編）　2001　《戰國文字編》，福建人民出版社。
滕壬生　1995　《楚系簡帛文字編》，湖北教育出版社。
滕壬生　2008　《楚系簡帛文字編》（增訂本），湖北教育出版社。
武漢大學簡帛研究中心等　2019　《楚地出土戰國簡册合集（三）·曾侯乙墓竹簡》，文物出版社。
武漢大學簡帛研究中心等　2019　《楚地出土戰國簡册合集（四）·望山楚墓竹簡·曹家崗楚墓竹簡》，文物出版社。
吴鎮烽　2012　《商周青銅器銘文暨圖像集成》，上海古籍出版社。
吴鎮烽　2016　《商周青銅器銘文暨圖像集成續編》，上海古籍出版社。
徐中舒　伍仕謙　1979　《中山三器釋文及宫堂圖説明》，《中國史研究》第4期。
楊伯峻　2016　《春秋左傳注》，中華書局。
楊廣泰　2010　《新出封泥彙編》，西泠印社出版社。
袁國華　1997　《由曾侯乙墓竹簡幾個从水的文字談起——兼論〈詩·周頌·殷武〉“罙入其阻”句“罙”字的來歷》，《中國文字》新23期，臺灣藝文印書館。
中國社會科學院考古研究所　2007　《殷周金文集成》（修訂增補本），中華書局。

Two Notes of the Chu Bamboo Slips

Kong Tingyan & Bai Yulan

Abstract: The character clerically transcribed as 璑 (read as *xun* 纁) by the original collators of the bamboo slips from the Tomb of Marquis Yi of Zeng should be clerically transcribed as 璌, 瓛 or 璣 (read as *yi* 黓), meaning black. The character interpreted as qu 趣 by the original collators in bamboo slip No. 20 of Chu Tomb 2 at Wangshan should be clerically transcribed as 逘 (read as *yi* 絼), meaning to overlap.

Key words: Bamboo slips from the Tomb of Marquis Yi of Zeng ; Wangshan bamboo slips; *Yi* (黓); *Yi* (絼)

（孔婷琰、白於藍，華東師範大學中國文字研究與應用中心　上海　200241）

清華簡《祭公之顧命》“惟天奠我”一段文義的解釋

張鑫裕

摘　要：清華簡《祭公之顧命》“惟天奠我”一段文字舊有釋讀存在較大問題。對比可靠的西周文獻可知，祭公所述基本就是《多方》所載上天選擇“民主”、文王“靈承于旅”因而受天休命的史事；據此改正以往的錯誤句讀後，如“動”“宣臧”“康受”“敬共”等詞語、“尚”“式”等虛詞的意義全都可以講得妥帖有據，簡本與今本《祭公》的若干差異也能得到合理的解釋。

關鍵詞：清華簡；祭公之顧命；惟天奠我；文義解釋

一、問題引入與舊説回顧

清華簡《祭公之顧命》是傳世本《逸周書·祭公》的祖本。該篇所載祭公臚述文武事迹的内容，以一般斷讀爲“惟天奠我文王之志”一句引領的一段話最難讀懂。原整理者將這段話點讀如下（李學勤，2010:174、177）[①]：

> <u>惟天奠我文王之志，適（董）之用畏（威），亦尚𡧊（宣）䧹（臧）厥心，康受亦弋（式）用休，亦岦（美）悉（懋）妥（綏）心，敬龏（恭）之。</u>惟文武中大命，戡厥敵。（圖版見李學勤，2010:104）

其後學者基本沿用這一句讀，而就劃綫幾句的文義提出了多種異説：諸説不僅於“適”“𡧊䧹”等詞語的讀法（前者有讀爲“董”“動”二説，後者有讀爲“宣臧”“寬壯”“桓壯”“寬綽”等至少四種説法）、“尚”“式”等虚詞的訓釋分歧巨大，每一句中省去未言的主語爲誰也言人人殊，不少論著還據今本對簡本文字多所校改（如將“岦”字改爲今本的“先王”、將“惟文武中大命”改成“維武王申大命”

①本文引用出土文獻釋文儘量從寬，一般僅對讀法存疑或待討論之處作嚴式隸定；各種釋讀意見與本文討論的問題無關的，爲免繁瑣不再一一説明出處，對《尚書》等傳世典籍校讀意見的處理亦仿此。

等），[①]令人頗有無所適從之感。相對晚出、有總結性的馮勝君（2022:226-227）幾乎全用整理者説而對各種後出新説不作評述，很可能是因爲充分認識到問題的複雜性而付之闕如的。

我們認爲，以往各家所據整理者的句讀其實並不可從，在此基礎上進行的各種討論、闡發自然也是無源之水、無本之木，可取之處並不很多。《祭公》雖然今本尚存，然而以其譌脱嚴重，參考價值早已大打折扣；受其影響，簡本刊布迄今十餘年間學者所作工作仍以簡單對勘爲主，典籍中不少對解讀簡文相當重要的書證則始終未能得到應有的重視。鑒於這些情況，我們感到必須暫時繞過今本，先結合一些有必要統一考慮的、可靠的文例基本論定文義，再來看兩種本子的一些差異應該如何解釋。

二、句讀調整與段落大意

我們認爲這段文字應當標點、括注如下：

惟天奠我。文王之志，達（動）之用畏（威），亦尚㫋（宣）臧（臧）厥心、康受；亦弋（式）用休，亦㒸（美）𢘓（懋）妥（綏）心、敬龏（共）之。惟文武中大命，戡厥敵。

簡本並無任何錯訛。[②]這樣調整之後，即很容易看出劃綫部分與《多方》中周公所述上天揀選周王成爲“民主”一段内容多有相似之處（【】内爲該句的主語，“動之用威”幾句的主語爲我們所補出）：[③]

---

①相關論著整段校釋簡文的有復旦大學出土文獻與古文字研究中心研究生讀書會《清華簡〈祭公之顧命〉研讀札記》（復旦大學出土文獻與古文字研究中心網站，2011年1月5日，http：//www.fdgwz.org.cn/Web/Show/1354）、劉國忠（2011:146-147）、沈建華（2011:29-30）、胡凱《清華簡〈祭公之顧命〉集釋》（復旦大學出土文獻與古文字研究中心網站，2011年9月23日，http：//www.fdgwz.org.cn/Web/Show/1662）、黄懷信（2012:233-234、239-240）、季旭昇（2013:240、242、258-260）、牛鴻恩（2015:603、605-606、608）、魏慈德（2016:11-12）、劉光勝（2016:98-99）、禄書果（2017:353、355、362-363）、趙思木（2017:350-352、371）、曹雨楊（2020:681）、楊一波（2020:133-134、146-147）、夏含夷(2023:205-206)等；還有學者專門撰文討論個别字詞的讀法而不涉及對全段文義的理解，如蔡哲茂（2016:53-56），劉建民、張學城（2020:178-180）等。由於異説太多且基本建立在錯誤句讀的基礎上，本文不擬一一陳述、歸謬而以正面立論爲主，舊説中的可取之處或錯誤比較典型、值得批駁者仍會在正文相應位置視具體需要有所引述。

②比照今本的“亦先王懋綏厥心”，簡本“妥”字之後也許能補一“厥”字；然而今本所直接承襲之本有此字不代表簡本一定就有，没有“厥”字簡文一樣也能講通，故此處不據今本補出“厥”字。

③舊説當然已有引用《多方》文例者，然其基本只注意到“大動以威”和“動之用威”的聯繫、藉此討論簡本“達”字的讀法，並未有人意識到兩段文字整體所述史事、行文邏輯皆有關係，這種對應只有在調整句讀之後方能體現出來。

《祭公》	《多方》
文王之志，	
【天】**動之用威**，	【天】惟求爾多方，大**動以威**，開厥顧天。惟爾多方，罔堪顧之。
【文王】亦尚宣臧厥心、**康受**；	惟我【周王】，**靈承**于旅。克堪用德，惟典神天。
【天】亦**式用休**，	【天】惟**式**教我**用休**，簡畀殷命，尹爾多方。
【文王】亦美懋綏心、敬共之。	

《多方》所載上天先後以“威”“開厥顧天”、以“休”教告所選定的“民主”周邦，周王①之德能够仰承天意在《祭公》中都有體現；具體敘述方式固然有所不同（詳後文第三、四部分），施動者爲“天”的“動”“用威”“用休”等詞語甚至虚詞“式”都仍保持一致，《多方》一段正好爲解釋“動之用威”等句提供了難得的“坐標”。準此，簡文“用休”一定要與“用威”相對，二者的主語都應該是“天”；“宣臧厥心”“美懋綏心”、“康受”“敬共之”兩兩亦相對成文，言上天動威、賜休文王都能秉持嘉善之心奉承之（類似“靈承于旅”云云），由此即很自然地引出

①《多方》“周王”一般認爲兼指文武而言（如孔傳“言周文武能堪用德”、蔡沈《書集傳》“文武善承其眾，克堪用德”等），其説是合理的。武王的歷史功績是繼承文王最終完成克商大業，因而敘述受命之事時可以但言文王，也可以帶上武王，不少學者已指出的西周晚期銅器銘文往往言“文武受命”當也有這方面的原因，因而《多方》兼包文武而言的“周王”當然可以對應《祭公》的“文王”，簡文先説“文王之志”克配上帝、再説“惟文武中大命”也能體現這層關係，具體對文義的解釋詳後。《多方》這段文字其實是將文武功績放到一起説的：“簡畀殷命，尹爾多方”既敘述了文王受命，也包含了武王克殷以後之事，“開厥顧天”則明顯是就受命之前的情形説的，將這些内容放到單一的武王克殷語境中都不合適。由於此段緊接的上文“天惟五年須暇之子孫，誕作民主，罔可念聽”之“五年”被不少注家解釋爲文王死後武王“服喪三年，還師二年”（參看顧頡剛、劉起釪，2005:1629-1631），一些注家遂有將“開厥顧天”“教我用休”等全解釋爲武王時事的傾向，如謂前者爲挑選合適的人伐暴救民、後者僅爲《泰誓》所載赤烏白魚等“休徵”（參看顧頡剛、劉起釪，2005:1632；曾運乾，1964:241），這恐怕是不合理的；武王之時新的能“顧天”者已經選出、伐殷之命早已授予周邦，彼時天命已經轉移，上天也不會再等待殷人改邪歸正，武王自己等待五年再伐殷也不能説成是天“須暇”之。“天惟五年須暇之子孫”很有可能是説文王受命以前的某個五年，没有必要用具體的史事講得很實；如果遵循傳統説法，也可認爲“天惟求爾多方”云云並非嚴格按照時間順序接續於“五年”之後:這段話以“惟聖罔念作狂，惟狂克念作聖”開頭，重點在於强調上天也曾給過殷紂、多方“翻盤”的機會，這也未必非要按照時間順序敘述。

“惟文武中大命，戡厥敵”的結局。[①]類似分天如何、人如何兩方面交替敘述的情況在《尚書》中還有其例，比較下揭《大誥》文例：

> **天**棐（匪）忱辭，其考我民，**予**曷其不于前寧〈文〉人圖功攸終？**天亦**惟用勤毖我民，若有疾，**予**曷敢不于前寧〈文〉人攸受休畢？
>
> 予永念曰，**天**惟喪殷，若穡夫，**予**曷敢不終朕畝？**天亦**惟休于前寧〈文〉人，**予**曷其極卜，敢弗于從？

“亦式用休”之“亦”的用法與“天亦惟用勤毖我民”“天亦惟休于前文人”之“亦”顯然極近；“亦尚宣臧厥心康受”“亦美懋綏心敬共之”中對舉的兩處“亦”，則可類比《大雅·烝民》“維仲山甫，柔**亦**不茹，剛**亦**不吐”（亦分“剛”“柔”兩種情況表彰仲山甫的品質，同《祭公》之“用威”如何“用休”如何）、《多方》“以至于帝乙，罔不明德慎罰，**亦**克用勸。要囚殄戮多罪，**亦**克用勸。開釋無辜，**亦**克用勸”之“亦”。僅就形式整飭而言，改讀後的文本也要明顯優於舊説；三處“亦”字“各得其所”，則直觀地體現了舊讀所未揭示出的簡文原本清晰、謹嚴的邏輯。

由此反觀舊讀所謂“惟天奠我文王之志”，我們認爲中間也應點斷；此前只有夏含夷(2023:205-206)根據簡本的句讀符號指出過這一點(對此後文還有詳論)：[②]“惟天奠我”在將周邦之興歸因於天的同時顯示出上天奠定周邦的正统性；[③]“文王之志”則統其後緊接的文王對於天之“威”“休”能够“康受”“敬共”而言、由這些具體做法體現出來（作用亦與“維仲山甫”相若），二者從主、客觀兩方面共同構成“文武中大命”並最終“戡厥敵”的原因。類似分天、人兩方面敘述人主配天成事之由的例子同樣常見：

> 自成湯至于帝乙，罔不明德恤祀。亦**惟天**丕建、保乂有殷，**殷王**亦罔敢失帝，罔不配天其澤。（《多士》）
>
> 丕顯文武，皇天引厭厥德、配我有周，膺受大命，率懷不廷方，無不閈于文武耿光。**惟天**將集厥命；亦惟**先正**𢊁（恪？）乂厥辟，庸勤大命，**肆**皇天無斁，臨保我有周，丕鞏先王配命。（毛公鼎，《集成》2841）

《祭公》只是敘述人的部分内容更多，且其中包含了“用威”如何、“用休”如何兩個分句而已；“惟天奠我”之前祭公撮述天命轉移、周人克殷歷史過程的“皇

---

①這類“惟”引導的句子承接上文而言的情況，可以類比《吕刑》“德威惟畏，德明惟明”（孔傳：行威**則**民畏服，明賢**則**德明人）、《厚父》簡2—3“兹咸有神，能格于上。知天之威，載聞民之若否，惟天**乃**永保夏邑”之“惟”，後一例圖版見李學勤（2015:27-28）。

②當然我們對文義的理解與夏先生完全不同。夏書的解釋此不贅述。

③“奠”的用法可以參看蔣文（2019:126-131）對《小雅·采菽》“殿天子之邦”之“殿”的本字應是“奠”的討論，金文中“奠X邦”“奠四方”等説法皆可與之合觀。

天改大邦殷之命，惟周文王受之，惟武王大敗之、成厥功”（李學勤，2010:103-104），又頗可類比毛公鼎銘從“皇天引厭厥德”到“無不閈于文武耿光”一句，兩段話的結構安排幾乎如出一轍。相比之下，“上天奠定文王之志”的説法不僅於古無徵，依周人的天命觀，也應該是文王先具有“克配上帝”的品質、上天再將天命賦予周邦，同篇穆王所言上帝“度其心，享其明德，付畀四方”（李學勤，2010:100-101）也是相同的邏輯，上天似不應該主動地對文王的心志進行塑造。①

改讀方案最核心的兩處調整，即在“惟天奠我”之後點斷、將各家作一句讀的“康受亦式用休”斷開並將“康受”與上一句連讀，都與該篇句讀符號②的使用情況更加契合。原簡此段及上下文句讀符號的位置如下所示：

> 乃召畢桓▃井利毛班▃曰三公謀父朕疾▃惟不瘳敢告天子▃皇天改大邦殷之命惟周文王受之▃惟武王大敗之▃成厥功▃惟天奠我▃文王之志▃動之用威▃亦尚宣臧厥心▃康受亦式用休▃亦美懋綏心▃敬恭之惟文武▃中大命▃戡厥敵▃（李學勤，2010:103-104）

“惟天奠我”之後的“▃”號以往除夏含夷先生外極少有人留意；或將之歸入“定中之間停頓”的例子（曹雨楊，2020:684），顯然牽强難信。此段“▃”號除用在必須點斷之處外，基本屬於沈培（2006）所論“指示語氣上的停頓”的例子（須點斷處亦可視爲停頓），③其在“乃召畢桓”“井利毛班”之間、“朕疾”與“惟不瘳”間、“惟文武”“中大命”之間停頓明顯皆屬此類；通觀《祭公》全篇所用句讀符號，亦罕有溢出以上兩種情況之外者。④如將“惟天奠我文王之志”作一句讀，很難解釋

①以往受到“惟天奠我文王之志”的影響，學者多把“亦尚宣臧厥心”“亦美懋綏心”的施動者視爲天。上文既已指出兩處“XX厥心”都是説文王能夠主動調整其心志以迎合天之“威”“休”，這種理解在與《多方》等相關文獻的對應、連詞“亦”的位置等方面都妥帖自然，“上天奠定文王之志”的認識就更不可能存在，兩處改讀必須同時進行。

②這類符號的作用並非嚴格意義上的句讀，爲了行文方便，本文就以“句讀符號”稱之。作用相同的符號在《祭公》中也可以寫作短横等其他形狀，下面引用的段落中只有作“▃”形者。

③這類符號的作用僅爲標明該處語氣有所舒緩，可以稍作停頓，往往可以出現在主謂之間，包含多項並舉名詞性成分的定語與結構助詞“之”之間、動賓之間等並不需要添加現代標點的地方，使用與否則並沒有强制性，這就造成了一些現在看來必須點斷的地方不作標識、不少應當連讀之處却有符號的情況。

④簡17“其皆自時▃中乂萬邦”一般作一句讀，這大概是簡本《祭公》中唯一一處明顯的標點失誤，但也不能排除標點者誤解了文義、認爲就應在此斷讀的可能性。簡20-21“肰母夕□維（？）▃我周有常刑”，“▃”前的部分文義不明，學者往往將“▃”前一字與後面連讀爲“維我周有常刑”；曹雨楊（2020:685）指出此字左邊爲“糸”，右邊未必是“隹”，且記録虚詞“惟”用“維”不用“隹”與楚文字和本篇的一般用字習慣不合，其説可從，則此句如何標點尚須存疑。圖版見李學勤（2010:107、108-109）。

何以一定要在關係相當緊密的“我文王”之間停頓。“康受亦式用休”看似處於兩個“└”號之間，却不一定非要連讀；正如本應點斷的“曰三公謀父朕疾”“惟不瘳敢告天子”“敬恭之惟文武”中間都未標識一樣，句讀符號的使用並不具有强制性。按照調整後的標點，“亦尚宣臧厥心└康受”正與“亦美懋綏心└敬共之”情況相同，“└”號分別位於兩處相對成文的連謂結構之間，標點者前後的體例一貫，連謂結構中間語氣有所舒緩（本文試以頓號點開）也很自然。

從篇章語法的角度，改讀後的主語省略情況也能得到合理的解釋。董秀芳（2015）指出，上古漢語敘事語篇中存在一些緊鄰小句中的兩個主體都具有語段話題地位、後續小句與之同指的主語皆可省略的“雙綫話題”，看下揭董文所舉例證：

> <u>齊侯</u>$_i$使<u>連稱、管至父</u>$_j$戍葵丘，$\varnothing_j$瓜時而往，$\varnothing_i$曰：“及瓜而代。”期戍，公問不至。$\varnothing_j$請代，$\varnothing_i$弗許。（《左傳》莊公七年）
>
> （<u>重耳</u>$_i$）及曹，<u>曹共公</u>$_j$聞其駢脅，$\varnothing_j$欲觀其裸。$\varnothing_i$浴，$\varnothing_j$薄而觀之。（《左傳》僖公二十三年）

“文王之志”統率“動之用威”以下四個小句，動作主體爲文王的“亦尚宣臧厥心康受”“亦美懋綏心敬共之”自然可以沿襲“文王”這一主語；“動之用威”“亦式用休”雖然也在“文王之志”的控制範圍内，其主語則完全可以蒙上一句中已出現的“天”而省略，“天”與“文王”正可視爲導致四小句主語皆省的一組“雙綫話題”（反之如前引《大誥》例，則主語“天”“予”皆難以省去）。董文引用吕叔湘先生的説法，指出這種省略往往表現爲“先省去一個甲，又省去一個乙，接著又省去一個甲”，祭公所言亦完全符合這種情況。加之這段内容原本邏輯清晰，後續主語自然能省則省，不會導致誤解。今本由於訛脱過甚，已不能體現各句間原有的邏輯關係；學者在討論簡本時或多或少都受到了今本的影響，遂亦未能得出比較合理的結論。

三、逐句疏解與字詞訓釋

下面試對“動之用威”以下四句逐句疏釋。有些詞的意義可能很難落實，則儘量在典籍中找到用法相同的例子與之合證。

（一）動之用威

此句讀“動”之字从“辵”“童”聲，季旭昇（2013:259）已援引郭店簡《老子甲》“虚而不屈，達而愈出”、清華簡《金縢》“今皇天達威以彰公德”等用例指出楚簡此字一般皆用爲“動”，合觀《多方》“大動以威”，其説更可肯定下來。

“動之用威”的字面義就是“用天威震動之”；[①]有了《多方》文例作爲參照，又可知此處上天動威的目的應理解爲震動文王（彼時周邦與多方一樣爲殷之方國）以察其志能否“顧天”，[②]這樣下句言其能够“康受”天威順理成章（與多方之“罔堪顧天”形成對比）。“大動以威”所指之事，宋人蔡沈已謂即“大警動以祲祥譴告之威”；現代注家多從其説，如曾運乾（1964:241）以爲即“以災異譴告，《墨子 • 非攻篇》記紂時諸怪異是也”，[③]楊筠如（2005:387）謂“天降大變以示警”，顧頡剛、劉起釪（2005:1631、1650）翻譯爲“大動以災異之威，示意即將滅殷，以開啟能仰承天意的人”等，諸説皆有理致。

（二）亦尚宣臧厥心、康受

“宣臧厥心康受”承“動之用威”而言，所述即承受天威之事。天威、天休都承載著天意，能以正確的態度順承之而非“罔堪顧天”或“寧于上帝命”（《君奭》）是體現統治者之德“克配上帝”的重要品質。《書》類文獻中不乏表達此類意思的文句，下揭幾例皆頗可與《祭公》互相印證：

> **天休于寧〈文〉王**，興我小邦周；寧〈文〉王惟卜用，**克綏受**茲命。
>
> （《大誥》）
>
> 在後之侗，**敬迓**天威，嗣守文、武大訓，無敢昏逾。（《顧命》）
>
> 武王嗣明型，釐厥猷，祗事上帝，桓桓丕敬，**嚴將**天命。
>
> （《封許之命》，圖版見李學勤，2015:39）

文王所“綏受”之“茲命”顯然就是上一句中的“興我小邦周”、也即天休

①馮勝君（2022:226-227）認同讀爲“董之用威”的意見，理由是“董之用威”與“大動以威”語法結構不同，“前者‘威’是修飾‘董’的副詞；後者‘威’是‘動’的賓語”。按“威”在“動之用威”和“大動以威”中都是體詞性的，也都在介賓短語“以/用威”中充當賓語，兩句話的結構除“大動以威”的“動”不帶賓語（因爲受事者在上下文中已經説明）且多出狀語“大”外並無關鍵差異；下引楊筠如説引《金縢》天“動威”事與“大動以威”合證，“動威”之“威”才真正是“動”的賓語，但“威”在“動威”中也可視爲工具賓語、與用介詞“用/以”引介意義略同。馮書將“董之用威”翻譯成“用威嚴來督正他（按指文王）”，文王的行爲並無偏頗之處，上天也没有必要督正之。

②此“威”應該也是典籍中數見的上天由於不滿於殷紂倒行逆施而降下的各種災異，詳參下引曾運乾説所舉《墨子》書證。從作爲代替殷商繼承天命的“候選人”“多方”和周的角度看，這樣的“威”即可理解爲“開厥顧天”的警示。

③《墨子 • 非攻下》所述不屬於“攻”、應該視爲“誅”的“禹征有苗，湯伐桀，武王伐紂”之前皆有對災異的描寫，其敘述與殷紂有關的災異謂:“遝至乎商王紂，天不序其德，祀用失時，兼夜中，十日雨土于薄，九鼎遷止，婦妖宵出，有鬼宵吟，有女爲男，天雨肉，棘生乎國道，王兄自縱也。赤烏銜珪，降周之岐社，曰：‘天命周文王伐殷有國。’”頗可以與《祭公》《多方》辭例合觀；其敘述三苗大亂時諸災異後謂“民乃大振”，又可證明此類災異的確可以視爲一種“震動”，簡文應該讀爲“動之用威”無疑。

的具體内容，文王死後武王奉持之命也是同一回事。“綏受”與《祭公》之“康受”、“敬迓”“嚴將”與“敬共”的意義並極接近（“共”取“奉持”之義詳後），幾個短語的語法結構也完全相同。“綏受”孔傳已經釋爲“安受”；“安”爲“康”“綏”所共有之常訓（宗福邦、陳世鏡、蕭海波，2003:703、1744），[①]“康受”無疑當與“綏受”統一解釋、理解爲“安受（天威）”之義。《多士》：“非我一人奉德不康寧，時惟天命。”《多方》：“非我有周秉德不康寧，乃惟爾自速辜。”“奉 / 秉德康寧”的説法當亦可與“康受”天威合觀。[②]

《尚書》中又數見“靈承”一語，除前引《多方》一段的“靈承于旅”外還有兩例：

> （有夏）不克**靈承**于旅，罔丕惟進之恭，洪舒于民。亦惟有夏之民叨懫日欽，劓割夏邑。天惟時求民主……　　（《多方》）
>
> 王若曰：“爾殷多士，今惟我周王，丕**靈承**帝事，有命曰‘割殷’，告勑于帝。”　　（《多士》）

“靈承于旅”以往一般解釋爲“善承於民衆”。于省吾（1994:94、115）指出“靈承”當爲“自下奉上之詞”，又謂“旅”與《召誥》“旅王若公”、《嘉禾》序“旅天子之命”之“旅”皆應讀爲“魯”，“靈承于旅”當理解爲“善受[③]於上天之嘉休”，[④]其説“旅”似優於舊説。對統治者而言，民衆與上帝皆爲其當奉承的對象，《盤庚中》“古我前后，罔不惟民之承”、《洛誥》“承保乃文祖受命民”並可爲證，“旅”的訓釋並不影響“靈承”的性質。“康受”“敬共”一類説法明顯亦爲“自下奉上之詞”，“承”與“受”更是嚴格意義上的同義詞，這些短語應該也都能與“靈承”合觀，將之視爲變换不同説法、語義各有側重的“靈承”應當是合理的；

---

①《西伯戡黎》“不有康食”，《史記 • 殷本紀》引作“不有安食”，係漢人以訓詁字“安”對譯“康”的例子。

②《荀子 • 儒效》有“其行多當矣而未安也”一句，楊倞注謂“未得**如天性安行之**也”，“康受”“綏受”“秉德康寧”殆即就此而言。

③“靈”舊注已訓爲“善”，于説引用金文“靈終”與之合證；裘錫圭(2012a:13)據“靈承於旅”之“靈”訓“善”指出牆盤“在微靈處”之“靈”也應訓“善”、“靈處”也許就是住得很好的意思。

④“嘉休”義的本字是“魯”；從于氏所舉諸例看，古文《尚書》中當確有以“旅”字記録“魯”之例；如再考慮《説文》“旅”字“古文以爲魯衛之“魯”、傳抄古文“魯”字往往就用“旅”字的情況，這些“旅”字很有可能淵源有自，當可視爲孔壁古文中保存的一種比較罕見的用字習慣，相關字形及解釋參看徐在國(2006:340)、張富海(2007:107)。又，周波(2012:76)對戰國時期各系文字“魯衛之魯”的用字情況有所總結，包山簡4、曾侯乙簡195有用从“辵”“旅”聲之字記録地名“魯陽”之“魯”的例子，也許與傳抄古文反映的情況有關。按清華簡《繫年》簡129、134、135有同類用字現象，整理者亦已舉包山簡、曾侯乙簡用例合證，安大簡《曹沫之陳》則徑用此字記録“魯衛之魯”，參看李學勤(2012:104、107、198)，黄德寬、徐在國(2022:17)。

進而言之，《祭公》所述“康受”天威、“敬共”天休之事完全可以視作文王“靈承帝事”品質的具體表現，於其後再引出“惟文武中大命，戡厥敵”的邏輯與《多士》周王“靈承帝事”因而天命“割殷”顯然極近。《多方》“惟我周王，靈承于旅”與“惟爾多方，罔堪顧天”相反相對，“靈承于旅”很可能與“罔堪顧天”一樣也是就對待天威的態度而言的；對多方和周邦來説，天威承載着上天廢舊立新、“開厥顧天”的美意，稱之爲“旅（魯）”在情理上也能説通，此似亦可視爲于説的一項積極證據。“旅”之具體所指既可能是天威，當也有資格指稱與之字面義本就更爲接近的天休，説“動之用威”四句體現了文王之志“靈承于旅”大概也是可以的。

根據以上討論，“宣臧厥心”就只能理解爲文王能使其心“宣臧”以“康受”天威了。“宣臧”今本作“寬壯”，學者或從今本破讀，又有讀爲“寬綽”“桓壯”等新説（趙思木，2017:351；蔡哲茂，2016:53-56；劉建民、張學城，2020:178-180），思路基本皆爲比附金文、典籍中一些音近的美辭，由於其對上下文義關注不足，諸説恐皆無必然性。現在既已明確此句敘述承受天威之事、特別是與“靈承”關係密切，則壯武、寬綽之類意思放在此處顯然都不合適，應當仍以整理者提出的“宣臧”一説最爲妥帖。①以往學者已經舉出不少典籍中以“宣”形容人的品質的文例（加“*”的爲本文所補充者）：②

今民莫不曰余保教明德、亦鮮克以誨。曰民心惟本，厥作惟葉，矧其能丁（貞）良于友人，迺**洹（宣）弔（淑）厥心**。

（《厚父》，圖版見李學勤，2015:31-32）

*音色柔巧而叡武不罔，天純怚**（宣）猷**，牧民而御王，……

（《殷高宗問於三壽》，圖版見李學勤，2015:96-97）

維此惠君，民人所瞻。秉心**宣猶**，考慎其相。（《大雅 • 桑柔》）

宣哲維人，文武維后。（《周頌 • 雝》）

*余不叚荒寧，經雍明德，宣邲（密）我猷，用詔匹台辟，毒（篤）揚厥光烈。（晉姜鼎，《集成》2826）

高辛氏有才子八人，伯奮、仲堪、叔獻、季仲、伯虎、仲熊、叔豹、季貍，忠、肅、共、懿、宣、慈、惠、和，天下之民，謂之“八元”。

①《祭公》篇的原整理者是沈建華先生，沈建華（2011: 29- 30）似已改變想法、傾向於與今本“寬壯”趨同。

②下舉文例學者多已舉出，只是徵引的完整程度不同，與本文的理解不同（如主張讀爲“寬綽”者就有將《厚父》“宣淑”也讀爲“寬綽”的，這些論著往往但引與“宣”相關的一句、忽視上下文對“宣”詞義的限制），參看蔡哲茂（2016: 53- 56），劉建民、張學城（2020: 178- 180），寧鎮疆（2020: 178- 180）。

（《左傳》文公十八年）

臣聞之，爲臣必忠，爲君必君。寬肅宣惠，君也。……寬所以保本也，肅所以濟時也，宣所以施教也，惠所以和民也。本有保則必固，時動而濟，則無敗功，教施而宣則徧，惠以和民則阜。（《國語·周語中》）

“宣臧”與《厚父》之“宣淑”顯然應當統一解釋：[①]“善”爲“淑”“臧”所共有之常訓（宗福邦、蕭海波、陳世鐃，2003:1274、1878）；[②]《厚父》之“宣”用“洹”字記録，後者乃清華簡《繫年》記録“周宣王”之“宣”所用之字（李學勤，2012:40），陶金先生已據之指出齊器洹子孟姜壺之“洹”亦當讀爲“宣”，與“齊桓公”“桓桓”之“桓”一般作“趄”者截然可分。[③]《殷高宗問於三壽》之“佢猷”當即《桑柔》中的“宣猶”；楚文字中“人”“尸”作偏旁時常可互作（李守奎、蔡麗利，2011:44-48），“佢”與《祭公》之“屇”也許就是一字之異寫，則以“佢/屇”記寫“宣”很可能是楚文字中一種比較穩定的用字習慣。[④]有鑒上述，大概僅從字詞關係的角度看讀爲“宣臧”也比其他説法更爲有據。此句“宣”的詞義不易講實。上引傳世文獻之“宣”舊注皆訓爲“徧”（宗福邦、陳世鐃、蕭海波，2003:569）；清儒又提出了訓“明”、訓“寬”等不少新説（王引之，2018:370；馬瑞辰，1989:969-970、1083；徐元誥，2002:69-70），[⑤]認同“宣臧”説的學者也有信從這些意見的（如李學勤，2010:177；寧鎮疆，2020等）。按典籍中確切無疑的訓“明”之“宣”基本都是動詞“宣揚”之“宣”，“明”一般是使動用法、與形容詞“明哲”

---

①“矧其能貞良于友人，迺宣淑厥心”兩小句的邏輯關係，當以鵬宇先生的解釋更爲恰切，其説謂“人心如同樹根，人的所作所爲像枝葉。同理，假如行爲上可以貞良，則其善心亦可得以發揚”，轉引自吴博文（2017: 111）。按鵬説對“宣淑”的理解有偏差：“今民莫不曰余保教明德”一段都是針對前文“民心難測”一句説的，厚父要表達的意思是想要了解民的内心好壞不能但聽其言，因爲誰都會説自己“保教明德”，而應該觀察其作爲，後者與民心之間的關係就像樹葉與樹根，如果進一步的（“矧”）作爲可以“貞良于友人”，那麼其内心應該也是好的，正如根本壞了的樹不會長得好一樣。“宣淑”不是就其善心能否發揚而言，而就是對民心之善本身的形容，其義當與“貞良”比較接近。從這一點來看，我們將“宣臧”與“宣淑”統一解釋也是很合理的。

②《左傳》宣公十二年：“執事順成爲臧，逆爲否。”“臧”用於描寫師旅進退循法、順從如一的狀態，可與此言順承天意爲“臧”合觀。

③參看陶金《由清華簡〈繫年〉談洹子孟姜壺相關問題》，復旦大學出土文獻與古文字研究中心網站，2012年2月14日，http：//www.fdgwz.org.cn/Web/Show/1785。

④《周公之琴舞》簡9有“屇稱其有若”一句，以往學者一般讀“桓”訓“大”，參看孫永鳳（2015: 131- 132）。按此字修飾動詞“稱”，其義是否一定要往“大”上考慮，上下文中並没有十分明確的限制，當以存疑爲妥；如果非要理解爲“大”，則讀爲“宣”未嘗不可，“宣”也有“大”義參看王引之（2018: 336）。

⑤王引之認爲“宣哲維人”的“宣”當訓爲“明”，馬瑞辰認爲“秉心宣猶”“宣哲維人”的“宣”皆當訓“明”，俞樾（引自徐元誥《國語集解》）認爲“寬肅宣惠”一類“宣”當訓爲“寬”。

之“明”並無關係（宗福邦、陳世鐃、蕭海波，2003:570）；[①]訓爲“寬”則明顯不適合“宣”與“寬”平列的語境。從上引《國語》中“教施而宣則徧”的説法看，至少與“惠”“慈”等描寫品質的詞連用的“宣”，其義應該還是由“遍”引申來的；《左傳》“宣、慈、惠、和”之“宣”孔疏釋爲“應受多方，知思周徧也”，謚法之“宣”古注解釋爲“聖善周達”之類（宗福邦、陳世鐃、蕭海波，2003:570），也可證明這些“宣”的意義都與“周徧”有關，其形容的大概就是考慮周全、心思洞達之類品質。[②]晉姜鼎“宣邲我猷”之“邲”，高中正（2021）已聯繫清華簡《耆夜》“密静謀猷”、文公之母弟鐘（《銘圖》15277）“余密静朕猶、遠邇”等文例推測當讀爲“密”，循著這一思路，此句之“宣”大概也以訓“遍”爲優，“宣密”要表達的意思很可能就是“周密”；“秉心宣猶”之“宣”亦以“猷”爲對象，顯然也應與之合觀。“宣”與“臧”“淑”的聯繫可以借助下揭文例和舊注來體會：

> 其爲人也，展而不信，愛而不仁，詐而不智，毅而不勇，直而不衷，周而不淑。（《國語·楚語下》，韋昭注：周，密也。淑，善也。）
>
> 其知慮多當矣而未周密也……（《荀子·儒效》，楊倞注：周密，謂盡善也。）

思慮周密即意味著“盡善”，“周達”與“聖善”的關係亦自不待言；“宣”與“周”“密”詞義並近，“宣淑”“宣臧”之“宣”恰可根據以上文例與表達“知思周徧”等義的“宣”聯繫起來。《祭公》之“宣”形容文王奉承天威的態度，此時言其周密可體現其善於奉承，言其洞達則彰顯其能度天心、曉天意的智慧，兩種意思在文義上都是很順適的。[③]

所謂“康受”天威，具體所指無非是對天威能（在理解的基礎上）顧念之、敬

①清儒訓“宣”爲“明”無非是爲了牽合“既明且哲”（《大雅·烝民》）一類文例，因之犯了偷換概念的錯誤；其實與“哲”並列的品質不一定非得是“明”，“知思周徧”一類意義與之平列也很合適。

②前者强調思慮廣泛周密、没有疏漏，後者側重心智通達、無所偏頗或滯礙，兩類意義關係密切。朱熹《詩集傳》將“宣哲維人”的“宣”解釋爲“通”，意義亦與“周達”相通，大概古人對此“宣”的意義是有比較一致的認識的。

③“宣”的語義也有可能已經在往比較寬泛的美善義上發展，原本意義豐富有别的形容詞最終“泛化”爲一般的美辭的情况也有不少例子：沈培《由清華簡〈四告〉申論周人所言“懿德”的内涵》，（復旦大學出土文獻與古文字研究中心網站，2020年12月5日，http：//www.fdgwz.org.cn/Web/Show/4707）據清華簡《祭公》《四告》等篇“懿德”之“懿”作“歺”或从“歺”得聲之字的現象指出“懿德”的内涵本爲“抑戒之德”、後用以泛稱一般的美德；今文《尚書》《無逸》篇“密靖殷國”（《史記·魯周公世家》）之“密”古文作“嘉”，高中正（2021）認爲這一現象可能也與“懿”的情况相似。“宣”“周”的周全義本來就可以引申出賅備、極致一類意思，這類意思與美善義相當接近，其在與“臧”“淑”連用的語境中意義接近於一般的美善是完全有可能的。

畏之，一舉一動保有上天所認同的美德，《多方》先言“靈承于旅”再説“克堪用德”、孔傳解釋《多士》“靈承帝事”謂“言明德恤祀”皆可爲證；此時商王及多方則“甲（狎）於内亂”（《多方》）、“兄（况）自縱也”（《墨子·非攻下》），“罔堪顧天”，因而最終天將休命付畀於周。

如果上述討論可靠，此句之“尚”依其常訓理解爲“猶”即可：“猶”最常用於出現新情况或條件發生變化時“還”能保持原有狀態的語境中；上天“動之用威”即隱含着商王和其他諸侯已經走上邪路、周圍環境急劇惡化的事實，此時言文王“猶”能保有其美德、特别是還能“康受”天威文從字順。

（三）亦式用休

文王既能安受天威，上天又以休命賜予之。此類邏輯除《多方》外，下舉兩例亦略同：

> 禹曰：“安汝止，惟幾惟康，其弼直，惟動丕應。徯志以**昭受上帝**，天其申命**用休**。”（《皋陶謨》，《史記·夏本紀》引作“……天下大應。清意以昭待上帝命，天其重命**用休**”）
>
> 惟乃丕顯考文王，克明德慎罰，不敢侮鰥寡，庸庸，祗祗，威威，顯民，用肇造我區夏越我一、二邦以修我西土。惟時怙冒聞于上帝，帝**休**，天乃大命文王殪戎殷，誕受厥命……（《康誥》）

“天其申命用休”“帝休，天乃大命文王”在各自語境中顯然並與“亦式用休”相當。介賓短語“用休”之前省略動詞，可能是其義顯豁、不必明言，而“亦式用休”與“動之用威”相對更加齊整和諧的緣故。天所賜“休”即文王所受“殪戎殷”“作民主”的休命，[①]此由前引《多方》“簡畀殷命”、《大誥》“天休于文王”云云及此《康誥》文例皆不難看出。

此句最大的難點在於“式”的訓釋。按裘錫圭（2012b:212-229）在20世紀80年代討論有可能、意願、勸令等義的虚詞“式”（即丁聲樹先生所論《詩經》中有勸令義者）時，已經指出古書中還有一些用“式”的句子説的是已經發生的事，這類用例不少“還找不到合理的解釋”、有的可能當從裴學海《古書虚字集釋》的説法訓為“乃”，《祭公》“康受乂之，式用休”、《多方》“天惟式教我用休”的“式”均屬這種情况。其所舉另外幾例與《祭公》語境相若者：

> 不弔昊天，亂靡有定。式月（抈？）斯生，俾民不寧。
>
> （《小雅·節南山》）
>
> 我聞有夏，人矯天命，布命于下。帝式是惡，用闕師。

---

①因此《多方》“用休”之前的動詞用“教”，“教”應訓“告”，猶《多士》謂“割殷”之命“告勑于帝”。

我聞有夏，人矯天命于下，帝式是增（憎），用爽（喪）厥師。

（《墨子·非命中》《非命下》引《仲虺之誥》）

裘文未注意到的及其發表後公布的材料中也有類似例子，比如以下兩例：

是人斯既助厥辟勤勞王邦王家，先〔人?〕、神祇復，式用休，俾服在厥家。（《皇門》，圖版見李學勤，2010:89）

（皇君尹叔）式蔑射懋，賜之/余金，用作朕皇考隮壺，其萬年子子孫孫永寶用。（射壺，《銘圖》12443-12444）

姑且不論這些“式”應如何訓釋，不難看出其一律用於在上者（鬼神、上級等）因在下之人的某種做法而對其如何（賞賜、懲罰、好惡等）一類語境中，分布位置也相當固定，它們都是同一個“式”應該可以肯定。裘文討論《祭公》文例時所據只有語境不明的今本，我們既已論定簡本“亦式用休”省略了主語“天”，“式”出現的語境就與上舉諸例完全相同了；準此《祭公》之“式”就是裘先生指出的這類用於過去語境者大概無可置疑，反過來“式”用法的這種傾向性也可以佐證我們對“亦式用休”主語的判斷。簡本《祭公》公布以後發表的各種論著都極少徵引裘説，①除個別可能存在疏略者外，顯然與舊所標點“康受亦式用休”莫名其妙的文義有關。

“式”在追述語境中的確切功能和來歷還都有需要探索的地方，裘文論及這些問題時也不敢給出完全肯定的答案，適可體現問題的複雜性：現在看來訓為“乃”的確可以講通上引絶大多數文例，但其來源如何恐怕只能暫付闕如，其如確表承接性質是否相當於“乃”也很難説；裘文所論“式”的可能、勸令等義都不具備發展出“乃”義的條件，②其放在一起討論的兩種“式”很可能並不是同一個詞。由於問題複雜，我們目前也没有很好的意見，只能儘量聯繫起情况相同的用例加以合證，並將疑惑之處揭示出來俟考。

（四）亦美懋綏心、敬共之

此句基本没有疑難字詞，因此儘管各家對句義的理解不同，每個字的讀法基本

①我們所見只有牛鴻恩(2015:605)引到裘説，然其對文義的把握囿於以往句讀多有不當之處，亦未注意到裘文早已指出《祭公》之“式”用於追述語境的事實。

②可能、勸令等義都與追述語境的“敘實”特徵相違背。裘文討論“式”時參考了用法有相似之處的“其”，並以“其”也能出現在過去語境中證明“式”的“乃”義，然其所舉“其”的用例也不單純，不能一律以“乃”解釋；“其”由表將然的時間副詞産生勸令用法，也不具備“敘實”特徵，如果確實存在用於過去語境表承接者與副詞“其”恐怕也應分開考慮。

上是一致的，[1]唯一有問題的地方在於“龏”字的釋讀。以往只有趙思木（2017:351）將“龏”讀爲“共”、訓爲“奉承”，其他學者仍從整理者説讀爲“恭敬”之“恭”；今本“恭”後多一“承”字，又有論著視爲衍文（程浩，2021:103）。事實上相較於“敬恭之”的讀法，明顯當以今本的“敬恭承之”更能表達“奉承天休”的意思，“承”更有可能是在已經將“龏”字（或其他音近字）誤讀爲“恭”的情况下補出的動詞。“龏”就承受天休、也即代殷作民主的天命而言，又與“康受”之“受”相對成文，最合理的解釋顯然是讀爲表示“秉持、奉行”等義的“共”。清儒早已指出今本《尚書》中的不少“恭”字，如《甘誓》“今予惟恭行天之罰”“汝不恭命”、《盤庚下》“恭承民命”、《君奭》“大弗克恭上下”“恭明德”之“恭”，皆爲後世誤讀“共奉”之“共”的産物（段玉裁，1988:55–56）；魏克彬（2010:112–114）、謝明文（2017:32–33）、吴博文（2017:139–153）等又在此基礎上指出金文、楚簡等出土材料中用法類似的“共”“龏”等字記録的都是“共”這個詞，諸説並可以與此處“龏”讀爲“共”又被轉寫爲“恭”的情况相參，《盤庚》“共”“承”連言又可以與簡文“康受”“敬共”平列互相印證，“龏”的讀法據此可以完全確定下來。依我們的理解，這句話的主語又轉换到文王，謂文王對天休、也即“殪戎殷”的大命也能“美懋綏”其心恭敬地奉行之。[2]“文王之志”滿足上天的要求，下句遂過渡到“惟文武中大命，戡厥敵”的結果，頗爲流暢自然。

（五）翻譯

下面試將這段内容譯成現代漢語：

> 是上天奠定了我們周邦。那文王的心志，上天以天威震動他，他也仍然保持周全（或通達）、美善的品質安受威命；又將休命賜予他，他也能嘉美、奮勉、安綏其心，恭敬地奉持之。宜乎文王武王合於大命，又戰勝了他們的敵人殷紂。

四、簡本與今本差異解釋

今本《祭公》與“惟天奠我”一段相應的文字如下：

> 維天貞文王之重用威，亦尚寬壯厥心，康受乂之，式用休。亦先王茂綏厥心，敬恭承之。維武王申大命，戡厥敵。

---

①季旭昇（2013: 260）認爲“懋”也許可以讀爲“務”，“美務綏心”義爲“美其行事，安其用心”，趙思木（2017: 351–352）讀爲“亹穆綏心”。按讀爲“美懋綏”無論從用字習慣還是文義來看都是最妥帖的解釋，兩種新説反而顯得極不自然，故也基本未被其他學者采信。

②當然最終完成這一使命的是武王，故前引《封許之命》文例亦言武王“嚴將天命”。

一些簡單的訛脱衍倒、如“先王”爲簡本“㞷”字之訛之類舊説已多有指出者，此不贅論。依本文的意見，這段話須校改如下：

> 維天貞（奠/定）〔我。〕文王之〔志〕，重（動）[①]用威，亦尚寬（宣）壯（臧）厥心、康受；乂〈亦〉之式用休，亦先王〈㞷—美〉茂綏厥心、敬恭（共）承之。維武王〈文武〉申〈中〉大命，戡厥敵。

簡本之邏輯今本實已無法體現。又《左傳》文公七年：

> 晉郤缺言於趙宣子曰：“日衛不睦，故取其地。今已睦矣，可以歸之。叛而不討，何以示威？服而不柔，何以示懷？非威非懷，何以示德？無德，何以主盟？子爲正卿，以主諸侯，而不務德，將若之何？《夏書》曰：‘戒之用休，董之用威。勸之以九歌，勿使壞。’”

梅本古文《尚書》將郤缺所引采入《大禹謨》篇，原整理者即據此將簡本“違”字破讀爲“董”（李學勤，2010:177）。

這一部分主要討論兩個問題：一是“動之用威”“董之用威”在各自語境中的意義，二是簡本的“惟文武中大命”爲何會變成“維武王申大命”。

（一）“動之用威”與“董之用威”

由於簡本“動之用威”以往並未找到合適的定點論證其義，學者始終未放棄從形式出發將之與《左傳》辭例“趨同”的考慮（今本之“重”不辭，難以牽合）：馮勝君（2022:226－227）即仍信從整理者説遷就後者解釋簡本，還有人認爲《左傳》之“董”應該和簡本一起讀爲“動”（韋婷，2019）。其實結合兩處語境細細揣摩，容易看出二者顯然只能“立異”。《左傳》一例仍應當讀爲“董”：諸侯之主以“威”的手段使從屬國歸於正道，其“督正”的意味是很明顯的，與上天“震動”下土之人的情況完全不同。[②]同類例子如《左傳》昭公十三年：

> 晉侯使叔向告劉獻公曰：“抑齊人不盟，若之何？”對曰：“盟以厎信。君苟有信，諸侯不貳，何患焉？告之以文辭，董之以武師，雖齊不許，君庸多矣。……”

晉人“以武師”“董”齊人的情況與《左傳》文公七年例極似，這裏的“董”顯然也不可能讀爲“動”。從形式的相似看，郤缺所引《夏書》文句確有可能與《祭

---

①“之”可不補。

②季旭昇（2013:259）謂“傳文係晉對衛之不睦而發，‘董之用威’即‘晉用威董衛’。今清華一爲上帝奠文王之志，鼓動其對殷商集團用威……‘違’當釋爲‘動’，不當讀爲‘督正’義之‘董’”，已意識到“動”“董”有別，然其對簡文的理解有誤。

公》句存在源流關係，具體情況如何還可深入研究；[①]然而兩處文句已因音轉後的文字重新編排、産生新解，在各自的語境裏起到完全不同的作用，即使同出一源也不應該統一作解。

（二）“惟文武中大命”與“維武王申大命”

學者對“維武王申大命”和“惟文武中大命”差異的取捨亦各不相同。不少論著試圖根據今本校改簡本（黄懷信，2012:234；劉光勝，2016:99），還有改爲介於兩者之間的“惟武王中大命”的（楊一波，2020:133），這些做法也不可取。

首先應該明確，“中”“申”字形在古文字階段並不相近，“惟文武中大命”和“維武王申大命”表達的意思也完全不同。整理者訓“中”爲“應”（李學勤，2010:177），後續學者多已指出“中大命”應理解爲相對抽象的“合乎天命”的意思（趙思木，2017:352；楊一波，2020:134；曹雨楊，2020:681）。從銅器銘文中反映的情况看，西周中期以前的敘述中文、武功烈不同，文王秉德受命，武王最終完成克商大業，“文武膺受大命”的説法則一般見於西周晚期銘文（羅新慧，2012:66），《祭公》“惟文武中大命”的表述很可能即這種變化的濫觴。“中大命”是“膺受大命”的前提，由於事實上的受命者是文王，因此無論采取哪種敘述，“中大命”都不可能跳過文王單言武王。“申大命”則不然。“申”之常訓爲“重”，裘錫圭、李家浩（2012:58）在指出西周金文“申先王命”“申就乃命”之“申”當“重申”講、“申就”當爲“重複申成”之義時，已引今本《祭公》證成其説。武王繼承文王、“申成”文王未竟的“殪戎殷”之命是合適的，此時主語則不可能有文王的位置。這樣看來，“惟文武中大命”“維武王申大命”兩種説法意各有當，簡本、今本之别並不是簡單的字句訛誤，肯定還受到了其他因素的影響（改爲“惟武王中大命”則全然

① “戒之用休”與“式用休”也能找到聯繫。古書“式”字常因形近訛爲“戒”：《墨子·非樂下》引《武觀》曰“啓乃淫溢康樂，野于飲食，將將銘，莧磬以力，湛濁于酒，渝食于野，萬舞翼翼，章聞于大〈天〉，天用弗式”，下文總結之謂“故上者天鬼弗戒，下者萬民弗利”，孫詒讓（2001:263）已指出“弗戒”之“戒”爲“式”字之訛；今本《逸周書·命訓》“曠命以誡其上”之“誡”簡本作“弋”，馮勝君（2018:70—71）指出“弋”字應讀爲“試探”之“試”、“誡”爲“試”字之訛，又舉出不少典籍“試”“誡”互訛的例子。韋婷（2019）已指出“戒之用休，董之用威”與《命訓》等《逸周書》中時代稍晚的文獻文風相似，其説有啓發性。我們懷疑這兩句話很可能是從《祭公》中被當作警句采摭出來放到一種造作時間較晚的《夏書》中的；編寫此書之人對《祭公》只是斷章取義，對其文義也是一知半解，但都不妨礙其根據自己的理解重新編排。如果以上推測成立，郤缺所引《夏書》可能應當校作“式之用休”：“戒之用休”杜注釋爲“有休則戒之以勿休”，其説牽强難信，這裏的“休”顯然就是“賜休”之“休”、與前文之“示懷”相呼應；“戒”取警戒、告誡之義文義皆不協調，如校作“式”則很可能就是《墨子》“天鬼弗式”之“式”，取“以……爲/合乎法式”之義，這類意思用在下對上的語境中一般翻譯爲“效法”（《左傳》成公二年，“蠻夷戎狄，不式王命”，《左傳》昭公六年“儀式刑文王之德”），用於在上者對下屬如何似乎就可以理解爲“標榜”“旌表”之義，與“董”相對比較妥帖順適。按照這種解釋，編《夏書》之人係將虚詞“式”理解成了動詞“天鬼弗式”之“式”，又誤讀“動”爲“董”，這些誤會也是很自然就可以産生的。

不倫矣）。我們認爲今本應該是在"惟天奠我"一段錯訛過甚、本意難考的情况下所作的改動。重新細讀《祭公》《多方》有對應關係的兩段文字不難發現，《多方》一段純粹是對周王獲得天命過程的史實的敘述；《祭公》既將類似内容以"文王之志"統馭之，實際上是用這段史事充當了對上天所看重的文王的品質、也即何以得出"文武合乎大命"這一認識的依據的描寫，因此《多方》在"用休"之後即直接敘述"簡畀殷命"之事，《祭公》則一定要加上文王在"用休"的情况下也能"美懋綏心、敬共之"的反應。如果用更簡明的語言概括這段文字：

> 是上天奠定了我們周邦；文王之志如此這般克配上帝，宜乎文王武王合於大命，又戰勝了他們的敵人殷紂。

這種敘述方式與更常見的按時間順序鋪陳文武事迹的做法全然不同。今本之所以作如此改動，正是因爲上文的意思已不清楚、傳抄者將"文王之志"一段誤解爲對文王功績單純的敘實：文王之事既已言明，也就不必再言"文武"；①加上"中""申"在隸楷文字中的確只争一筆，遂逐漸淘汰掉原本正確的"惟文武中大命"的版本。看孔晁、潘振對文義的解説，可知古代注家果然是將這段話當成講述文王功績的内容的（黄懷信、張懋鎔、田旭東，2007:933）：

> 孔晁：重之用威，伐崇、黎也。既剋之而安受治之，其治用美也。/言武王申文王受命之意而勝殷也。
>
> 潘振：言文王督責有罪而使之畏，亦赦宥無罪而尚其寬，壯大其心，不爲私餧，故天以爲正而予之命。文王安受方國而治之，移風易俗，治用休美。

如果繼續借助今本、舊注解釋這段文字，則殆乎永遠無法得其真意矣。

2022年1月15日初稿

2024年9月11日改定

引書簡稱表

集成	殷周金文集成（修訂增補本）
銘圖	商周青銅器銘文暨圖像集成

①有學者在討論這段話時謂"今本作'武王'，是，文王上已言之"（黄懷信，2012:234），或"此處簡文具體敘述'文武受命'之意，應當以句中兩'惟'字爲標誌，首'惟'字下言文王，次'惟'字下言武王"（楊一波，2020:133），就是受了這種思路的影響。

參考文獻

蔡哲茂 2016 《讀清華簡〈祭公之顧命〉札記五則》，《簡帛》（第13輯），上海古籍出版社。
曹雨楊 2020 《〈清華大學藏戰國竹簡（壹）—（叁）〉疑難字詞集釋及釋文校注》，吉林大學碩士學位論文。
程 浩 2021 《有爲言之：先秦“書”類文獻的源與流》，中華書局。
董秀芳 2015 《上古漢語敘事語篇中由話題控制的省略模式》，《中國語文》第4期。
段玉裁 1988 《古文尚書撰異》，阮元《清經解》第4册，上海書店。
馮勝君 2018 《清華簡〈命訓〉釋讀掇瑣（四則）》，《出土文獻研究》（第17輯），中西書局。
馮勝君 2022 《清華簡〈尚書〉類文獻箋釋》，上海古籍出版社。
高中正 2021 《清華簡“寍情”與今文〈尚書〉“密静”合證》，《出土文獻》第3期。
顧頡剛 劉起釪 2005 《尚書校釋譯論》，中華書局。
黄懷信 2012 《清華簡〈祭公〉篇校釋》，《清華簡研究》（第1輯），中西書局。
黄懷信 張懋鎔 田旭東 2007 《逸周書彙校集注》，上海古籍出版社。
黄德寬 徐在國（主編） 2022 《安徽大學藏戰國竹簡（二）》，中西書局。
季旭昇（主編） 2013 《〈清華大學藏戰國竹簡（壹）〉讀本》，藝文印書館。
蔣 文 2019 《先秦秦漢出土文獻與〈詩經〉文本的校勘和解讀》，中西書局。
李守奎 蔡麗利 2011 《楚簡中“尸”與“人”的區别與訛混——釋楚簡中“作”與“居”的異體》，《中國文字研究》（第15輯），大象出版社。
李學勤（主編） 2010 《清華大學藏戰國竹簡（壹）》，中西書局。
李學勤（主編） 2012 《清華大學藏戰國竹簡（貳）》，中西書局。
李學勤（主編） 2015 《清華大學藏戰國竹簡（伍）》，中西書局。
劉光勝 2016 《〈清華大學藏戰國竹簡（壹）〉整理研究》，上海古籍出版社。
劉國忠 2011 《走近清華簡》，高等教育出版社。
劉建民 張學城 2020 《〈書〉類文獻字詞研究二題》，《漢語史與漢藏語研究》（第7輯），中國社會科學出版社。
禄書果 2017 《清華簡〈書〉類文獻整理與研究》，鄭州大學博士學位論文。
羅新慧 2012 《清華簡〈程寤〉篇與文王受命再探》，《清華簡研究》（第1輯），中西書局。
馬瑞辰 1989 《毛詩傳箋通釋》，陳金生點校，中華書局。
寧鎮疆 2020 《由它簋蓋銘文説清華簡〈周公之琴舞〉“差寺王聰明”句的解讀》，《出土文獻》（第4期）。
牛鴻恩 2015 《新譯逸周書》，三民書局。
裘錫圭 李家浩 2012 《談曾侯乙墓鐘磬銘文中的幾個字》，《裘錫圭學術文集·金文及其他古文字卷》，復旦大學出版社。
裘錫圭 2012a 《史墻盤銘解釋》，《裘錫圭學術文集·金文及其他古文字卷》，復旦大學出版社。
裘錫圭 2012b 《卜辭“異”字和詩、書裏的“式”字》，《裘錫圭學術文集·甲骨文卷》，復旦大學出版社。
沈建華 2011 《清華簡〈祭公之顧命〉與〈逸周書〉校記》，《出土文獻研究》（第10輯），中華書局。
沈 培 2006 《從簡帛符號看古今人在標點方面的不同觀念》，中國文化研究學會第四届國際學術研討會論文，韓國淑明女子大學。
孫詒讓 2001 《墨子閒詁》，孫啓治點校，中華書局。

孫永鳳　2015　《清華簡〈周公之琴舞〉集釋》，吉林大學碩士學位論文。
王引之　2018　《經義述聞》，虞思徵、馬濤、徐煒君點校，上海古籍出版社。
韋　婷　2019　《〈尚書〉“董之用威”辨正》，《中華文史論叢》第1期。
魏慈德　2016　《從出土的〈清華簡・祭公之顧命〉來看清人對〈逸周書・祭公〉篇的校注》，李無未、林丹婭主編《厦大中文學報》（第3輯），厦門大學出版社。
魏克彬　2010　《温縣盟書WT5K14盟書補釋：説“韔”字》，《出土文獻與傳世典籍的詮釋：紀念譚樸森先生逝世兩周年國際學術研討會論文集》，上海古籍出版社。
吴博文　2017　《〈清華大學藏戰國竹簡（伍）・厚父〉文本集釋與相關問題研究》，復旦大學碩士學位論文。
夏含夷　2023　《〈清華大學藏戰國竹簡〉研究與英譯1：〈逸周書〉諸篇》，清華大學出版社。
謝明文　2017　《説“臨”》，《商周文字論集》，上海古籍出版社。
徐元誥　2002　《國語集解》，王樹民、沈長雲點校，中華書局。
徐在國　2006　《傳抄古文字編》，綫裝書局。
楊一波　2020　《清華簡所見〈逸周書〉四篇研究》，清華大學博士學位論文。
楊筠如　2005　《尚書覈詁》，陝西人民出版社。
于省吾　1994　《雙劍誃群經新證・雙劍誃諸子新證》，上海書店出版社。
曾運乾　1964　《尚書正讀》，中華書局。
張富海　2007　《漢人所謂古文之研究》，綫裝書局。
趙思木　2017　《〈清華大學藏戰國竹簡（壹）〉集釋及專題研究》，華東師範大學博士學位論文。
周　波　2012　《戰國時代各系文字間的用字差異現象研究》，綫裝書局。
宗福邦　陳世鐃　蕭海波（主編）　2003　《故訓匯纂》，商務印書館。

Interpretation of the Paragraph Starting with *Weitiandianwo* (惟天奠我) in the *Duke of Zhai's Retrospective Command* (《祭公之顧命》) of the Tsinghua Bamboo Slips

Zhang Xinyu

Abstract: There are many problems in the original interpretation of the paragraph starting with *weitiandianwo* (惟天奠我) in the *Duke of Zhai's Retrospective Command* (《祭公之顧命》) of the Tsinghua bamboo slips. Compared with reliable documents of the Western Zhou dynasty, it can be seen that what the Duke of Zhai said is basically the historical event recorded in the *Numerous Regions* (多方) that Heaven selected King Wen of Zhou as the lord for the people for his always falling in with Heaven's view. After correcting previous mispunctuated texts based on this, the meaning of a series of words and phrases such as *dong* (動), *xuanzang* (宣臧), *kangshou* (康受), *jinggong* (敬共) and function words such as *shang* (尚) and *shi* (式) can all be interpreted properly and with evidence, and it also reasonably explains some differences between the bamboo-slip *Duke of Zhai's Retrospective Command* and the handed-down *Duke of Zhai* (《祭公》) in *Yi Zhou Shu*(《逸周书》).

Key words: Tsinghua bamboo slips; *Duke of Zhai's Retrospective Command* (祭公之顧命); *Weitiandianwo* (惟天奠我); Interpretation of texts

（張鑫裕，復旦大學出土文獻與古文字研究中心/“古文字與中華文明傳承發展工程”協同攻關創新平臺　上海　200433）

再説楚文字中的“翟”字*

侯建科

摘　要：郭店簡發表以後，我們始知楚文字中可以用“翟”表“一”，但時至今日，對於“翟”字的構形問題依舊衆説紛紜。本文在綜合諸家意見的基礎上，結合楚文字中“昆”“羸/羸”等字下部皆類化爲“能”形這一特徵，以及清華簡《子儀》表“翌日”的“翌”既可用“昆”又可用“奮”這一現象，推斷“翟”可能應分析爲从羽、奮省聲，“昆”可能應分析爲从日、奮省聲。

關鍵詞：翟；昆；奮；能

一

由於郭店《五行》16“要（淑）人君子，亓（其）義（儀）翟（一）也”可以和今本《詩·曹風·鳲鳩》“淑人君子，其儀一兮”相對照，我們始知楚文字中習見的“翟”可以讀爲“一”，但正如李天虹（2012: 59）所言，“翟”何以能表示“一”，或者説我們該如何去理解“翟”字的構形結構，目前學界尚未有較爲一致的意見。侯建科（2022: 270-291）對“翟”字的考釋史進行了詳細的梳理，可參看。根據新刊材料及相關研究成果，本文嘗試討論其構形來源問題。

在郭店簡確證“翟”可用爲“一”後，學界對此形有諸多討論，諸如裘錫圭（2012: 546-561）認爲“翟”應是“能”的繁形古體；鄭剛（2004: 117-118）認爲“翟”即爲“熊”的會意字，而上部的“羽”或即外貌雄壯之貌，在楚方言的讀音可讀爲“一”；李天虹（2000: 94-95）認爲“翟”上部所从與甲骨文中的“彗”形體相同，其當爲从能、彗聲的“䳄”，“彗”“一”二者音近可通；李守奎等（2007: 196）從李天虹説，並認爲其所从的“羽”或當是“彗”字的訛變，與“習”同例。

唐蘭（1981: 21）指出，甲骨文“習”本是一個从日、彗聲的字，《説文》“彗”字古文即作“篲”，从竹、習聲，由此可證“彗”“習”古音相近，“習”

*本文爲四川大學專職博士後研發基金（skbsh2023-09）、國家資助博士後研究人員計劃（GZC20231853）資助成果。

从“彗”聲是無疑的。若然，楚文字中“羽”形有兩個不同的來源：一是即真正的“羽”形；一是由偏旁“彗”省變而來。楚文字中的“彗”以及从“彗”的字作如：（曾侯乙09）、（清華《四告》28、29）、（清華《筮法》59）、（上博《性情論》38）。[①]除最後兩形外，其他兩形竪筆上皆加横畫以區别於楚文字中的“羽”字。而楚文字中“習”以及从“習”的字所从的“彗”形作如（望山M1: 88）、（郭店《語叢》03），其上則皆已與“羽”完全同形，無從區分。《説文》誤以爲“習”从“羽”。如此，李天虹、李守奎所認爲的“翟”从“彗”得聲亦可信據。

又如何琳儀（2000: 199）認爲“翟”疑从“羽”聲：

> 西周金文“懿”左上均從“壺”，戰國秦文字“壹”亦作“壺”形。《説文》“殪”之古文从“死”从“壺”。凡此可證，“壹”由“壺”分化，壹，影紐；壺，匣紐。影、匣均屬喉音，楚文字“翟”疑从“羽”聲，“羽”與“壺”恰好均屬匣母魚部，故“翟”从“羽”聲，與“壹”有“壺”音可以構成平行的音變關係。至於“壹”後來由魚部轉入至部，可從秦文字“壹”从“吉”聲中得到證明。“壹”“吉”均屬至部。典籍往往假借“壹”爲“一”，楚文字“翟”亦爲“壹（一）”的假借字。

又如顔世鉉（2000: 104–105）認爲“翟”字所从的“羽”（魚部）和“能”（之部）皆爲聲符，“能”是泥母之部字，“翟”可讀爲“能”。[②]鄭偉（2007）又將“翟”與古侗臺語聯繫起來，認爲“翟”就是古侗台語中“一”的表音字，當時的侗語很可能和楚語同屬於楚方言系統。王志平（2008: 394–398）從漢語本身的押韻、通假、諧聲等方面材料出發，認爲“一”“能”上古音很近，故“翟”當是从“能”得聲，可讀作“一”。另外，劉雲則將“翟”與《屯南》2169皆改釋爲“鷁”，就是通常所説的“鸊鷉”。[③]孟蓬生（2015: 735）認爲“翟”即“翳”的異構字。

需要指出的是，雖然以前研究者並不知“翟”可用爲“一”，但在釋讀過程中所形成的意見或思考方向不可盡廢，諸如朱德熙、李家浩（1989: 63–64；1995: 193）

---

①清華《管仲》26有字形作，整理者（李学勤主編，2016: 117）原隸定作“彗”讀爲“祟”。趙平安（2016: 183–184）認爲上當爲二毛形的同形繁体，下爲攴，當即“攷”的繁體，讀爲“冒”。今暫從其説。

②顔世鉉（2014: 424–426）又贊同裘錫圭所説的“翟”是“能”的繁化古體，但同時又認爲其上部的“羽”形即“翼”字的初文，是經過“聲化”而形成的聲符。所以對於“翟”，顔氏分析爲以初文“能”字爲主體，再加上一個由聲化而來純粹表音的聲符“羽（翼）”。

③劉雲：《釋“鷁”及相關諸字》，復旦大學出土文獻與古文字研究中心網站2010年5月12日，http://www.fdgwz.org.cn/Web/Show/1147。後引劉雲意見皆出自此文，不再贅註。

曾指出“⿱羽能”當是从羽、能聲，“翼”字異體；孔仲温（1997: 579-583）、陳偉武（1997: 652-657）等認爲“⿱羽能”即“熊”的繁形古體。

綜上可見，學界目前對於“⿱羽能”字構形的探究大概可以分爲兩個方向：一是從歷時角度認爲其與甲骨金文中釋爲“熊”或“能”的字有關聯；一是從共時層面將其分析爲一個形聲結構，或从“彗”省聲，或从“羽”聲等。我們認爲這兩方面意見皆有其合理成分（見下）。

二

楚文字中常見的“⿳羽日能”字字形及其文例作：

（1）：臣見遺者弗逡（復），⿳羽日能（翌）明而反（返）之，臣亓（其）歸（歸）而言之。（清華《子儀》19）

（2）：☐伓=膺=宓=心=之=疾=（背膺悶心之疾，背膺悶心之疾）迖（速）瘳迖（速）瘻（瘥）。⿳羽日能（翌）日①癸丑，少（小）【臣成】☐（葛陵甲三22、59）

同時，《子儀》同篇又用“㝁”來表示“翌”：

（3）：㝁（翌）明，公遳（送）子義（儀）。（清華《子儀》10）

清華《四告》又有一個字形及文例作：

（4）：⿳羽日能（翌）日，亓（其）會邦君、者（諸）侯、大正、尐=（小子）、帀（師）氏、御（御）事，箴告孔=（孺子）甬（誦）。（《四告》10）

《四告》整理者（黄德寬主編，2020: 110）並未將其隸定作楚文字常見的表示“翌日”的“⿳羽日能”，而是隸定作“曩”。根據（4）形，石小力（2022）認爲“⿱羽能”當釋爲“翼”字。“⿱羽能”字所从的“能”形是由甲骨文羽翼之“翼”的象形初文演變而來。“⿱羽能”字从羽，翼聲，是爲羽翼之“翼”所造的形聲字。此説有頗多可取之處，讀後獲益匪淺。因石小力文所涉字形衆多，爲了説明問題，我們先從所涉甲骨文字説起。

①目前學界對於此句中“⿳羽日能”字的解釋還有争議，詳可參見沈培（2014: 318-334）。

甲骨卜辭多見“翌日”，用表第二天。其中用作“翌”的字作如：

A.（《合集》0154）（《合補》1590）（《合集》27221）（《合集》34680）

B.（《合集》20819）（《合集》34547）（《合集》22655）（《合集》22065）

C.（《合集》28459）（《合集》28905）（《合補》9330）（《合集》3336）

以上三類字形在卜辭中有較明顯的類組差異（王子楊，2013: 68）。商金文或如作册𡊄卣（《集成》5414）作，與“日”連用。西周金文中的用表“翌日”之“翌”作如：

D1.（小盂鼎，《集成》2839）　D2.（麥尊，《集成》6015）

D3.（霸伯尚盂，《考古學報》2018年第1期）

石鼓文《吾水》篇亦有“翌日”，其字形作：

D4.

以上諸形，羅振玉、王國維、唐蘭等古文字學家有詳論，其中以唐蘭所論最詳（參見于省吾，1996: 1856-1860）。就演變序列來看，唐蘭認爲B、C兩類在A類字形基礎上增添“日”或“立”，D1則變作从日、C聲，文義均指向《説文》訓爲“明日”之“昱”（从日，C省聲），這是可信的。因傳世文獻中用表“翌日”之“翌”的字又多作“翌”或“翼”，所以上揭字形往往有兩種隸定方式或説是二讀，即或从“羽”，或从“翼”。學界將其隸定作从“羽”作的根據或即《説文》“翌”从“羽”作，所以A形也可隸定作爲“羽”，然姚孝遂等（參見于省吾，1996: 1871）按語中也指出“小篆爲已經訛變之形體，且《説文》訓‘翌’爲飛皃，難以據此推斷古文字初形之所象”。因此，目前學界也更傾向將上揭甲骨金文字形釋爲从“翼”作，[①]字形上的依據如下：

E1.（㸚戒鼎，《新收》1454）　E2.（毛公鼎，《集成》2841）

①劉釗（2014: 664-666）即將A-C隸定作“翼”以及从“翼”字。裘錫圭（2013: 6）也指出，古文字中{翼}的象形作A，象鳥或蟲子的翼，在假借表示明天講的{翌}時，有時加注“日”旁作B。

E3.（毛伯曩簋，《集成》4009）

學界舊多認爲E皆當从“巤”作。E1和E2兩字皆表賞賜品“鉤”，吴振武（1998）首先指出E1左下即爲“羽翼”之“翼”的象形寫法，右邊从“丩”，E2亦如是，只不過這一象形的寫法的上部被改造成了“㠯”聲，“㠯”“翼”古音相近可通。[1]可信。相比較E3，E2从“㠯”聲可與“能”从“㠯”聲相類比，即于省吾所認爲的象形表意字中含有部分表音成分。同時，徐寶貴（2008: 803）亦認爲D4形上增益“㠯”表聲。

上揭从“翼”作的字，由於其下部形體與“巤”下部近似，因而也導致過去長期被誤釋爲“巤”。目前古文字中“巤”以及从“巤”作的字如：

（師寰簋，《集成》4313.1） （師寰簋，《集成》4313）

（巤季簋，《集成》2585） （石鼓文《吾車》）

（好蚉壺，《集成》9734） （《璽彙》2588）

（清華《成人》22） （清華《行稱》06）

（清華《子儀》09）[2]

由於《説文》小篆“巤”字作，下部爲朝右的兩爪形，與“能”字下部所從的“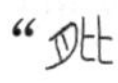”相類，石小力（2022）因此推測D類字形下部亦可演變爲楚簡的“能”形，即楚文字中用表“翌日”義的“翼”从日、能，應是“翌日”之“翌”的異體。由此，石小力又進一步推定“翼”下所从的“能”也是由甲骨金文中的“翼”字演變而來。

今按：秦文字中从“巤”作的字多見，諸如：

（《秦印文字彙編》149） （《秦漢印章封泥文字編》347）

（關沮347） （關沮353）

（睡虎地《秦律雜抄》27） （《珍秦齋藏印・秦印篇》47）

由上可見，其右側所从“巤”與西周金文同屬一路，《説文》小篆“巤”下部作“”，我們有理由相信其當是由於“巤”的下部筆畫發生斷裂而訛變形成的。

①田煒（2013: 172）也指出“鉤”“口”古音非常相近，E2字形中的“口”可能也兼有表聲的作用。

②此形亦有研究指出當釋爲从“扁”説，今暫從整理者意見。

按照石文所論，其構擬的兩條類比演變路徑應作：

a./b.
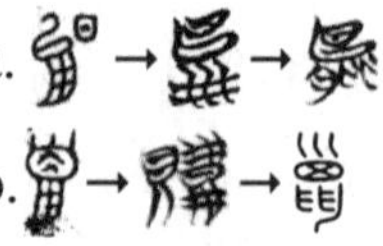

然而，我們可以發現，這種類比的演變路徑中的字形其實並不在同一時空平面上，《四告》中與（4）同屬一個書手所抄的“罷”字作（簡05），即屬常見寫法，（4）下部可能僅是“”的省減錯訛。同時，楚文字中“𦠦”字左側也從未有“肉”形，而“罷”的“前世”能否如“𦠦”的演變，也就是説能否用“𦠦”作類比演化的旁證尚需進一步驗證。綜上所論，我們認爲，在目前字形演變的關鍵證據鏈缺失的情況下，“罷”下所从“能”形來源於甲骨金文中的“翼”可備一説。

三

上揭（3）用“䏍”形表“罷”字，這一點是特别需要注意的。在書寫不誤的情況下，那麽（1）與（3）則爲異體避複，“罷”字上部从義符“日”，讀爲緝部的“翌”，這也就可以説明“罷”字似應有“䏍”音，而“罷”似即可看作从日、䏍省聲的字。[①]

我們知道，楚文字中“能”在參與構形的合體字中，其實已經是一個類化的符號，有多種來源。戰國文字中“𦠦”以及从其作的字形及文例諸如：

L1.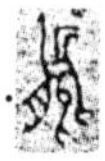（黝鐘，《新收》0482） L2.（清華《芮良夫毖》15）

L3.（望山M2：13）

L4.（曾侯乙鐘架掛件鍵釘，《曾侯乙墓》572頁圖14.9—12[C65中二2]）

L5.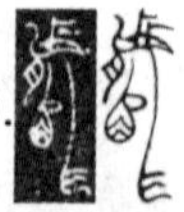（曾侯乙鐘中室C65下一3背面鉦部，《集成》0288）

L6.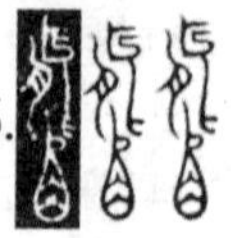（曾侯乙鐘中室C65下二2背面鉦部，《集成》0290）

①劉雲認爲“罷 ”是从日、罷 省聲的字，與我們不同。

L7.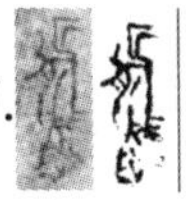（曾侯乙鐘中室C65下二2正面左鼓，《集成》0290）

L8.（曾侯乙編鐘中室C65下二3，《集成》0291）

L9.（曾侯乙編鐘中室C65中三6反面右鼓，《集成》0326）

L10.（清華《四告》40）

上揭L1字形，整理者趙世綱（1991：362）引裘錫圭意見釋爲“贏”，贏通盈，與“少”對用，引申爲樂音有高低之分。李家浩（2013：72）從之。L4－L9諸形，整理者裘錫圭、李家浩（1989：532－560）也皆釋爲“贏”。以上釋“㒻”以及从“㒻”的字應是可信的。

同樣，L2－L7所从“㒻”則與“角”組合成“贏”字，L8下部从二虫，除了L1、L5－L7中“㒻”還保留部分原始形狀外，其他與部分金文字形一脉相承。L2－L4字形除去“角”形，“㒻”上部的鬣毛訛變之形省略，其已與楚文字中的“能”形無異。另外，新發表的L10，即使“角”處於“㒻”下部，與L1、L5－L9中“㒻”相比，亦省去上部的鬣毛，這是需要注意的。

隨着時代的發展，其他从“㒻”的字下部也不斷發生類化，逐漸與“能”形靠攏，諸如春秋晚期的子季嬴青簠“嬴”字作（《集成》4594），除去“女”旁外，已與L1無異，説明至少在春秋晚期“㒻”已經完成了向“能”形的類化。過去部分研究者多將子季嬴青簠“嬴”隸定作“罷”，並未注意“罷”“㒻”二者之間的細微差異。

戰國文字中L1、L9字形中“能”字上部的“⺁”當即鬣毛或足形的訛變，如果發生傾斜，也就會造成與“奞（熊）”字同形。李孝定（1982：405）曾指出“㒻”“奞（熊）”蓋因形近而多混訛。新出清華《參不韋》有字形作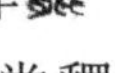（簡25）、（簡123），與通常所見的“奞”形同，黄德寬（2022）指出其當釋爲“㒻”，讀作“欽”。① 同時，由上也可見，楚文字中的“罷”上所謂的羽形方向皆朝左，而“㒻”中所謂的“能”形上部鬣毛的訛變之形則皆朝右，這是二者明顯的區別。

由此，我們認爲，既然L2－L4中“贏”所从的“角”位於其上部時，由於空間所限，所从“㒻”形則往往省略其上部的“⺁”（或訛變作“大”）而變得與“能”形無異。如是，“䶮”形也可能與“贏”形一樣，上部在曡增“日”爲義符的同時，

①此條蒙匿名審稿專家指出，特此申謝。

下部所从的“能”形應即“㲋”字的省變，僅是與“能”字同形而已，而並非學界通常所認爲的从日、能聲。

按照這樣理解，一方面可以解釋《子儀》篇何以用“㲋”來表示“罷”，“㲋”應即“罷”的省體，其文字學的解釋即：古文字形聲結構中的字，多可省形符而僅以其聲符來表示這個字，例多不贅；另一方面也可以將學界通常所認爲的“㲋”爲“能”的繁寫等觀點溝通起來，也不割裂學界一直以來所認識的“罷”與“熊”的緊密聯繫。

裘錫圭（2012：557）在評價宋華强《釋史牆盤銘文的“戠”》一文時曾指出：

> 宋先生相信“罷”字从“羽”“能”聲，乃“翼”之異體的舊説，而且顯然不認可“能”爲“熊”之本字的説法。他完全把“罷”和“㲋”割裂開來，認爲“㲋”是完全不同於“罷”的“熊”字。因此他認爲E（引者按：即史牆盤“”，下同）的左旁也是“熊”字，前人把它看作“能”字，是不正確的。其實從字形演變的情况來看，E的左旁没有問題是“能”。我們只能根據E的“能”旁，來肯定“㲋”在字形上跟“罷”一樣，也是“能”的一個“繁形古體”。由於“能”本是“熊”的本字，以“能”的異體來表示“熊”這個詞或音，是很合理的。饒宗頤先生在讀“㲋”爲“熊”的同時，仍認爲它是“能字之繁形”，①這是對的。我們决不能因爲“㲋”應讀爲“熊”，就把E所从的“能”説成“熊”。“㲋”和“罷”都是“能”的“繁形古體”，它們之間是同源異流的關係。

裘錫圭（2012：558）又進一步指出，楚文字中的“能”字常見，楚人之所以要保留“㲋”“罷”兩個“能”字的“繁形古體”，其主要目的顯然是爲了分化文字的職務。目前已公布的材料並未有“㲋”“罷”兩者相混用的現象，以“㲋”表“熊”，其作用與借“熊”表示“能”的本義類似。

學界通常認爲“罷”是从“熊”的象形初文（即《屯南》2169之）演變而來、“能”是“熊”的古體本字，從古文字的構形發展規律來看，我們認爲是合理可從的。雖然我們並不完全贊同宋華强將“㲋”“罷”完全割裂開來，但在字形上，宋文敏鋭地注意到了“罷”之“羽”與“㲋”之“𠂆”方向完全相反這一點是不容忽視的。

楚文字之所以要保留“㲋”“罷”兩個獨立的字形，可能正如裘錫圭所言，主要是分化文字的目的，但是我們也認爲“罷”上面的“羽”形或已並非裘文所認爲的“熊”身上的長毛。我們知道，文字的構形與運用之間是矛盾統一的，兩者之間相互影響。楚文字中从“羽”作的字多見於遣策類文獻中，結構上多上从羽，下部表聲。對比“羸”下所从之“㐬”、“羸”下所從之“㲋”用作聲符時皆省變作“能”，楚

①引注：參見饒宗頤（1993：230–231）。

文字“翟”可能也已經歷了“重新分析”以及“構字理據重構”的過程，與尚屬象形階段的“奄”分別表示不同的詞，不是一字異體。所以，從某種角度而言，朱德熙、李家浩（1989: 63- 64；1995: 193）等當初將“翟”看作是上形下聲的形聲字還是很有道理的。同時，文字的分化往往也是以聲音爲紐帶，用來維繫母字與新字之間的關聯，所以“翟”“奄”二字之間的語音應該是相同或相近的，只是新字在形體上稍作改變。基於以上推論，我們認爲“翟”可能是一個从羽（“𠂋”形的改造）、奄聲的字，在楚文字中專表“一”字。

四

上已論及，“能”在參與構形時已是一個類化符號。如果我們認爲“翟”“罷”二字下部的“能”是“奄（熊）”省形的話，這也就會涉及“能”是否有“熊”音的問題。通常認爲，“熊”的上古音歸在蒸部，而“能”則有之部、蒸部兩讀。李新魁（1994:445）、麥耘（2020:146-150）等古音學家指出“熊”上古音本在侵部，只是後來才轉變爲蒸部，進而推測“能”也可能經歷了如此過程。

目前已發表的楚文字資料中，除“奄”“翟”外，“能”以及從其作的字多與“之部”相關字發生關係，其字形及文例如下：

（5）：民又（有）余（餘）飤（食），無求不曼（得），民乃賽（息），喬（驕）能（態）訇（始）复（作），乃立咎（皋）⿰土匋（陶）㠯（以）爲⿱來子（李）。 （上博《容成氏》29）

（6）：反=（板板）亓（其）亡（無）成，甬（用）㞷（皇）可畏。悳（德）型（刑）態（怠）絉（術），民所訞（效）⿰言匕（比）。 （清華《芮良夫毖》19）

（7）：晨（振）若（若）敘（除）態（慝），冒神之福，同民之力，寺（是）名曰悳（德）。 （清華《殷高宗問於三壽》16-17）

（8）：宅大心張，⿱山兀（美）外⿺辶能（怠）[①]訡（矜），乃自達（失）。 （清華《子産》08）

以上“能”以及从“能”作的字應訓讀作之部字，説明楚文字時代這類“能”字或已是之部字，並不與緝、侵二部發生關係，而“熊”的侵部字的音似也僅保留在

①原整理者括注爲“態”，今從單育辰（2017: 213）讀爲“怠”。

“奤”的省形類化符號“能”中，與緝部字的“一 / 壹”發生關係。①

詛楚文“楚王熊相”之“熊”作，上从能、下从火，目前已公布的楚文字材料亦可見從“奤”字分化的例證，在“奤”下加“火”旁表“熊”字：②

（9）：爲㷱（熊）羿（旗）大夫出，爲鼩（豹）羿（旗）士出。

（清華《晉文公入於晉》06）

“熊”字从“奤”作。據研究，《子儀》與《晉文公入於晉》爲同一個書手所抄，這至少可以説明該書手的知識儲備中，“䎀”與“㷱”等皆是可从“奤”得聲的。

此外，郭店簡中還有一處字形及文例：

（10）：能〈翼-一〉与（與）之齊，終身弗改之壴（矣）。

（《六德》19）

陳偉（1998）認爲簡文中的“能”與《禮記·郊特牲》“壹與之齊，終身不改”之“壹”字相當，故將“能與之齊”讀爲“一與之齊”。“一 / 壹”在文中用爲程度副詞。裘錫圭（2012：554）認爲此簡中的“能”讀爲“壹”，“壹”“一”同音通用，“翼”“能”都可讀爲“一”。這對其説“翼”是“能”的繁形古體，是非常有利的。陳偉（1998）指出，如果此處“能”不是脱寫上部的“羽”，就應是“翼”的假借。我們認爲，既然獨立使用的“能”在楚文字中已訓讀爲之部字，那麽此句中用表“一 / 壹”的“能”或應看作“翼”字的訛寫爲宜。

綜上，總結一下本文的主要觀點：

一、楚文字中“㬳”已與“奤（熊）”字同形，“嬴”所从的“角”置於上部時，由於空間的限制，下部的“㬳”往往省略其上部鬣毛，而變得已與“能”字同形。清華《子儀》中表“翌日”的“翌”既可用“䎀”字又可用“奤”字，同時根據楚文字中从“羽”作的字多爲上形下聲這一現象，我們認爲“䎀”或當分析爲从日、奤省聲，由此也推測“翼”或應分析爲从羽、奤省聲。這樣理解，既不割裂過去學界所指出的“翼”字與“奤（熊）”字在形體上密切聯繫，同時也使得《子儀》篇中用“奤”來表示“䎀”字得到了合理的解釋。

① “一/壹”古音一般歸質部，北大漢簡《妄稽》01“辭讓送揖，俗莭（節）理義（義）”，整理者將“揖”讀爲“揖”，兩者可通。由此，“一/壹”或許也經歷了從緝部轉入質部的過程。“翼”讀爲“一”或“㠯”，緝、侵二部陰入對轉。匿名審稿專家指出，兩漢時期“壹”已是質部字，所以北大簡“揖”應如字讀，而不能讀作“揖”。感謝匿名審稿專家賜示，謹致謝忱！

②對於何以“能”下加“火”旁表“熊”，季旭昇（2014）有專門討論，羅列幾種可能的解釋，可參看。同時，清華《四時》41“水”，清華《治政之道》28作“水”，此異文或許可以揭開楚文字“䏍”“翼”何以表“一”的疑問。

二、根據目前已發表的楚文字資料，除“罷 ”“罷”中的“能”外，其他“能”以及从“能”作的字則多讀爲之部字，“熊”字的古侵部似僅保留在“罷”“罷”等形的“能”中。

以上是我們對於楚文字“罷”以及相關字的一些認識，所論是否可以成立，還請方家指正。

引書簡稱表

合集	甲骨文合集	**集成**	殷周金文集成
合補	甲骨文合集補編	**屯南**	小屯南地甲骨
新收	新收殷周青銅器銘文暨器影彙編	**璽彙**	古璽彙編
清華	清華大學藏戰國竹簡	**曾侯乙**	曾侯乙墓竹簡
上博	上海博物館藏戰國楚竹書	**望山**	望山楚簡
郭店	郭店楚簡	**葛陵**	新蔡葛陵楚墓竹簡
關沮	關沮秦漢墓簡牘	**睡虎地**	睡虎地秦墓竹簡

參考文獻

陳　偉　1998　《郭店楚簡別釋》，《江漢考古》第4期。

陳　偉　2002　《〈大常〉校釋》，《郭店竹書別釋》，湖北教育出版社。

陳偉武　1997　《戰國楚簡考釋斠議》，《第三屆國際中國古文字學研討會論文集》，香港中文大學中國文化研究所、中國語言與文學系。

何琳儀　2000　《郭店楚簡選釋》，《文物研究》（第12輯），黄山書社。

侯建科　2022　《楚文字疑難字考釋史研究》，清華大學博士學位論文。

黄德寬（主編）　2020　《清華大學藏戰國竹簡（拾）》，中西書局。

黄德寬　2022　《清華簡〈三不韋〉“肁明”解——兼説金文中的“粦明”》，《出土文獻》第4期。

季旭昇　2004　《從新蔡葛陵簡説“熊”字及其相關問題》，《臺灣“第十五屆中國文字學學術研討會”論文集》，臺灣輔仁大學中文系。

孔仲温　1997　《楚簡中有關祭禱的幾個固定字詞試釋》，《第三屆國際中國古文字學研討會論文集》，香港中文大學中國文化研究所、中國語言與文學系。

李孝定　1982　《金文詁林讀後記》，“中研院”歷史語言研究所專刊之八十。

李新魁　1994　《音韻學與中國古代文化研究》，《李新魁語言學論集》，中華書局。

李　零　1986　《楚國銅器銘文編年匯釋》，《古文字研究》（第13輯），中華書局。

李天虹　2000　《郭店楚簡文字雜釋》，《郭店楚簡國際學術研討會論文集》，湖北人民出版社。

李天虹　2012　《楚國銅器與竹簡文字研究》，湖北教育出版社。

李家浩　2013　《歜鐘銘文考釋》，《著名中年語言學家自選集•李家浩卷》，安徽大學出版社。

李守奎　曲　冰　孫偉龍　2007　《上海博物館藏戰國楚竹書（一～五）文字編》，作家出版社。

李學勤（主編）　2010　《清華大學藏戰國竹簡（壹）》，中西書局。

李學勤（主編） 2016 《清華大學藏戰國竹簡（陸）》，中西書局。
劉 釗 2013 《"瘳"字源流考》，《書馨集——出土文獻與古文字論叢》，上海古籍出版社。
劉 釗（主編） 2014 《新甲骨文編》（增訂本），福建人民出版社。
劉國勝 1999 《郭店楚簡釋字八則》，《武漢大學學報》第5期。
麥 耘 2020 《"熊"字上古音歸侵部補注》，《出土文獻綜合研究集刊》（第12輯），巴蜀書社。
孟蓬生 2015 《"咸"字音釋——侵脂通轉例説之二》，《出土文獻與古文字研究》（第6輯），上海古籍出版社。
裘錫圭 李家浩 1989 《曾侯乙墓鐘、磬銘文釋文與考釋》，《曾侯乙墓》，文物出版社。
裘錫圭 2012 《"東皇太一"與"大㚃伏羲"》，《裘錫圭學術文集》（簡牘帛書卷），復旦大學出版社。
裘錫圭 2013 《文字學概要》（修訂本），商務印書館。
饒宗頤 1993 《長沙子彈庫楚帛書研究》，《楚地出土文獻三種研究》，中華書局。
沈 培 2014 《再説兩個楚墓竹簡中讀爲"一"的用例》，《承繼與拓新：漢語語言文字學研究》，商務印書館（香港）有限公司。
石小力 2022 《説戰國楚文字中用爲"一"的"翼"字》，《中國語文》第1期。
單育辰 2017 《清華六〈子産〉釋文商榷》，《出土文獻》（第11輯），中西書局。
唐 蘭 1981 《殷虚文字記》，中華書局。
田 煒 2013 《西周金文字詞關係的共時和歷時考察》，《出土文獻與古文字研究》（第5輯），上海古籍出版社。
吴振武 1998 《㷉戒鼎補釋》，《史學集刊》第1期。
王子楊 2013 《甲骨文字形類組差異現象研究》，中西書局。
王志平 2008 《"䶮"字的讀音及相關問題》，《古文字研究》（第27輯），中華書局。
徐寶貴 2008 《石鼓文整理與研究》，中華書局。
于省吾（主編） 1996 《甲骨文字詁林》，中華書局。
顔世鉉 2000 《郭店楚簡散論（一）》，《郭店楚簡國際學術研討會論文集》，湖北人民出版社。
顔世鉉 2014 《説楚簡從"能"諸字的讀法及其對古書的校讀》，《承繼與拓新：漢語語言文字學研究》，商務印書館（香港）有限公司。
朱德熙 李家浩 1989 《鄂君啓節考釋（八篇）》，《紀念陳寅恪先生誕辰百年學術論文集》，北京大學出版社。
朱德熙 1995 《朱德熙古文字論集》，中華書局。
趙世綱 1991 《淅川下寺春秋楚墓青銅器銘文考索》，《淅川下寺春秋楚墓》，文物出版社。
趙平安 2016 《清華簡第六輯文字補釋六則》，《出土文獻》（第9輯），中西書局。
鄭 剛 2004 《楚文字中的"一"字》，《楚簡道家文獻辨證》，汕頭大學出版社。
鄭 偉 2007 《古代楚方言"䶮"字的來源》，《中國語文》第4期。

Re-discussion of the Character *Yi* (䨻) in Chu script

Hou Jianke

Abstract: Since the publication of Guodian Chu slips, we have known that *yi* (䨻) can represent *yi* (一) in Chu script, but to this day, the issue of structure of *yi* (䨻) remains up in the air. Based on the synthesis of opinions of various scholars with the feature that the lower part of those characters in Chu script such as *yi*（𣄸）and *yi* (贏/羸), etc., all assimilated into the form *neng* (能), and the phenomenon that *yi* (𣄸) and *yi* (䏌) in the *Zi Yi* (《子儀》) of the Tsinghua bamboo slips can both be used to indicate *yi* (翌), this article infers that *yi* (䨻) may be analyzed as a character derived from *yu* (羽) and an abbreviated form of *yi* (䏌) as a phonetic component, and that *yi* (𣄸) should be analyzed as a character derived from *ri* (日) and an abbreviated form of *yi* (䏌) as a phonetic component.

Key words: *Yi* (䨻); *Yi* (𣄸); *Yi* (䏌); *Neng* (能)

（侯建科，四川大學文學與新聞學院　四川　610207）

睡虎地秦簡《日書甲種·詰》“湔以灰”之“湔”再議*

方一新

摘　要：睡虎地秦簡有多個“湔”的用例，解者或改爲“漬”“噴”，或破讀爲班、布，有施、布、敷之義，均有可商。經分析詞義，比對文例，本文認爲應該讀作“坌”，義爲潑灑、覆蓋，方合文義。

關鍵詞：睡虎地秦簡；日書；湔；坌

在對秦漢簡帛等出土文獻進行整理時，需要對當時的語言詞彙有較深入的系統瞭解和研究，知道當時一些語詞的習慣表達法，不然不容易判斷正誤，甚至可能得出錯誤的結論。這裏舉睡虎地秦簡“湔”爲例，以窺豹一斑。

在睡虎地秦簡《日書甲種·詰》篇中有一“湔”字，共4見：

（1）殺虫豸，斷而能屬者，**湔**以灰，則不屬矣。（《秦簡牘合集［壹］》①《睡虎地11號秦墓竹簡·日書甲種·詰》，簡62背壹）

（2）人生子未能行而死，恒然，是不辜鬼處之。以庚日日始出時丨**湔**門以灰，卒，有祭，十日收祭，裹以白茅。（同上，簡52背貳-53背貳）

（3）鬼恒嬴（裸）入人宫，是幼殤死不葬，以灰**湔**之，則不來矣。（同上，簡50背貳）

（4）其骨有在外者，以黄土**湔**之，則已矣。（同上，簡30背叁）②

---

*本文爲教育部人文社科重點研究基地重大項目“中古專類文獻詞彙研究——以道經、佛典、史書爲中心”(20JJD740002)的階段性成果。論文曾在“漢語史研讀會”上報告過。在寫作過程中，得到了岳曉峰、王竹勳兩位的幫助，竹勳出力尤多，特此致謝。

①以下引用睡虎地秦簡辭例皆以此書爲底本。

②這4例含“湔”字文句的大意是：（1）斬殺蟲蛇類動物，其身首分離後又能自行連接；往斬斷身子的蟲蛇潑灑土灰，它就不能相連了。（2）孕婦産子，未及生産就死了，這種情況經常出現，這是因爲不辜鬼附體孕婦造成的。在庚日早晨太陽始出時，在家門口抹灑灰後，祭祀鬼神，過十天結束祭祀，把祭品裹上白茅。（3）鬼經常裸身進入人的房屋，這是夭死的孩子没有安葬而出來作祟。用灰潑灑到裸鬼身上，它就不會來了。（4）把野外裸露的小兒骨骸，用黄土潑灑上，嬰兒鬼就會停止哭號了。譯文參考了吴小强（2000：140-143）。

例（1）下，睡虎地秦墓竹簡整理小組（1990）：“湓，疑爲漬字之誤。”劉樂賢（1994: 239）：“鄭剛云：‘本篇湓字有施、布、敷之義，讀爲班、布。’鄭説可從。”劉釗（1995）：“‘湓’無疑應讀作‘坌’，用作‘蒙蓋’‘覆被’之義。”吴小强（2000: 135）：“湓，疑爲‘漬’字。或爲‘噴’字。”

例（2）下，湓門以灰，王子今（2003: 409-410）：“在門上拋灑灰。由於灰輕微易於漫颺的性質，這一動作稱爲‘湓’，與‘噴’有相近的地方。”如上所引，上揭睡虎地秦簡“湓以灰”“以灰湓之”“湓門以灰”等的“湓”，約有四説，兹以發表年代爲序，條陳如下：

其一，讀爲班、布，有施、布、敷之義。劉樂賢（1994: 239）、鄭剛（參看劉文所引）。

其二，讀作“坌”，用作“蒙蓋”“覆被”之義。劉釗（1995）。

其三，（疑）爲“漬”字之誤。睡虎地秦墓竹簡整理小組（1990: 217）、吴小强a（2000: 135）。

其四，或爲“噴”字/與“噴”有相近的地方。吴小强b（2000: 135）、王子今（2003: 409-410）。

按：上述四説中，有直接釋義者，有破假借者，有先校正文字、後釋義者，聚訟紛紜，莫衷一是。

筆者反復比較各例，結合上下文後認爲，上述四説，多有可商者，僅第二説爲可取；姑舉述、辨正如下：

首先，“湓”不可能是“漬”，因爲“漬$_1$”（zì，《廣韻》疾智切）的本義是腌漬、浸泡，由於該動詞的賓語是“灰”，因此“湓”應表示潑灑一類的含義，而表浸泡義的“漬$_1$”明顯不合。“漬$_2$”（sè，《類篇》色責切）是雨或泪灑落，文獻用例偏晚，也非此義。吴氏改字説不可從的另一原因是，如果只有個别“湓”字，謂其是訛字或有可能，但《詰》篇“湓”字4見，都是訛字的可能性極低。

其次，也不可能讀作班、布，原因是：（1）班、布與“湓”的聲、韻均稍遠；（2）詞義也不太吻合，班、布當然可作施、布、敷義用，但僅爲一般用法，並非用於對粉末狀物品的拋灑、潑灑等場合。

最後，不可能是“噴”，“噴”是“（液體、氣體、粉粒狀物體等）受壓力而急速逸出”，而“湓”則是用承載工具（如簸箕等）拋灑、撒潑義，[①]二詞詞義相左，並不吻合。

因此，只有第二説即劉釗所説，讀作“坌”，意思是潑灑、覆蓋（潑灑與覆蓋

①“湓”有噴義（《廣韻·魂韻》：“湓，噴潩也。普魂切。”），但是指水流噴涌，與灰之潑灑義關係不大。

義本相因），方能允貼合拍。

今按：秦漢以降，文獻中有一個動詞“坌”，用例較多。“坌”後常接“灰”“塵”一類的賓語，作潑灑、抛擲、覆蓋義的動詞用，才在詞義、語音兩個層面都比較熨帖、合拍。劉釗（1995）謂：“秦簡中的‘濆’應該讀作‘坌’”，甚是。

先看語音。

“濆”有兩個讀音，濆1的語音地位是：音fén，《廣韻》符分切，平文，奉。

“坌”也有兩個讀音，而坌1音bèn，《廣韻》蒲悶切，去慁，並。

從音韻地位看，二字的聲、韻並近。聲母方面，古無輕唇音，非敷奉微讀作幫滂並明，奉、並一也。韻母方面，濆1（fén）屬平聲二十“文”，而坌1（bèn）屬去聲二十六“慁（hùn）”，韻母也較近。因此，讀“濆1”爲“坌1”，動詞，比較符合二詞的音義關係，也符合“坌”在此處的詞義變化。

次看文獻用例，古从“分”之字與从“賁”之字常常相通。

傳世文獻如：

蚡與賁

《左傳》宣公十七年：“苗賁黄。”《説苑・善説》作“釁蚠黄”。《春秋》昭公五年：“戊辰，叔弓帥師，敗莒師于蚡泉。”蚡泉，《穀梁傳》作“賁泉”。

蚡與濆

《春秋》昭公五年：“戊辰，叔弓帥師，敗莒師于蚡泉。”蚡泉，《公羊傳》作“濆泉”。

蚡與墳

《周禮・地官・草人》：“墳壤用麋。”漢鄭玄注：“故書墳作蚡。”

芬與墳

《管子・地員》：“青怵以肥，芬然若灰。”唐尹知章注：“芬然，壤起貌。”又：“五壤之狀，芬然若澤、若屯土。”尹知章注：“言其土得澤則墳起爲堆，故曰屯土也。”清朱駿聲《説文通訓定聲・屯部》：“芬，假借爲墳。”

紛與濆

《楚辭・劉向〈九嘆・逢紛〉》：“波逢洶涌，濆滂沛兮。”宋洪興祖《楚辭考異》：“濆，一作紛。”

忿與憤

《史記・汲鄭列傳》：“黯時與湯論議，湯辯常在文深小苛，黯伉厲守高不能屈，忿發罵曰：‘天下謂刀筆吏不可以爲公卿，果然。’”忿發，《漢書・汲黯傳》作“憤發”。是“忿”“憤”相通。

出土文獻用例也不乏用例，如：

芬與豶

《周易·大畜》：“六五：豶豕之牙，吉。”豶豕，指去勢的豬。《上海博物館藏戰國楚竹書》三《周易》簡23作“芬豕”，[①]“芬”讀作“豶”。

汾與墳（墳）

《馬王堆漢墓帛書［肆］·養生方》第74行：“治中者，以汾（芬）困（菌）始汾以出者，取，□令見日，陰乾之。”後“汾”字，整理者釋爲通“墳（墳）”，指（長）起來。[②]

以上均其例。

再看詞義，秦漢魏晉以來，“坌”常用在“灰”一類粉末狀的名詞上，表示拋灑、潑灑（某種灰或塵土），使之覆蓋於物體之上，用例較多。

（5）題晉干寶（明人輯佚）《搜神記》卷一八“怒特祠”條：“（秦時）有怒特祠，祠上生梓樹。秦文公二十八年，使人伐之，輒有大風雨，樹創隨合，經日不斷。……士疲還息。其一人傷足，不能行，卧樹下，聞鬼語樹神曰：‘……秦若使三百人被髮，以朱絲繞樹，赭衣灰坌伐汝，汝得不困耶？’神寂無言。明日，病人語所聞。公於是令人皆衣赭，隨所創，坌以灰。樹斷，中有一青牛出，走入豐水中。”（汪紹楹校注本216頁）“坌以灰”，即用灰來潑灑、覆蓋。

在中古譯經中，“坌”之此義尤爲常見：

（6）東漢支婁迦讖譯《道行般若經》卷一〇：“自念言：‘今地大有土塵，恐來坌師及諸菩薩，當共灑之。’”（8/474c）

（7）西晉竺法護譯《修行道地經》卷一：“或自睹之華飾墮床，以灰坌身，復取食之。”（15/183c）

（8）姚秦佛陀耶舍共竺佛念等譯《四分律》卷四八：“時摩呵波闍波提聞佛在祇桓精舍，與五百舍夷女人俱共剃髮，被袈裟，往舍衛國祇桓精舍，在門外立，步涉破脚，塵土坌身，涕泣流泪。”（22/922c）

譯經而外，傳世典籍也有用例，如：

（9）《齊民要術》卷九《作菹、藏生菜法第八十八》：“其蕪菁、蜀芥二種，三日抒出之。粉黍米，作粥清；擣麥䴬作末，絹篩，布菜一行，以

①參看白於藍（2017:1317–1318）。

②參看白於藍（2017:1317）。此外，《馬王堆漢墓帛書［肆］·五十二病方·癩》有“賁者一襄胡，潰者二襄胡，潰者二襄胡”等數例，然“賁（潰）”或謂讀作“坌”，或謂應讀作“噴”，尚有分歧，故不列入。

貌末薄坌之，即下熱粥清。”

上揭（6）—（9）各例如“坌師及諸菩薩”“坌身”“坌之”均爲及物動詞“坌”帶賓語。

值得注意的是，“坌”或作“坋”，傳世文獻如漢譯佛經多見用例：

（10）舊題後漢迦葉摩騰共法蘭譯《四十二章經》：“佛言：‘惡人害賢者，猶仰天而唾，唾不污天，還污己身；逆風坋人，塵不污彼，還坋于身。’”(17/722b)

（11）東晉佛陀跋陀羅共法顯譯《摩訶僧祇律》卷一六：“若比丘食時，風吹塵來，坋鉢下草，不坋食者得食，草葉當受。若坋草葉及食者，一切更受。”(22/357c)

（12）劉宋佛陀什共竺道生等譯《彌沙塞部和醯五分律》卷二九：“有諸比丘尼住處失火，佛言：‘應打揵搥，若唱令集，皆共救火，土坋、水澆、以水漬衣撲滅。’”(22/190b)

唐五代的佛經音義書，對“坌”或“坋”字多有訓釋，如：

玄應《一切經音義》卷二《大般涅槃經》卷二二音義“坌之”條：“蒲頓反。《通俗文》：‘埻土曰坌。’《説文》：‘坌，塵也。”（CBETA中華藏56册，843c）

可洪《新集藏經音義隨函録》卷二《道行般若經》卷六音義“垢坋”條：“上古口反，下步悶反。塵著物也。正作坌也。又或作坋，古黠反。”①（CBETA高麗藏34册，663a）

需要指出的是，出土文獻“濆”與傳世文獻“坌”“坋”的結構基本相同，都是“濆、坌、坋＋受事賓語”，如“**濆**以灰（即**濆**虫豸）”“濆門”“以灰濆之（即濆鬼）”“坌身”等，就是把灰、塵土拋灑、塗抹到什麽地方（受事賓語），覆蓋住物體。

另外，我們在睡虎地秦簡中找到了一例“揚灰”，如下：

（13）取故丘之土，29背壹以爲僞人犬，置蘠（墻）上，五步一人一犬，睘（環）30背壹其宫，鬼來陽（揚）灰毄（擊）箕以喿（噪）之，則止。31背壹

（《睡虎地11號秦墓竹簡・日書甲種・詰》）

動賓結構的“揚（灰）”與狀謂結構的“濆”“坌”“坋”等三詞雖有别，但均

①二部音義書所引釋之“坌”有的是名詞，指塵埃，如“埻土曰坌”“垢坋”更是同義並舉。西晉竺法護譯《修行道地經》卷七：“所卧樹下，其影不轉，體諸垢坌，悉爲除去。”舊題三國吴支謙譯《撰集百緣經》卷十：“問訊世尊，見佛塔中有少塵坌，即便掃之。”“垢坌”“塵坌”亦是同義並列，均指灰塵、塵土。

以"灰"作爲驅鬼避邪之工具的功用則相同，[1]很有意思。

因此，睡虎地秦簡《日書甲種・詰》的"漬"應該讀作"坌"，是拋灑、潑灑（某種灰或塵土）後使覆蓋的意思，不應作別的理解。劉釗（1995）已經作出了正確的解釋，可惜不被後之研究者所重視，前引其後幾種觀點都值得商榷。[2]

綜上所述，戰國、秦漢以來的簡帛文獻，出自地下，基本保存了當年抄寫時的原貌，是非常珍貴的"同時資料"（日本學者太田辰夫語），在研究上古後期（戰國-秦-西漢）漢語、中古漢語語言詞彙方面具有重要的學術價值，值得充分重視與發掘。筆者一直以爲，研究漢語歷史詞彙，應該把傳世文獻與出土文獻結合起來，前輩學者如裘錫圭先生等在這方面做了很好的示範，值得效法學習並發揚光大。

附記：拙文排版後，知劉信芳《〈日書〉驅鬼術發微》（《文博》1996年4期）釋"以灰漬之"爲"謂以灰爲墳葬鬼偶"，讀"漬"爲"墳"，是爲第五説，補記於此。此蒙西南大學李發教授檢示，特致謝忱。

看校樣時，知《周家臺秦簡・病方及其他・癰》有"摃"字，所在辭例爲："投米，祝曰：'皋！敢告曲池，某癰某波。禹步摃房，令某癰數去。"王貴元（2009）認為此"摃"字與睡虎地秦簡《詰咎》之'漬'字同義，義爲"揚灑"。此釋義與拙文相近，可以參看。此蒙孟蓬生先生惠告，特致謝忱。

參考文獻

白於藍　2017　《簡帛古書通假字大系》，福建人民出版社。
陳　偉（主編）　2014　《秦簡牘合集（壹）》，武漢大學出版社。
陳　原　2000　《社會語言學》，商務印書館。
高　亨（纂集）　董治安（整理）　1989　《古字通假會典》，齊魯書社。
劉艷娟　王斯泓　張再興　2019　《秦漢簡帛文獻中病愈義字詞計量考察》，《中國文字研究》第1期。
劉樂賢　1994　《睡虎地秦簡日書研究》，臺灣文津出版社。
劉　釗　1995　《談睡虎地秦簡中的'漬'字》，《古漢語研究》第3期。
裘錫圭　2014　《長沙馬王堆漢墓簡帛集成》，中華書局。
沈　剛　2008　《居延漢簡語詞匯釋》，科學出版社。
睡虎地秦墓竹簡整理小組　1978　《睡虎地秦墓竹簡》（精裝本），文物出版社。
汪紹楹　（校注）　1979　《搜神記》，中華書局。
王子今　2003　《睡虎地秦簡〈日書〉甲種疏證》，湖北教育出版社。
王雲路　方一新　1992　《中古漢語語詞例釋》，吉林教育出版社。
魏啓鵬　胡翔驊　1992　《馬王堆漢墓醫書校釋（貳）》，成都出版社。
吴小强　2000　《秦簡日書集釋》，嶽麓書社。

①參看劉釗（1995:55）。
②參看吴小强（2000）、王子今（2003）。

Reconsideration of the Character *Ben* (濆) of Phrase *Ben Yihui* (濆以灰) in the Chapter Jie (詰) of the *Daybook* Version A of the Shuihudi Qin Bamboo Slips

Fang Yixin

Abstract: There are many examples of the character *pen* (濆) in the Shuihudi Qin bamboo slips. Some interpreters change the transcript into *zi* (漬) or *pen* (噴), and others read it as ban (班) or bu (布), meaning to dispense, distribute, or diffuse, which are all open to discuss. Through the analysis of meanings and comparison of usage, this article holds that it should be read as ben (坌), meaning to sprinkle or splash over, to make it congruent with the context.

Key words: Shuihudi Qin bamboo slips; *Daybook* (日書); *Ben* (濆); *Ben* (坌)

（方一新，浙江大學漢語史研究中心 / 文學院　浙江　310028）

睡虎地秦簡《日書》乙種《禹須臾》編聯新議*

張永康

摘　要：睡虎地秦簡《日書》乙種224至237號簡上欄抄寫的《禹須臾》篇與納音五行有關，整理小組和學者以往對該篇簡文的編聯均存在問題。簡文的編聯應在已有研究的基礎上，參考下欄《入官》篇的內容，並按照納音五行干支的排列方式，將227號簡調整至該篇第二簡的位置。結合秦漢簡帛中與納音五行有關的內容，可知納音五行類文本干支的排列有以天干相同成組排列和以干支順序排列兩種類型，反映了《日書》中此類文本面貌的複雜性與多樣性。

關鍵詞：睡虎地秦簡；禹須臾；編聯；入官；納音五行

一、引言

睡虎地秦簡《日書》乙種224-237號簡是分上、下兩欄抄寫的內容，上欄皆是干支，只有簡233抄寫五個時稱名，原無篇題；下欄有篇題“入官”二字抄於簡224上。我們主要討論上欄簡文的編聯，先將整理小組（1990:250-251）的釋文轉録於次：

申、壬申、丙申、戊申。辛酉、癸酉、乙酉、丁酉、己酉。□【卯】、癸卯、乙卯、丁卯、己☑庚寅、壬寅、戊寅。己丑、辛丑、癸丑、乙丑、丁丑。壬子、甲子、丙子、戊子、庚子。壬午、甲午、丙午、戊午、庚。癸亥、乙亥、辛亥☑

清旦、食時、日則（昃）、莫（暮）、夕。

己巳、辛巳、癸巳、乙巳、丁巳。癸未、己未、辛未。戊戌庚戌、壬

*項目來源：“古文字與中華文明傳承發展工程”資助項目“出土文獻名物考”（G3609）；國家社科基金重大項目“戰國文字研究大數據雲平臺建設”（21&ZD307）；國家社科基金重大項目“戰國文字詁林及數據庫建設”（17ZDA307）。

小文初稿蒙張惟捷先生、林煥澤先生審閱並指正，提出了很好的建議，一併致謝。文中錯誤由作者承擔。

戌、甲戌、丙戌。戊辰、庚辰、壬辰、丙辰。①

（睡虎地秦簡《日書》乙種《禹須臾》224壹-227壹）

關於本篇的命名與性質，整理小組未作説明。劉樂賢（1994:389-391）、凡國棟（2010:59-75）等對此篇内容皆有過討論，或是囿於相似材料的稀見，而將之定名爲"干支篇"或"五支時辰表"。隨着研究的深入，尤其是類似的内容在多種秦漢簡帛中出現，學界逐漸認識到此篇内容與納音五行有關。王强（2018:251-270）已明確指出本篇的題名應該改作"禹須臾"或"禹須臾行喜"。其説甚是。我們下文以"睡虎地乙種《禹須臾》"指稱此篇。

睡虎地乙種《禹須臾》的性質雖已明確，不過整理小組（1990）的編聯却存在問題。以内容是時稱的簡233爲例，整理小組將之雜廁於前後内容皆是干支的竹簡之間，顯得不倫不類，明顯不合理。②在整理小組的基礎上，學者也提出多種新的編聯方案，但均存在一定的問題（詳見下文）。可以説，截至目前，睡虎地乙種《禹須臾》的編聯問題尚未徹底解决。

二、睡虎地乙種《禹須臾》的編聯與簡序調整

睡虎地乙種《禹須臾》現存簡共13支，由於内容記録的是干支與時稱，缺少可靠的定點坐標，因而據其内容本身難以排定簡序，只能通過下欄《入官》篇的内容加以推定。凡國棟（2010:59-75）在編聯上欄《禹須臾》時已經參照了下欄《入官》的内容，他最終將簡序排定爲：

227、224、225、226、236、237、228、234、229、230、231、235、233

與整理小組的編聯相比，凡國棟先生的編聯方案兼顧到了上下欄的内容，同時將内容爲時稱的簡233調至篇末，使抄寫干支的簡文排在一起，顯然合理了很多。

王强（2018）質疑據睡虎地秦簡甲種《入官》篇與孔家坡漢簡《入官》來排定乙種《入官》的簡序，進而再編聯《禹須臾》的合理性，他不贊同凡國棟先生將227號簡排在本篇第一支簡的方案，而是結合上下欄的内容，將涉及的竹簡分爲四個編聯組："224-227""232、233""236、237""228-231、234-235"，在此基礎上，他最終將竹簡編聯爲：

①簡255"己卯"、226"丁卯"後之"己"，整理小組釋文皆作"已"，或爲排印錯誤，我們逕已更正。

②關於這一點，凡國棟（2010:66-67）已經指出。

224-227、236-237、（228-231、234-235）、233、232[①]

近年來晏昌貴（2020:280-283）提出了第三種編聯方案：

224-227、236、237、228、234、229、230、231、235、233

與前兩種編聯方案對照可知，晏昌貴先生的編聯將224至227號四支竹簡順次排列，與王强先生的編聯相同，而227號簡之後諸簡的排序則與凡國棟先生的方案一致，這實際上是凡、王兩種編聯方案的折中。

以上三種新的編聯方案與整理小組的編聯有很大不同，很有啓發性。不過，我們認爲簡文的編聯還需在晏昌貴先生編聯方案的基礎上略作調整，即將227號簡排入該篇内容第二簡的位置。調整後的順序爲：

224、227、225、226、236、237、228、234、229、230、231、235、233、232

依此編聯，可將上下兩欄的内容按照原簡抄寫格式，置於同一表格之中（见表1）。

我們將簡227置於第2簡的位置，這種編聯方式打破了簡224-227下欄《入官》以春夏秋冬爲序的排列，需略作解釋。出土秦漢簡《日書》中言及四時的内容，雖多以春夏秋冬爲序，但也有例外的情況，如：

（1）凡不可用者，秋三月辰，冬三月未，春三月戌，夏三月亥〈丑〉。

（睡虎地秦簡《日書》甲種《四敫日》1貳）

（2）夏三月丑徼，春三月戊〈戌〉敫，秋三月辰敫，冬三月未敫。

（睡虎地秦簡《日書》甲種《帋日敫日》136柒—139柒）[②]

（3）凡入月七日及夏丑、秋辰、冬未、春戌，不可壞垣、起之，必有死者。（睡虎地秦簡《日書》甲種《土忌（一）》107壹）

（4）門 入月七日及冬未、春戌、夏丑、秋辰，是胃（謂）四敫。

（睡虎地秦簡《日書》甲種《門》143背）

（5）冬三月毋垣北方；春三月毋垣東方；夏三月毋垣南方；秋三月毋垣西方。（孔家坡漢簡《日書•垣日》272）

①王强（2018:266）也坦言“228-231、234-235”這一編聯組内“各簡的前後順序暫時不明”，由於上下兩欄内容上還存在“諸多疑點和不確定的地方，此編聯方案仍有待將來進一步完善”。這是較爲審慎的説法。

②凡國棟（2010:67）指出《日書》中存在不以四季爲序的情況，已舉出以上1、2兩例。

表1　睡虎地乙種《禹須臾》與《入官》編聯表①

擬	角（水）商（金）羽（火）徵（木）宮（土）	
224	【庚】申　壬申　〖甲申〗　丙申　戊申	入官　春三月丙寅、丙子，利入官。
227	庚寅　壬寅　〖甲寅〗　〖丙寅〗　戊寅	冬三月庚申、庚子、庚寅、辛丑，利入官。
225	辛酉　癸酉　乙酉　丁酉　己酉	夏三月甲申、甲辰、乙巳、乙未，利入官。
226	【辛卯】　癸卯　乙卯　丁卯　己【卯】	秋三月壬子、壬辰、壬申、庚子、壬寅、癸丑，利入官。
236	戊戌　庚戌　壬戌　甲戌　丙戌	甲寅、乙丑、乙巳，皆可見人。●甲子到乙亥是右〈君〉也，利
237	戊辰　庚戌　壬辰　〖甲辰〗　〖丙辰〗	以臨官立政，是胃（謂）貴勝賤。
228	己丑　辛丑　癸丑　乙丑　丁丑	子、丑入官，久，七徙。
234	己巳　辛巳　癸巳　乙巳　丁巳	實〈寅〉、巳入官，吉。
229	壬子　甲子　丙子　戊子　庚子	戌入官，行。
230	壬午　甲午　丙午　戊午　庚〖午〗	亥入官，傷去。
231	癸亥　乙亥　〖丁亥〗　〖己亥〗　辛亥	申入官，不計而徙。
235	癸未　〖乙未〗　丁未　己未　辛未	未、辰、午入官，辱而去。
233	清且〈旦〉　食時　日則　莫　夕	卯入官，兇（凶）。
232	【七喜】　【九喜】　【五喜】　【三喜】　【二喜】	酉入官，有辠（罪）。

①原簡上欄脱文及殘文據晏昌貴（2020:280）的釋文擬補。簡232上欄殘失不存，擬補爲喜數是據王强（2018:260）的意見。另外，爲便於説明，表中最左側我們增補了與時稱等對應的五音與五行，（未必爲原篇所有）王强先生也曾擬補此類内容，但他將五音五行搭配擬爲“宮土、徵火、羽水、商金、角木”，與我們不同。

由此可見，出土《日書》中的四時有多種排列方式，春、夏、秋、冬並非唯一的順序。因此，我們的編聯方案不以春夏秋冬爲序也不足爲怪。

暫且拋開下欄《入官》篇不論，按照這種編聯，上欄《禹須臾》的干支排列整飭，簡文内容應從右向左横排閲讀，每一横行的干支爲一組，每組十二個干支與時稱、喜數相對應。同組相同天干的干支相鄰排列，地支則隔六爲序。[①]

三、睡虎地乙種《禹須臾》與納音五行

秦漢簡帛中已見多種與納音五行有關的篇章。較早對納音五行原理做出闡釋的是饒宗頤先生，他曾对睡虎地秦簡《日書》甲種《禹須臾》進行討論，指出“納音的手續，是把六十甲子，按照六甲的次序，配合十二律、五行之五音而成”，干支日辰隔八相生，並將五行五音相配爲“商金、角木、羽水、徵火、宫土”（參看饒宗頤，1986:264-272；饒宗頤、曾憲通，1993:455-472）。簡而言之，納音五行是一種將六十甲子與五行五音、十二律相配的方式，五音相同的干支排爲一組，其對應的五行也相同。如馬王堆帛書《出行占》28上“戊寅申、己卯酉、丙辰戌、丁巳亥、庚子午、辛丑未，宫也，平旦行，【二】喜”，此十二干支爲一組，其天干爲“戊己丙丁庚辛”六干，對應的五音皆爲“宫”。對照上表1《禹須臾》最後一行十二干支，可知兩者日干完全相同，干支的排列方式也一致。因此，將《禹須臾》與納音五行相認同，是没有問題的。

五行與五音的搭配在傳世文獻與出土文獻中頗有差别。程少軒（2018:76）已經指出，傳統的納音五行學説五音所配爲商金、角木、羽水、徵火、宫土，放馬灘簡和孔家坡漢簡五音五行的搭配與通説不同。關於早期傳世文獻及孔家坡漢簡五行配五音的問題，學者已有詳論（參看陳炫瑋，2007:252-253；晏昌貴，2007:415-426），我們不再贅述，僅關注出土簡帛文獻中五行配五音的問題。程少軒先生所説的放馬灘簡和孔家坡漢簡五音五行的搭配分别見於放馬灘簡《納音五行》（甘肅省文物考古研究所，2008:36-37、96-97）與孔家坡漢簡《歲》（湖北省文物考古研究所、隨州市考古隊，2006:110-112、184-185）篇。[②]由於内容較多，無需全引，僅列出兩篇内容中五行五音的搭配。（見表2）

由此可見，出土秦漢簡帛文獻中納音五行類的篇章，其五音與五行的配合爲

---

①簡228與231的干支與這種排列順序不合，地支“丑”與“亥”恰好相反，兩者應是抄倒，詳見下文。

②放馬灘簡《納音五行》的釋文參考了程少軒（2018:68）的意見。另外，晏昌貴（2007:417）也討論到了孔家坡漢簡《歲》篇五行五音的相配問題。

“宫土、徵木、羽火、商金、角水”。我们对表1中五音五行的相配也是據此構擬的。

表2 放馬灘簡《納音五行》與孔家坡漢簡《歲》五行五音相配表

五音		宫	徵	羽	商	角
五行	放馬灘簡《納音五行》	土	木	火	金	水
	孔家坡漢簡《歲》	土	木	火	金	水

納音五行干支的排列有兩種類型，一種是將天干相同的干支相鄰排列，地支則隔六爲序，除了上舉馬王堆帛書《出行占》外，屬此種排列方式的還有睡虎地秦簡《日書》甲種《禹須臾》（一）（二）、放馬灘簡《日書》乙種《納音五行》等篇。我們注意到秦漢簡中納音五行干支還有另一種排列類型，即按照六十甲子納音，以干支順序排列，如放馬灘簡《日書》乙種《禹須臾行喜》篇，與“宫”相配的干支是“庚午、辛未、戊寅、己卯、丙戌、丁亥、庚子、辛丑、戊申、己酉、丙辰、丁巳”，每兩個干支相連，屬於此類型的還有銀雀山漢簡《天地八風五行客主五音之居》篇。從干支排列上看，睡虎地乙種《禹須臾》屬於第一種類型。不過，由於睡虎地秦簡《日書》乙種的抄手粗心或水平低下，導致文本抄錯的情況非常之多（參看晏昌貴，2020:17），《禹須臾》篇即是如此。以與“宫”相配的干支爲例，對照馬王堆帛書《出行占》可知，天干爲丁的，有丁巳、丁亥；天干爲辛的，有辛未、辛丑，而睡虎地乙種《禹須臾》與宫相配，天干爲丁、辛的分别是丁丑、丁巳和辛亥、辛未，與之不合，其餘四音亦是如此。對於此，晏昌貴（2020:282）提出兩種解決方法，一是將睡虎地乙種《禹須臾》簡228的“丑”改爲“亥”，簡231地支“亥”改爲“丑”（晏先生認爲亥是丑的訛寫）；二是將簡228癸丑前移，依次爲癸丑、乙丑、丁丑、己丑、辛丑；將簡231的“己亥”提前，依次爲辛亥、癸亥、乙亥、丁亥。我們贊同第一種方法，認爲只有將兩簡的地支“丑”與“亥”互换才符合干支排序。[①]若按照第二種方法分别將“癸丑”與“己亥”前移，則與“宫”相配的干支爲：

> 戊申（224）、戊寅（227）、己酉（225）、己卯（226）、丙戌（236）、丙辰（237）、丁巳（234）、辛丑（228）、庚子（229）、庚午（230）、丁亥（231）、辛未（235）

丁巳與辛丑、丁亥與辛未排在一起但天干不同，地支也不符合隔六爲序的规律，與其前後的干支排列方式區别明顯，顯得很不協調。若要保持一致，只能將簡228與231互調，或將簡234與235互調，無論如何都勢必會造成下欄《入官》簡序的改變。

①新近公布的北大漢簡《日約》篇亦有相關内容，宫音組干支正作丁巳、丁亥、辛丑、辛未。參本文“附記”。

然而從《入官》内容看，占辭基本上符合由吉到凶的順序，並不支持這種簡序的調整。

因此，結論只能是睡虎地乙種《禹須臾》的抄手將簡228地支“丑”與231地支“亥”剛好抄反，乙正之後就與納音五行的干支排列完全相合了。

此外，按照我們的編聯方案，此12支簡所抄的地支分别爲申、寅、酉、卯、戌、辰、亥、巳、子、午、丑、未，第1、2簡的地支申與寅，第3、4簡的地支酉與卯等皆隔六爲序，以下類推；奇數簡的地支爲申、酉、戌、亥、子、丑，偶數簡則爲寅、卯、辰、巳、午、未，皆符合十二支順序，排列合理。從這一點來看，我們對簡序的排定也應該是可行的。[①]

除了簡228與231地支抄倒外，睡虎地乙種《禹須臾》的時稱和干支及喜數的搭配也與其他納音五行篇迥異。可將本篇時稱和喜數的搭配與同屬納音五行的睡虎地甲種《禹須臾》、放馬灘乙種《禹須臾行喜》和馬王堆帛書《出行占》等篇對照列表如下：

表3　納音五行類篇章喜數與時稱對照表

納音五行類篇章	二喜	三喜	五喜	七喜	九喜
睡虎地甲種《禹須臾（一）》	旦		日中	餔時	夕
睡虎地甲種《禹須臾（二）》	旦	莫食	日中	市日	莫（暮）市
放馬灘乙種《禹須臾行喜》	平旦	莫食	日中	日失（昳）	夕
馬王堆帛書《出行占》	平旦	晏食	日中	食時	暮市
睡虎地乙種《禹須臾》	夕	莫	日則	清旦	食時

觀察上表可知，與喜數從少到多相對應，其他納音五行文本的時稱都是按照從早到晚的順序排列的。[②]此外，出土秦漢簡帛文獻中還有不少涉及五個時稱的篇章，其時稱順序皆是從早到晚排列，學者對此已有詳論（參看程少軒，2018:47-48；王强，2018:261）。對比可知，睡虎地乙種《禹須臾》時稱與喜數的對應則非常混亂。王强（2018:262-263）與晏昌貴（2020:282）已經指出了睡虎地乙種《禹須臾》時稱對應的不同，認爲其時稱存在誤抄或省寫，並有很好的校讀意見。此外，晏昌貴

①納音五行的地支並不都是如此嚴格的排列，如馬王堆帛書《出行占》與放馬灘簡《納音五行》的地支既有卯、酉爲序，又有酉、卯爲序。這是因爲地支數有十二，天干相同的兩個干支排在一起，其地支彼此恰都相隔六位，因此兩個干支的順序可以變動。但這並不能證明我們的編聯方案有問題，我們的方案體現的應該是嚴格按照納音五行的規則排列干支的結果。

②馬王堆帛書《出行占》“食時”似不合從早到晚的順序，不過根據劉樂賢（2003:119；2010:99）的研究，《出行占》中的“食時”是“餔時”的寫訛。餔時是屬於下午時段的時稱名，因此，《出行占》中的五個時稱也是按照從早到晚的時間順序排列的。

（2020∶283）還指出：“所謂‘喜’數可能與納音干支有關，而與時辰關係不大。”晏先生的觀點很有啓發性。我們認爲，睡虎地乙種《禹須臾》簡233所抄寫的五個時稱與干支及喜數的對應之所以與其他納音五行篇迥異，原因很可能在於該篇的抄手無意或因對文本不熟，不察之下將五個時稱名按照從早到晚的順序自上而下抄於簡233上，從而造成其與干支、喜數對應的錯亂。[①]另外，文本格式的不同可能也是時稱與干支、喜數對應錯亂的原因之一。其他納音五行的篇章皆是將與同一時稱、五音及喜數對應的干支抄於同一支簡上或帛書同一行之内，時稱與其他内容自然不易出現對應錯亂的現象；而睡虎地乙種《禹須臾》整體上是一張表格，簡文内容需横排閲讀，同一組干支與對應的時稱、喜數分抄於14支簡上，更容易出現對應的錯亂，簡228與231地支抄反就是一個明證。

四、結語

本文在學者研究的基礎上，參考下欄《入官》篇的内容，並對照納音五行干支的排列方式，對睡虎地秦簡《日書》乙種224至237號簡上欄《禹須臾》的編聯做出調整，將227號簡調整至此篇第2簡的位置。經過調整，上欄《禹須臾》的干支完全符合納音五行的干支排列規則，同時下欄的《入官》篇也能很好地與孔家坡漢簡《入官》對應起來，是目前較爲合理的編聯方案。通過考察目前所見秦漢簡帛中納音五行類文本干支的排列可知，納音五行干支的排列有以天干相同相鄰排列、地支隔六爲序和以干支順序排列兩種類型，睡虎地乙種《禹須臾》屬於第一種類型。綜觀出土簡帛文獻中納音五行文本，原理雖同爲納音五行，但干支排列方式的差异，也從側面反映了《日書》中納音五行類文本面貌的複雜性與多樣性。

附記：王强先生最近公布了北大漢簡《日約》與《日忌》第102章的内容，并將後者擬題作《五音》（王强：《北大漢簡〈五音〉初探（草稿）》，《我思古人：第11届出土文獻青年學者論壇論文集》，北京：2024年8月22—23日，第43—51頁）。其中《日約》中有按照納音五行的規則標注各日所配屬五音的内容如下（王文第44—45頁）（表4）。

可知，北大漢簡《日約》納音五行的五組干支皆相鄰兩個干支一對，按六十甲子順序排列（如丙辰與丁巳、戊申與己酉等），符合本文所論的第二種排列類型。其中宫音組天干爲丁、辛的分别是丁巳、丁亥與辛丑、辛未，可證睡虎地乙種《禹須臾》簡228地支之“丑”與231之“亥”的確誤倒。

---

①這一點蒙林焕澤先生提示，謹致謝忱。

表4

宫	丙辰 丁巳 戊申 己酉 庚子 辛丑 丙戌 丁亥 戊寅 己卯 庚午 辛未
商	庚戌 辛亥 壬寅 癸卯 甲午 乙未 庚辰 辛巳 壬申 癸酉 甲子 乙丑
角	庚申 辛酉 壬子 癸丑 戊戌 己亥 庚寅 辛卯 壬午 癸未 戊辰 己巳
徵	戊午 己未 甲辰 乙巳 丙申 丁酉 戊子 己丑 甲戌 乙亥 丙寅 丁卯
羽	壬戌 癸亥 甲寅 乙卯 丙午 丁未 壬辰 癸巳 甲申 乙酉 丙子 丁丑

參考文獻

程少軒　2018　《放馬灘簡式占古佚書研究》，中西書局。

陳炫瑋　2007　《孔家坡漢簡日書研究》，臺灣清華大學碩士學位論文。

凡國棟　2010　《日書〈死失圖〉的綜合考察——從漢代日書對楚秦日書的繼承和改造的視角》，《簡帛研究・二〇〇七》，廣西師範大學出版社。

甘肅省文物考古研究所　2009　《天水放馬灘秦簡》，中華書局。

湖北省文物考古研究所　隨州市考古隊　2006　《隨州孔家坡漢墓簡牘》，文物出版社。

劉樂賢　1994　《睡虎地秦簡日書研究》，文津出版社。

劉樂賢　2003　《睡虎地秦簡釋讀札記》，《華學》（第6輯），紫禁城出版社，

劉樂賢　2010　《戰國秦漢簡帛叢考》，文物出版社。

饒宗頤　1986　《秦簡中的五行説與納音説》，《古文字研究》（第14輯），中華書局。

饒宗頤　曾憲通　1993　《楚地出土文獻三種研究》，中華書局。

睡虎地秦墓竹簡整理小組　1990　《睡虎地秦墓竹簡》，文物出版社。

王　强　2018　《睡虎地秦簡日書乙種所見納音五行説——兼談224—237號簡的編聯問題》，《饒宗頤國學院院刊》第5期。

晏昌貴　2007　《孔家坡漢簡〈日書・歲〉篇五行配音及相關問題》，《簡帛》（第2輯），上海古籍出版社。

晏昌貴　2020　《楚地出土日書三種分類集釋》，武漢大學出版社。

A New Discussion about the Binding of the Chapter *Yu Xuyu* (禹須臾) in the *Daybook Version B* of the Shuihudi Qin Bamboo Slips

Zhang Yongkang

Abstract: The chapter *Yu Xuyu* (禹須臾) written in the upper column of Slips No.224 to 237 of the *Daybook Version B* of the Shuihudi Qin bamboo slips relates to Nayin Wuxing (納音五行). The previous binding of slips by the collation group and scholars is disputable. The binding of bamboo texts should be based on the previous study, referring to the content of Ru Guan (入官) in the lower column and following the arrangement of stems and branches of Nayin Wuxing. The article changes Slip No.227 to the second place. In combination of the texts concerning Nayin Wuxing in the unearthed bamboo slips and silk manuscripts of the Qin and Han dynasties, it can be known that there were two types of arrangement of stems and branches in the Nayin Wuxing texts: in groups with the same heavenly stems or in order of the sexagenary cycle, which reflects the complexity and diversity of such texts in the *Daybook*.

Key words: Shuihudi Qin bamboo slips; *Yu Xuyu* (禹須臾); Binding of slips; Ru Guan (入官); Nayin Wuxing (納音五行)

（張永康，中山大學中國語言文學系　廣東　510275）

《嶽麓書院藏秦簡（柒）》研讀札記

唐　强

摘　要：對《嶽麓書院藏秦簡（柒）》的編聯、綴合和字詞釋讀作了一些調整。具體是：將簡004調至001後連讀，與002～003别爲一條令文；將簡086調至079後連讀，重新編聯爲079-086-080-（081+082）-083，又將084調至085後連讀，指出“入稷禾粟三石而當二石”是説稷禾粟與禾粟的折算比例問題；將簡110調至113後連讀，並對令文的殘缺内容作了補充；校補簡129爲“☐得以賞除者，或亡及有它”，並將其調至《嶽麓（陸）》181～182之前；綴合簡170+179，校補釋文爲“☐□材=官左=材官，令終身作遠窮山，毋得去。其”；綴合簡074+121；對簡044～046的文意和個别字詞作了疏解；對簡097的標點作了調整。

關鍵詞：嶽麓秦簡；嶽麓書院藏秦簡（柒）；編聯；綴合

一

《嶽麓書院藏秦簡（柒）》簡001～005釋文如下[①]：

•尉議：中縣有罪罰當戍者及陽平吏卒當戍者，皆署琅邪郡；屬邦、道當戍東故徼者，署衡山郡。　001

☐[它]如令。綰請，許。而令中縣署東晦（海）郡，**秦原署四川郡，東郡、参（叁）川、穎（潁）川署江胡郡，南陽**、　002

河内署九江郡，南郡、上黨、[屬]邦、道當戍東故徼者，署衡山[郡]。☐　003

綰請，許。而令郡有罪罰當戍者，**秦原署四川郡，東郡、参（叁）川、穎（潁）川署江胡郡，南陽、河内署九江郡，南郡、上**　004

①本文討論的簡文均出自《嶽麓書院藏秦簡（柒）》，簡稱《嶽麓（柒）》，其餘各函簡稱類此。文章所引其他簡文一般不單獨出注，僅在參考文獻中統一羅列出處。部分簡文的標點，筆者或有改動，請讀者對照參考。

缺簡01

者，署衡山郡。它如令。　一 005＋C2-11-1[①]

簡002、003與004大部分内容相同（下劃綫簡文），可以對讀。據簡004，002與003當可連讀。另據簡005“者，署衡山郡，它如令”的内容，簡001下接002之後又可與005對讀。如此，前揭簡文正可分爲001～003和004～005兩組令文。這大概就是整理者將其如此編排的理由，看似很合理，但仔細揣摩，其實是有問題的。

排列諸簡，簡文均頂格書寫，簡首不留空。簡002頂部稍殘，“它”字是整理者據文意所補，實際上僅可見一點殘筆。核對簡002兩道編繩，與其餘諸簡的編繩位置一致，可見不存在竹簡被錯誤縮放或位移的問題。補出簡002頂部殘缺的空間，至少還應該有1～2字。（圖1）但若補上1～2字，簡002從文意上就很難再與001連讀了。

其次，簡004以“南郡、上”煞尾，簡005以“者，署衡山郡”起頭，與簡002＋003對讀可知，中間缺少的内容應是“黨、屬邦、道當戍東故徼”9字。[②]但整理者標注的“缺簡01”顯然不可能只有9個字。可見“簡004＋缺簡01＋簡005”的編排也值得懷疑。

結合以上疑問，筆者又發現跟簡002＋003相比，簡004與001在整體形製、色澤和保存情况等方面都更加相近（圖1），而在文意上亦可連讀，這顯示004與001原本編聯在一起的可能性更大。沿此思路，再比較簡001＋004與簡002＋003共有的“署”“川”“江”“參”“道”等字的書寫風格，如表1：

表1　簡001＋004与簡002＋003部分文字書寫風格對比表

簡001＋004（A組）	文字	簡002＋003（B組）
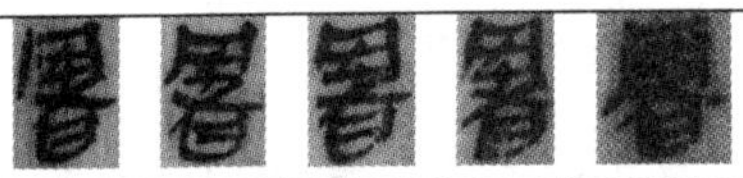	署	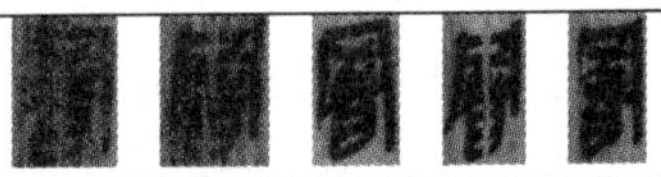

①C2－11－1爲謝明宏所綴，並補全“者署衡”三字，參謝明宏《〈嶽麓書院藏秦簡（柒）〉試綴（十四）》，簡帛網，2022年8月11日，http://www.bsm.org.cn/?qinjian/8770.html。按：將殘片C2－11－1與簡005綴合無誤，但謝氏在拼合圖版時爲了將兩簡的墨迹對應，而將左側的殘片C2－11－1調至高出右側005簡約半個字的位置，並説005簡“頂部略有殘斷，茬口也不平齊，並非簡首”，這是不對的。查驗紅外圖版，005簡頂部完整、自然，無殘斷迹象，必爲簡首無疑，而謝氏所説“頂部略有殘斷（彩圖更明顯）”，應是析出的十六醇晶體反光所致。下文還將提到，本組簡001～005均頂格書寫，簡首完全不留空，也可以從側面證明謝氏的拼綴方案有欠精確。

②當然，如上判斷是建立在將簡004、005與簡002＋003對讀的基礎上，簡004之後存在簡002＋003不具備的内容的可能性並不能完全排除，但可能性極小。

表1　簡001＋004与簡002＋003部分文字書寫風格對比表（續表）

簡001＋004（A組）	文字	簡002＋003（B組）
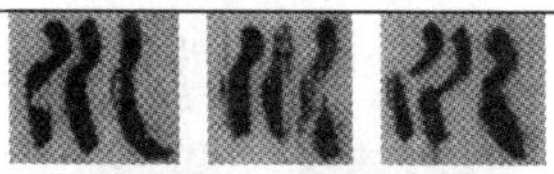	川	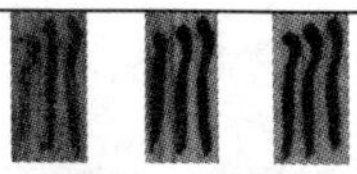
	江	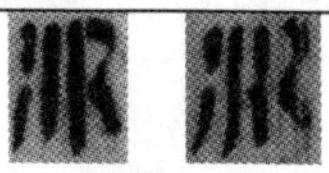
	参	
	道	

如上所示，兩組文字風格差異明顯，如："署"字上部所从"罒（网）"的左右兩竪筆，A組寫得較短而B組寫得很長；"川"字，A組整體呈正方形、筆畫較屈曲，而B組整體呈長方形、筆畫較直；"參"字下部的構件，A組寫作"介"而B組寫作"参"；"江""道"二字，A組寫得較寬大而B組較瘦長。因此，可以認爲A組、B組當係兩種不同書寫風格的文字。①按照整理者原來的編排，簡001屬於A組書寫風格，而接續其後的002、003却屬於B組書寫風格，最後簡004又是A組書寫風格，顯然是不合理的。總之，從書寫風格特徵方面來看，簡001＋004與002＋003應當别爲兩組，應當將它們看作兩條令文爲是。

其實，單從令文内部邏輯看，將002＋003編於001後連讀也不妥。簡001"尉議"涉及中縣、陽平及屬邦、道有罪罰當戍而令署他地的規定，經"綰請"後皇帝批示"許"。但簡002又説"令中縣署東海郡"，這與已獲皇帝許可的"中縣……署琅邪郡"相抵牾。但將簡004編於001之後則没有此問題，"尉議"説到中縣、陽平及屬邦、道當署之地，經"綰請"得到皇帝批示"許"，然後又補充了"郡有罪罰當戍者"的情況，形成"中縣及陽平—屬邦、道—郡"三個不同的罰戍人員來源地。

前文已述，簡005不宜接續在004後連讀，而它又不能編於簡002＋003之後，因此只能暫别爲一類。至此，可將重新編聯的簡文録寫如下：

•尉議：中縣有罪罰當戍者及陽平吏卒當戍者，皆署琅邪郡；屬邦、道當戍東故徼者，署衡山郡。001綰請，許。而令郡有罪罰當戍者，泰原署四川郡，東郡、參（叁）川、穎（潁）川署江胡郡，南陽、河内署九江郡，

---

①"書手"與"書寫風格"是兩個關係、内涵密切但却不能簡單等同的概念。同一書手可能因爲個人喜好的變化或經驗的積累而在某一時期産生不同的書寫風格；不同的書手也可能因爲相同的意趣或模仿學習而産生相似的書寫風格。因此，"書手"與"書寫風格"的關係需要結合文本和書寫的物質形態等多方面綜合、辯證看待。爲了避免造成這樣的問題，我們此處不使用"書手"的概念，而僅僅針對書寫風格進行分析。

南郡、上　004

缺簡

☒它如令。綰請，許。而令中縣署東晦（海）郡，泰原署四川郡，東郡、參（叁）川、穎（潁）川署江胡郡，南陽、002河内署九江郡，南郡、上黨、屬邦、道當戍東故徼者，署衡山郡。☒　003

缺簡

者，署衡山郡。它如令。　一 005+C2-11-1

二

簡079～086釋文如下：

·南陽尉史禹辭：公車司馬曰：令曰：諸坐課及坐它物當[①]爲新地吏若戍故徼，而欲入☒　079

入粟時，入粟千石，除均。·丞相後告南陽守曰：禹何以得入禾粟。南陽守以丞相書，以禹入粟不當，不爲囚　080

篓，癮（應）坐它物，入粟致令。·丞相言：當之。禹以令史均故徼，入粟以除，不致令，禹不當入粟除均。·御史　081+082[②]

言：·以令史均故徼者，即新地吏殹（也）。囚致它物得入粟，有（又）左（佐）入粟，令未除貲以除均，當殹（也），□論。禹入粟以除囚，083

☒者而欲入稷禾粟三石而當二石，乃許之，它如律令。　084

·自今以來，諸坐課它物，當爲新地吏，若戍故徼而囚入禾粟以除者，及節（即）有令得縣禾入☒　085

石以除爲新地吏，若戍各二歲以下，論之。·禹故爲獾平獄史，坐不爲囚篓，當均河間故徼一歲。☒　086

細繹簡文，有些編排銜接並不連貫，可以調整。

第一，簡079底部約殘去2～3字，結合文意，推知應是“禾粟”或“稷禾粟”之類，而這與簡080起首的“入粟時，入粟千石”語義明顯重複。

①原釋文作“諸坐課及坐它物當，當爲新地吏”，王博凱認爲“當”下無重文號而刪之。可從。參王博凱《〈嶽麓書院藏秦簡（柒）〉校讀札記六則》，簡帛網，2022年7月14日，http://www.bsm.org.cn/?qinjian/8743.html。

② 網友“abc”綴合，參簡帛網論壇《嶽麓秦簡（柒）初讀》2#跟帖，2022年7月14日，http://www.bsm.org.cn/forum/forum.php?mod=viewthread&tid=12737&extra=。

第二，簡080“入粟千石，除均”之下“丞相後告南陽守”直接質問“禹何以得入禾粟”，缺少對禹所涉犯罪事實的陳述，顯得突兀。

第三，秦漢律令中處於假設關係的“欲”常引導某種特殊的情境，其後一般都有律令判斷用語“許之”之類的表述，作爲對這種“特殊情境”的解答。如：

（1）女子寡，有子及毋子而**欲**毋稼（嫁）者，**許之**。

《嶽麓（伍）》007

（2）有能捕若詗告一人，爲除貲戍若罰戍四歲以下一人，**欲**以除它人，**許之**。 《嶽麓（伍）》292

（3）·田不急時**欲**令田徒及車牛給它事，而以田急時以它徒賞（償），**許之**；其**欲**以車牛賞（償），**有（又）許之**。 《嶽麓（陸）》227

簡079中的“而欲入☒”是針對“諸坐課及坐它物當爲新地吏若戍故徼”提出的一種應對方案，是否可行，需要律令以“許之”“毋許”之辭進行判斷。

綜上三點，筆者認爲簡079後不當接080，而應該接086簡。在簡079末擬補“禾粟千”三字後，正可與086起首的“石以除爲新地吏若戍各二歲以下”連讀，且其後又有“許之”的律令判斷，符合前文介紹的秦漢律令的表述習慣。“禹故爲獾平獄史，坐不爲囚篡，當均河間故徼一歲。【□□】[①]入粟時，入粟千石，除均。”這一段將禹所涉案情作了一個簡要交代，是下文“丞相後告南陽守”的過渡。

以上，基本確認爲了079-086-080-（081＋082）-083的編排順序，兹將調整後的釋文録寫如下：

·南陽尉史禹辭：公車司馬曰：令曰：諸坐課及坐它物當爲新地吏若戍故徼，而欲入【禾粟千】079石以除爲新地吏若戍各二歲以下，許之。·禹故爲獾平獄史，坐不爲囚篡，當均河間故徼一歲。【□□】086入粟時，入粟千石，除均。·丞相後告南陽守曰：禹何以得入禾粟。南陽守以丞相書，以禹入粟不當，不爲囚080篡，癄（應）坐它物，入粟致令。·丞相言：當之。禹以令史均故徼，入粟以除，不致令，禹不當入粟除均。·御史081+082言：·以令史均故徼者，即新地吏殹（也）。毋敢它物得入粟，有（又）左（佐）入粟，令未除貲以除均，當殹（也），□許。禹入粟以除毋 083

另外，簡084原接續前面的編號，編在083之後。但簡083是御史對禹所涉案情的陳述和分析，而084“欲……乃許之，它如律令”等語顯示這是一條律令。簡084前約殘斷四分之一，筆者曾推測“大概可容8、9字，但很顯然不足以從案情的陳述轉到另

①簡086底部約殘去2字，結合下一簡“入粟時”的語境，推測可能是“其及”一類的意思。

一條律令。因此，簡084不能接在083之後”，並認爲簡084編於085後的可能性更大。[①]後謝明宏將殘片C2-14-1、C2-10-2、C2-7-4與084簡綴合，補出“以拜爵若以除貲”七字，釋文作“以拜爵若以除貲者而欲入稷禾粟三石而當二石，乃許之，它如律令”，[②]確不能接續在083之後，驗證了筆者之前的推測。兹將簡085-084編聯後釋文移録如下：

> · 自今以來，諸坐課、它物當爲新地吏若戍故徼而䛼入禾粟以除者，及節（即）有令得縣禾入【粟】085以拜爵若以除貲者，而欲入稷禾粟三石而當二石，乃許之，它如律令。084＋C2-14-1＋C2-10-2＋C2-7-4

簡085下底部“縣禾入”下約殘一字，推測是“粟”字。“得縣禾入粟以拜爵”即史載納粟拜爵事，《史記·秦始皇本紀》載：“百姓内粟千石，拜爵一級。”（290頁）晁錯亦曾向漢文帝提出以粟賜爵的建議，《漢書·食貨志》：“令民入粟邊，六百石爵上造，稍增至四千石爲五大夫，萬二千石爲大庶長，各以多少級數爲差。”（1134頁）簡085-084是説因課考或其他過錯罰爲新地吏或戍故徼以及法律許可的入粟拜爵或除貲，而想要入稷禾粟三石而當二石，許之。謝明宏認爲“入稷禾粟三石而當二石”是對“入粟拜爵或入粟免除刑罰者的盤剥”，[③]不妥。此處當是説“稷禾粟”與常規入貲之糧（即禾粟）的折算比率。禾粟，即未去皮之小米，《説文》“禾，嘉穀也”段注曰：“嘉穀之連稿者曰禾，實曰粟，粟之人曰米，米曰粱，今俗云小米是也。”（323頁）粟米是秦漢時期北方的重要食糧，常作爲基層吏員、徒隸等人員的口糧；[④]禾粟更是入貲的主要糧食品類，如《嶽麓（柒）》簡91～93記佗、啄坐課當貲而家貧不能入貲，議令佗、啄居貲縣官，而“其欲入禾粟，許，毋得以它物除貲”，規定只能以禾粟而不能以它物除貲。稷禾粟或即稷粟，[⑤]指未去皮之稷實。[⑥]大概稷粟的品質次於禾粟或重量輕於禾粟，因此律令規定“入稷禾粟三石而當（禾粟）

---

①參唐强《〈嶽麓書院藏秦簡（柒）〉讀後》，簡帛網，2022年7月25日，http://www.bsm.org.cn/?qinjian/8760.html。

②參謝明宏《〈嶽麓書院藏秦簡（柒）〉試綴（十）》，簡帛網，2022年7月30日，http://www.bsm.org.cn/?qinjian/8766.html；《〈嶽麓書院藏秦簡（柒）〉試綴（十三）》，簡帛網，2022年8月7日，http://www.bsm.org.cn/?qinjian/8769.html；《〈嶽麓書院藏秦簡（柒）〉試綴（三十一）》，簡帛網，2022年11月9日，http://www.bsm.org.cn/?qinjian/8841.html。

③參謝明宏《〈嶽麓書院藏秦簡（柒）〉試綴（三十一）》。

④粗略估計，里耶秦簡稟食記録簡所見出稟“粟米”佔所有稟食記録的90%以上。

⑤筆者最初認爲“稷禾粟”或指稷粟、禾粟的混合物。但與數學算題不同的是，律令注重實際應用，將稷粟、禾粟兩種不同的糧食混合似不具備現實操作性。此點得到鄔大海、周序林二位先生提示，謹致謝忱！

⑥關於“稷”之所指，長期以來有粟、穄（黍）、高粱三説，學者各自引經據典，相互辯駁，積累的文字令人目眩。李建平（2022）對此有詳細綜述，可參。

二石”。[①]

三

簡044～046釋文如下：

> ·十九年八月辛丑，丞相請：恒以傳時識（試）疇司御、醫、鼓人、執癠（劑）、騶騷醫之新傅，不中識（試）者，奪044【疇】令戍新地三歲，日備，勿令復疇。其前令棄疇者，以此令從事。制曰：其初棄疇時益高045今而後益高及初棄疇益高，今而益下及年過六十者，皆勿令戍，它如請。可。 ·四046

簡045首字整理者以“□”標識，陳偉先生補釋“疇”，可從。[②]“制曰”以下一句的斷讀，加州大學伯克利分校鄭伊凡（2024）藉助連詞“及”有所調整，如下：

> 其初棄疇時益高今而後益高，及初棄疇益高今而益下，及年過六十者，皆勿令戍，它如請。

調整之後，“皆勿令戍”的三種情況就基本清晰了，故調整當無誤。

結合整條令文的敘述重心和立法意圖，筆者認爲簡文中的“高”“下”當是評價疇官考試結果之辭。[③]丞相請將疇官“不中試者”皆“奪疇令戍新地三歲”，而“制曰”則將“初棄疇時益高今而後益高”“初棄疇益高今而益下”和“年過六十者”三種情況排除在外，“皆勿令戍”，可見是放寬標準的寬宥政策。王彦輝（2022）曾指出，疇官世代相傳爲業，需要長期培養並經過特殊技能的訓練，越年長經驗越豐富，屬於稀缺人才。大概正因爲如此，“制曰”才會對“初棄疇時益高今而後益高”等三種情況格外開恩。

《嶽麓（伍）》簡141～142有關於疇吏“復疇”的記載：

> （4）年睆老以上及罷癃（癃）不事、從睆老事，及有令終身不事、疇

---

①簡牘材料未見稷粟、禾粟直接進行折算的記載，《嶽麓（貳）》104簡記“稻粟廿七斗六升重一石　稷粟廿五斗重一石”，有稻粟、稷粟體積折算重量的比率；張家山漢簡《筭數書》109～110有“禾粟五爲稻粟四〈六〉”的記載。藉助稻粟爲中介，可以認爲單位體積内禾粟的重量大於稷粟。

②又“騶騷醫之新傅”原標點爲“騶騷。醫之新傅”，陳偉先生改讀，可從。參陳偉《〈嶽麓書院藏秦簡（柒）〉校讀》，簡帛網，2022年7月14日，http://www.bsm.org.cn/?qinjian/8746.html。

③李洪財先生認爲“益高”“益下”是指爵位比原來更高或更低。參李洪財《説先秦兩漢文獻中的疇人》，“出土文獻與中國古代文明研究”暨中國先秦史學會第十二屆年會，武漢大學，2023年9月15日—17日。

吏解爵而當復疇者，皆不得解爵以自除、除它人。

簡文“疇吏解爵而當復疇者”中的第二個“疇”字，整理者（2017:114）原釋“爵”，鄭伊凡（2024）通過對比《嶽麓（柒）》中的“爵”“疇”字改釋爲“疇”，可從。“疇吏解爵而當復疇者”是説疇吏（被奪疇後）可以通過解爵來恢復疇官的身份，這與《嶽麓（柒）》簡045丞相請“毋令復疇”不同。“其前令棄疇者，以此令從事”，規定在令文頒布之前棄疇者，要按照新令的標準執行，因此“制曰”中有“初棄疇時……今而……”之辭。“初棄疇”應該就是指“前令棄疇者”。

丞相請“恒以傅時識（試）疇……之新傅”，那麼疇官什麼年齡傅籍呢？《二年律令·傅律》簡364～365對不同爵位之子傅籍的年齡作了規定，（234頁）其後緊跟“疇官各從其父疇，有學師者學之”一句，但未言疇官子傅籍的具體年齡。《史記集解》引如淳注“律：年二十三傅之疇官，各從其父疇學之”（412頁），[①]顯示疇官的傅籍年齡似在二十三歲。但“制曰”寬宥的對象中有“年過六十者”，顯然不屬於“新傅”的範疇。這似乎正可以看作“此令”還要追溯“其前令棄疇者”的旁證。“制曰”提出了三種可以得到寬宥的特殊情況：其一，“初棄疇時益[高]今而後益高”意即在此令頒布之前的考核中成績高而現在成績又有提高，但這種情況還要被罰於情於理不合，與“制曰”的寬宥傾向不符。核查圖版，“初棄疇時益[高]”之“高”僅存一點墨蹟，不似“高”字，反而更可能是筆畫少的“下”字。“初棄疇時益[下]今而後益高”是説前一次考核成績低而現在成績提高了，這應當在寬宥行列之中。其二，“初棄疇益高今而益下”意即前一次考核成績高而現在成績降低，這種情況仍然“毋令戍”，推測其原因，或是因爲畢竟有一次考核時成績是好的。其三，“年過六十者”，當是説無論考核的成績提高或下降，若其年過六十均可免於罰戍。《嶽麓（柒）》簡038載“有貲贖責（債）貧當戍新地，其年過六十歲者，勿遣”，又簡022載“當戍，年六十三歲亦作之縣而令作縣者歸田如居貲”，可見秦律允許達到一定年齡的群體（通過在本縣居作而）免於（去新地、故徼）戍守。從反面來看，除了以上三種，其實只有“初棄疇時益下今而益下”且年齡不超過六十歲者會被罰戍新地三歲，且“毋令復疇”。值得一提的是，“制曰”僅僅是規定“勿令戍”，看來“奪爵”的懲罰仍然不可避免。但皇帝既然寬宥“初棄疇時益[下]今而後益高”和“初棄疇益高今而益下”者不用去新地或故徼戍守，看來仍然給予了“復疇”的機會。至於年過六十

①李洪財先生認爲如淳注存在多處脱漏訛誤，此處的“疇官”當屬上讀作“律：年二十三傅之。疇官各從其父疇學之”。參李洪財《説先秦兩漢文獻中的疇人》，“出土文獻與中國古代文明研究”暨中國先秦史學會第十二届年會，武漢大學，2023年9月15日—17日。按：《二年律令·傅律》明確規定不同爵位之子傅籍年齡不同，其中“不更以下子”20歲傅籍，“大夫以上至五大夫子及小爵不更以下至上造”22歲傅籍，“卿以上及小爵大夫以上”24歲傅籍。故不宜簡單將“年二十三傅之”作爲統一的傅籍標準。疇官作爲掌握特殊技能者，享受一定優待，在23歲傅籍在情理之中。

者不論其專業技能益高或益下“皆勿令戍”，大概是考慮到年老者實無法完成戍守（新地、故徼）工作的緣故，《嶽麓（柒）》簡064記“梓潼丞略坐課，以故秩爲新地吏二歲，詣潦（遼）東次，未得用。略年六十六，不當爲吏”，正可作爲注解。

四

簡111～113釋文如下：

·新黔首未習事，吏治或圂嚴，恒事毆（也）而惡與言及詈辱〈辱〉之，長吏弗智（知）及弗智（知）及弗督論，新【黔首】[①]111皆筈〈苦〉勮（劇）之，多以其故，難有言於吏，甚不善，其令吏善以交〈文〉理律囫☐[②]112□□奊（謑）訽詈新黔首，貲一甲；毆〈毆〉笞，貲二甲；丞、令弗得，坐之，減焉☐ 113

簡111“長吏弗智及弗智及弗督論”語義重複，“弗智及”下不書重文號，當係衍文。陳劍先生（2020:205）曾指出，“不作重文的連文同字，皆係衍文”。如：馬王堆帛書《五十二病方》106：“以晦往之凷（塊）所，禹步三，道南方始，取凷（塊）言曰｛凷言曰｝：‘今日月晦，靡（磨）尤（疣）北。’”（《伍》235頁）又《稱》3：“心之所欲則志歸之，志之｛志之｝所欲則力歸之。”（《肆》176頁）《嶽麓（陸）》209：“有不當舍｛舍｝而舍焉及舍者，皆以大犯令律論之。”（154頁）此處亦同。

本組令文是關於禁止吏毆笞新黔首的規定。竹簡有兩道編繩，簡112～113均沿下編繩處殘斷，但據現存簡文可推知其後應是對吏或主管官吏的懲處規定。筆者留意到簡110的内容與此相關：

（5）與同罪，其繇（徭）使而不敬，唯大嗇夫得笞之如律。新地守時修其令，令都吏分部鄉邑，問不從令者，論之。 ·十九 110+C9－4－2[③]

整理者誤將此簡編入另一條令文（即簡108～110）中，不妥。如前所言，簡111

①“黔首”二字係陳偉先生補，參陳偉《〈嶽麓書院藏秦簡（柒）〉校讀》，簡帛網，2022年7月14日，http://www.bsm.org.cn/?qinjian/8746.html。

②“其令吏善以交〈文〉理律”原作“其令吏善以交，理律”，陳偉先生改讀，“文理”大略指禮儀、道理，參陳偉《〈嶽麓書院藏秦簡（柒）〉校讀》，簡帛網，2022年7月14日，http://www.bsm.org.cn/?qinjian/8746.html。

③簡C9－4－2爲謝明宏所綴，參謝明宏《〈嶽麓書院藏秦簡（柒）〉試綴（六）》，簡帛網，2022年7月21日，http://www.bsm.org.cn/?qinjian/8758.html。

～113是關於禁吏隨意毆笞新黔首的規定，其中簡113是對違令人員的懲處措施，其後殘斷但文意未盡。而簡110＋C9－4－2起首的“與同罪”正是對涉案人員或相關責任人的論處規定，“唯大嗇夫得笞之”説明也是關於笞打某人的規定，且用“唯”明確實施笞打的權限僅在大嗇夫，與前文提及的隨意毆笞、謑詢詈新黔首的現象形成對比。此外，簡110以“•十九”煞尾，還表明它是某條律令的最末一隻簡。綜上，筆者認爲簡110＋C9－4－2當調至113後。兹將調整後的釋文録寫如下：

•新黔首未習事，吏治或䎽嚴，恒事毆（也）而恶與言及詈辱〈辱〉之，長吏弗智（知）及｛弗智（知）及｝弗督論，新【黔首】111皆箬〈苦〉勮（劇）之，多以其故，難有言於吏，甚不善，其令吏善以交〈文〉理律令☐112☐☐奊（謑）詢詈新黔首，貲一甲；殴〈毆〉笞，貲二甲；丞、令弗得，坐之，減焉☐113與同罪。其繇（徭）使而不敬，唯大嗇夫得笞之如律。新地守時修其令，令都吏分部鄉邑，閎不從令者，論之。 •十九 110+C9-4-2

簡113雖殘去約三分之一，但違法行爲的主體及其内部邏輯基本是清楚的，即：

a.吏奊詢詈新黔首，貲一甲；

b.吏毆笞新黔首，貲二甲；

c.丞、令弗得，坐之，減焉☐；[①]

d.……與同罪。

據令文的邏輯層次，結合簡110起首的“與同罪”，推測d的内容是“丞、令得之”而未阻止吏的違法行爲或未采取懲罰措施，故“與同罪”。[②]按照此思路復原後，d正與令文開頭提到的“（長吏知但）弗督論”對應，而c中的“丞、令弗得”又正可與“長吏弗智（知）”對應，前後呼應。綜上而論，將簡110編於113之後應該是可信的。

五

簡129釋文作“☐☐☐☐☐者戍亡，及有它”。此簡文字漶漫嚴重，但“亡及有它”四字比較清楚，釋讀當無誤。《嶽麓（伍）》簡192有“不得以賞除者，或亡及有它”等内容似與此相關，可資參照。試將簡129與《嶽麓（伍）》中相關内容的字

①“減焉”之後，疑爲“一等”。

②《嶽麓（肆）》簡149記“……見及或告而弗劾，與同辠”，《嶽麓（伍）》簡21記“……人或告之而弗捕告，皆與挾舍匿者同辠”，又簡70有“……及雖弗見或告而弗奪，亦耐之”，均規定官吏或相關人員知情而未采取相應措施，則與當事人同罪。這正與此處復原簡文的内涵相同。

形對比如表2。

對比字形可知，簡129舊釋“戍”字實乃“或”字之訛，其餘未釋之字（如“得”“賞”等）與《嶽麓（伍）》192中相關簡文的字形也基本吻合，故二者當可對讀。至此，簡129釋文可據《嶽麓（伍）》192訂補爲“☐得以賞除者，或亡及有它”。

檢索相關簡文，《嶽麓（陸）》簡181～182與《嶽麓（伍）》192～193部分内容相同（下劃直綫部分），可以對讀：

（6）罪耐爲隸臣以下而因以獄斷未過六旬以賞除免爲庶人者，皆當各復故吏，不得爲庶人，各以計檔籍逐之。　• 五　《嶽麓（陸）》181～182

（7）☐司寇，及有辠耐爲司寇，獄已斷過六旬不得以賞除者，或亡及有它辠耐爲隸臣以【下】而因以獄斷未過六旬以賞除免爲庶人者，皆當各復故吏，不得爲庶人，各以計檔籍逐之。

• 廷甲四　《嶽麓（伍）》192～193

對讀可知，《嶽麓（陸）》簡181～182前所缺内容正是“或亡及有它”等。將《嶽麓（柒）》簡129與《嶽麓（陸）》181～182排列，二者筆迹、書風接近，殘簡129的長度也正與簡181～182第二道編繩以下的長度相當，比較符合出土簡牘常從編繩處殘斷的一般規律。因此，筆者頗疑《嶽麓（柒）》中的殘簡129或當移至《嶽麓（陸）》181～182之前編聯。

表2　《嶽麓（伍）》192與《嶽麓（柒）》129相關簡文對比表[①]

《嶽麓（伍）》簡192相關簡文及字形	得	以	賞	除	者	或	亡	及	有	它
	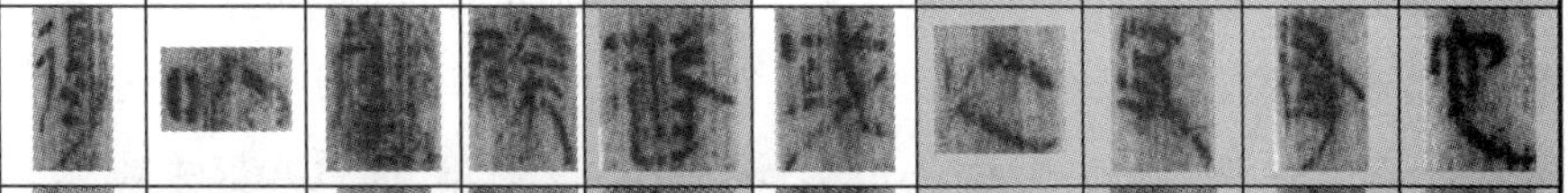									
《嶽麓（柒）》簡129簡文及字形	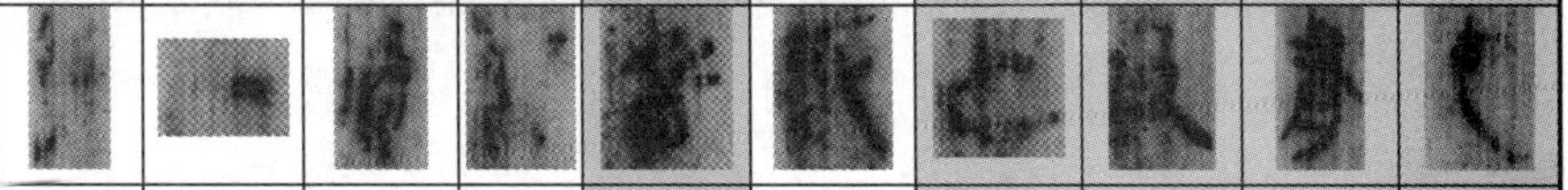									
	☐	☐	☐	☐	者	戍	亡	及	有	它

六

簡095～097釋文如下：

瀘，獻之，郡乃放（仿）式爲之。其給共（供）旗器，當爲者以式爲

①灰色底紋部分是釋文相同者。

之，毋（無）式者執灋言丞相，丞相令官以其095物宜適者予以爲式，不□
□者皆貲二甲，負所爲器費。·制曰：請曰：令官以其【物宜適】096[①]者予以爲式，官未能智（知）其宜適殹（也），恒令少府請之。　·卌九 097+C2-6-1[②]

此令中的“制曰請曰”是一個“制曰”引述“請曰”的表達格式，因此需要確定“請曰”的起訖。簡文中“制曰”在轉引“請曰”相關内容時作了概括，所謂“令官以其【物宜適】者予以爲式”即指前“……毋式者執法言丞相，丞相令官以其物宜適者予以爲式”等内容。而其後的“官未能智（知）其宜適殹（也），恒令少府請之”則是“制曰”增補的内容。故“令官以其【物宜適】者以爲式”後當著句號以示分别。當然，爲了凸顯“制曰”“請曰”内容的區别，也可以使用引號來標示，如下：

·制曰：“請曰：‘令官以其【物宜適】者以爲式。’官未能智（知）其宜適殹（也），恒令少府請之。”

七

簡170、179釋文分别如下：

⧄□材=官左=材官，令終身毋⧄　170
⧄使作遠窮山，毋得去ㄥ。其　179

簡179上部殘損十分嚴重，釋文存在不確定性。《嶽麓（伍）》簡9～10有“盡輸其收妻子、奴婢材官，左（佐）材官作，終身作遠窮山，毋得去”，内容似與此相關，可爲《嶽麓（柒）》中的這兩條殘簡提供參照。簡170最末殘字圖版作，顯非“毋”字。結合《嶽麓（伍）》簡9～10的提示，不難發現此字實係“作”字（如、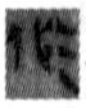、）。核查圖版，結合簡文文意，二簡或可綴合（圖2）。

雖然茬口不能密合，但從彩色圖版看，二簡色澤相似，綴合後，簡170上部接近上編繩，也比較符合出土簡牘常從編繩處殘斷的一般規律。此外，筆者發現在彩色圖版中，簡179茬口處有一條竹絲毛刺，而在簡170茬口處相對位置正好有一條毛刺的痕迹，或可作爲二簡綴合的輔證。（圖3）若此綴合無誤，則簡170末舊釋“毋”之字當改釋爲“作”，簡179“使作遠窮”當删去“使作”二字，綴合後釋文如下：

①簡096末“物宜適”三字爲陳安然所補，參陳安然《讀〈嶽麓書院藏秦簡（柒）〉札記（續）》，簡帛網，2022年7月21日，http://www.bsm.org.cn/?qinjian/8757.html。

②C2－6－1爲謝明宏所綴，並補出“者予以”三字。參謝明宏《〈嶽麓書院藏秦簡（柒）〉試綴（五）》，簡帛網，2022年7月20日，2022年7月20日，http://www.bsm.org.cn/?qinjian/8756.html。

☐□材=官左=材官，令終身作遠窮山，毋得去。其　170+179

八

簡074釋文如下：

病痍傷當爲罷癃（癃）□☐

簡121釋文如下：

☐不事及罷睆老事守官府者皆令作居縣以當戍日，其□匿病者，令里人、典、田典毋下☐

核查圖版，二簡茬口完全密合，拼合後可復原“不”字，如下（圖4）：

圖 4　簡 74＋121 綴合圖（局部）

拼合後簡74＋121文意連貫，且其頂部正與同組其他完簡齊平，可知綴合當無誤。綴合後釋文作：

病痍傷當爲罷癃（癃）不事及罷睆老事守官府者，皆令作居縣以當戍日，其□匿病者，令里人、典、田典毋下☐

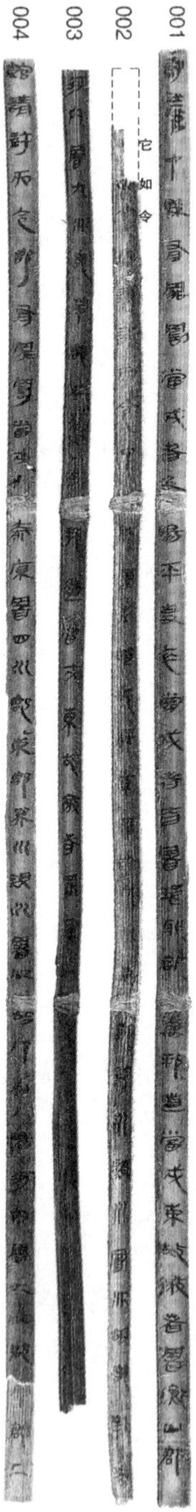

圖 1 簡 001～004

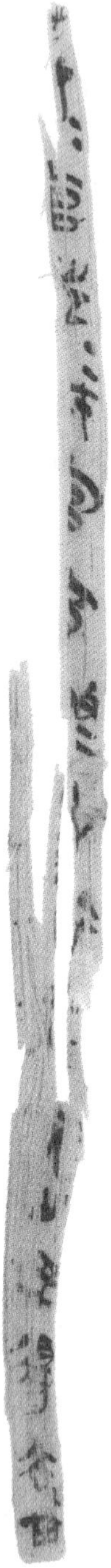

圖 2　簡 170＋179 綴合圖（紅外圖版）

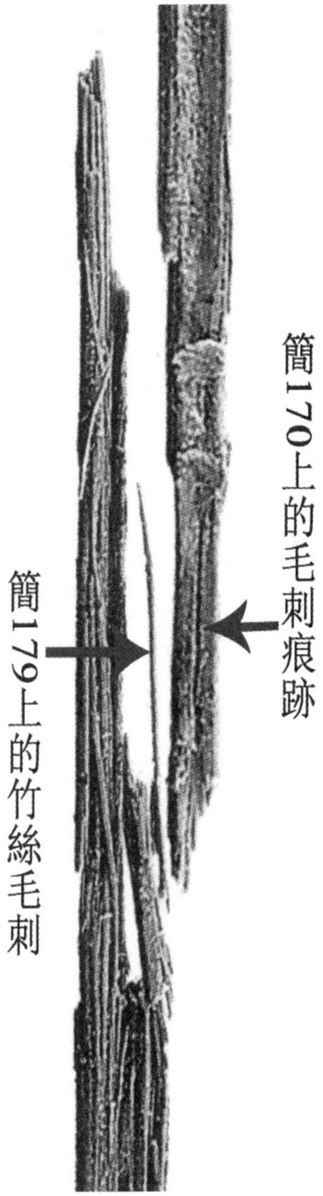

圖 3　簡 179 茬口處的竹絲毛刺和 170 茬口處的毛刺痕迹

參考文獻

陳　劍　2020　《〈嶽麓簡（肆）〉校字拾遺》，《出土文獻研究》（第19輯），中西書局。
陳松長（主編）　2015　《嶽麓書院藏秦簡（肆）》，上海辭書出版社。
陳松長（主編）　2017　《嶽麓書院藏秦簡（伍）》，上海辭書出版社。
陳松長（主編）　2022　《嶽麓書院藏秦簡（柒）》，上海辭書出版社。
段玉裁　2013　《説文解字注》，中華書局。
湖南省文物考古研究所　2012　《里耶秦簡（壹）》，文物出版社。
湖南省文物考古研究所　2017　《里耶秦簡（貳）》，文物出版社。
李建平　2022　《從新出土秦漢簡牘文獻看"稷"的所指及其歷時演變》，《山東師範大學學報（社會科學版）》第5期。
李　力　2020　《〈秦律雜抄〉"冗募歸"條律文再研讀》，《出土文獻研究》（第19輯），中西書局。
彭　浩　陳　偉　[日]工藤元男（主編）　2007　《二年律令與奏讞書：張家山二四七號漢墓出土法律文獻釋讀》，上海古籍出版社。
裘錫圭（主編）　2014　《馬王堆漢墓簡帛集成（肆）》，中華書局。
裘錫圭（主編）　2014　《馬王堆漢墓簡帛集成（伍）》，中華書局。
睡虎地秦墓竹簡整理小組　1990　《睡虎地秦墓竹簡》，文物出版社。
司馬遷　2014　《史記》（修訂本），中華書局。
王彦輝　2022　《秦漢時期的"更"與"徭"》，《中國社會科學》第2期。
鄭伊凡　2024　《秦至西漢時期疇官的身份與職役》，《歷史研究》第4期。

Notes of the *Qin Bamboo Slips in the Collection of Yuelu Academy (Vol. 7)*

Tang Qiang

Abstract: This article modifies some of the binding, patching up and interpretation of the *Qin Bamboo Slips in the Collection of Yuelu Academy (Vol. 7)*. For instance, it moves Slip No.004 behind Slip No.001, and Slips No. 002 and 003 separately constitute another item of statutes; It moves Slip No.086 behind Slip No.079, Slip No.084 behind Slip No.085, pointing out that the sentence "入稷禾粟三石而當二石" refers to the conversion ratio of *jihesu* to *hesu*; It moves Slip No.110 behind Slip No.113, and supplements the missing part of the statute; It revises the interpretation of Slip No.129 to "☐得以賞除者，或亡及有它" ,and moves Slip No.181 and 182 of the *Vol.6* behind it; It revises the interpretation of the patchwork of Slip No.170 and 179 to "☐□材=官占=材官，令終身作遠窮山，毋得去。其"; It patches up Slip No.074 and 121; It provides explanatory notes to a few characters and words from Slips No.044 to 046; It modifies the punctuations in Slip No.097.

Key words: Yuelu Qin Slips; *Qin Bamboo Slips in the Collection of Yuelu Academy (Vol. 7)*; Binding; Patching up

（唐强，湖南大學嶽麓書院　湖南　410006）

也談《泰原有死者》中的“解予死人衣”

趙　岩

摘　要：《泰原有死者》中的“死人之所惡，解予死人衣”，指“死人所厭惡的是脱下死者之衣給他穿上另外的衣服”，後文的“必令産見之”指要讓死者在生前看到“解予衣”的過程。上述兩個小句相互關聯，都是借復生者之口提出在死者活著時完成斂衣的更换。《泰原有死者》的記載，與今時一些地區在瀕死者臨終前爲其更换斂衣的民俗相合。這一記載作爲針對喪葬活動的指導意見，與《儀禮》《禮記》等典籍對葬禮的規定有一定的差異，反映了秦時一些地區的民間習俗與禮制傳統之間的差異。

關鍵詞：泰原有死者；解予；喪葬習俗

北京大學藏秦簡牘中有一篇名爲《泰原有死者》的文獻，内容包含兩部分，前一部分介紹了一個死而復生者，後一部分借死而復生者之口介紹喪葬及祭祀死者的宜忌。該篇最早由李零釋讀，其後陳偉、黄傑、劉國勝、姜守誠、陳侃理、馬克、尚宇昌、雍淑鳳、劉信芳、蔣文等學者陸續對其釋文、性質、思想内容等進行了討論，使我們對這一文獻的認識逐漸深入。但是，對於一些字句如何理解，還是存在争議。《泰原有死者》全篇如下：

泰原有死者，三歲而復産，獻之咸陽，言曰：死人之所惡，解I予死人衣，必令産見之。弗産見，鬼輒奪而入之少内。死II人所貴，黄圈。黄圈以當金，黍粟以當錢，白菅以當繇。女子死三III歲而復嫁，後有死者，勿并其冢。祭死人之冢，勿哭。須其已食IV乃哭之，不須其已食而哭之，鬼輒奪而入之廚。祠，毋以酒與V羹沃祭，而沃祭前。收死人，勿束縳；毋决其履，毋毀其器；VI令如其産之卧殹，令其魄（魄）不得若思。[①]黄圈者，大叔

①“若”字，李零（2012）釋爲“茖”，讀爲“落”，認爲義爲失落，陳侃理（2013）認爲當即答字，又同“絡”，有纏繞、束縛之意，此從蔣文（2020）釋。

（菽）VII毆。孰（熬），[①]去其皮，置於土中，以爲黄金之勉。VIII

其中“言曰”後的第一句，學者們的斷句、解釋頗有不同。本文認爲應該斷讀如上，以下就來談談我們對該句的理解。

一

李零（2012）斷讀該句爲：“死人之所惡，解予死人衣。必令産見之，弗産見，鬼輒奪而入之少内。”並作如下解釋：“‘解’是解開，‘予死人衣’是親朋好友助葬饋贈的衣物，古人叫襚或祱……死人最討厭，就是把親朋好友助葬饋贈的衣物隨便打開。這些衣物，一定要讓他活著看到，如果不讓他活著看到，他的鬼魂就會把這些衣物拿走，送到地下的少内。”作爲“親朋好友助葬饋贈的衣物”，應該是在死者死後，由家屬赴告親友，再由親友携帶而來。如《禮記·檀弓下》載：“衛有大史曰柳莊，寢疾。公曰：‘若疾革，雖當祭必告。’公再拜稽首請於尸曰：‘有臣柳莊也者，非寡人之臣，社稷之臣也。聞之死，請往。’不釋服而往，遂以襚之。”這是講衛國國君正在祭祀時聽説太史柳莊死了，未脱下祭服就前往吊唁，並將祭服作爲“襚”給了死者柳莊。既然是死者死後由親友携帶而來，又如何讓死者活著時見到呢？因此，將“予死人衣”理解爲“襚”或“祱”恐有不妥。

黄傑（2012）認爲李零的斷句使“必令産見之”前缺少應當指明的事項，句子不完整。這一觀點是非常重要的，但後來一些學者的釋讀往往忽略了這一點。他將相關語句斷讀爲“死人之所惡，解。予死人衣，必令産見之，弗産見，鬼輒奪而入之少内。”最初認爲“‘解’或許是解除之意。‘解’意爲向鬼神祈禱以消除災禍。”[②]後來他（2013）提出“解”可能是解發之意，是驅鬼禳夢之法。[③]不過，他也意識到要表示“解發”之意似乎不能只用“解”字，故不十分肯定釋爲解發的正確性。

①“孰”，李零（2012）釋爲“𤓰”，讀爲“𦞢”，此從蔣文（2020）釋。以往一般不在“孰”即“熬”後斷逗號，將義爲乾煎的“熬”看作“去其皮”的方法。值得注意的是，“某物處理方式＋去皮”的表述在醫書藥方中常見，這個位置上的某物處理方式未必是去皮方式。如《傷寒論》卷三“芍藥甘草附子湯方”載：“附子，一枚，炮，去皮，破八片。”同卷“茯苓四逆湯方”載：“附子，一枚，生用，去皮，破八片。”“炮”與“生用”對應，可見，“炮”是加熱做熟手段，而非去皮手段。“熬”是文獻中常見的處理豆類而使其熟的方式，如《金匱要略·肺痿肺癰咳嗽上氣病脈證治第七》載：“巴豆，一分，去皮，熬，研如脂。”因此，我們認爲《泰原有死者》中的“熬”更有可能只是將大豆做熟的方式，應在“熬”後斷讀。

②參看黄傑《北大秦牘〈泰原有死者〉管見》，簡帛網，2012年7月17日，http://www.bsm.org.cn/?qinjian/5906.html。

③參看黄傑（2013：443-444）；該文又見於簡帛網，2014年10月14日，http://www.bsm.org.cn/?qinjian/6263.html。

孫占宇（2012）認爲“解”可訓爲多，依據是揚雄《太玄•干》載：“次七，何戟解解，遘測曰：何戟解解，不容道也。”范望注：“解解，戟多之貌。”①且與《泰原有死者》性質類似的放馬灘秦簡《丹》載“丹言曰：死者不欲多衣”。該句位置恰與我們所討論的語句位置相當，均在復生者所述宜忌的首句。如果“解”能够釋爲多，就與《丹》的記載相合了。然而“解解”義爲多時，是個重複音節的疊音詞，不可将之與“解”等同。

姜守誠（2014:148）認爲“‘解’字的本意是指分解、撕裂、分割、剖開等……這句牘文的意思是説：死人最討厭的是撕裂、毁壞用以給死者隨葬的衣物。這句話與下文中‘毋决其履，毋毁其器’是相互呼應的，只是本句側重於衣服，而後者則强調鞋子和其他器物……據文獻記載裁截亡人衣的習俗在後世仍有遺存，如唐代段成式撰《酉陽雜俎•尸穸》：‘近代喪禮，初死内棺，而截亡人衣後幅留之。’”爲了解决“必令産見之”前缺少應當指明的事項的問題，姜守誠（2014）提出：“造成缺少事項主語的原因，並非今人句讀上的問題，而是當初書寫時就在‘衣’字後漏寫或脱落了一個重文符號（=），即‘解予死人衣。=〔衣〕必令産見之’。這句牘文的意思是説：給死人送葬所準備的衣物，一定是死者生前親眼看過的。”文獻中未見“解衣”指撕裂、毁壞衣服者。撕裂、毁壞衣服可用的語詞很多，用“解”似乎不是很好的選擇。且所舉裁截亡人衣的例子見於《酉陽雜俎•尸穸》，時代過晚，無法證明秦代以前也存在這樣的習俗。至於遺漏重文符的現象，簡牘文獻中確實有見，但該木牘整體完整，其他内容未見缺漏，如無明確證據似乎也難以讓人信服。

馬克（2016）將“解”譯爲“taking off”，②即“脱下”，這是一個非常具有啓發性的解釋，但他在“taking off”後置省略號，未説清脱下的對象。

雍淑鳳（2017）斷讀爲“死，人之所惡。解予死人衣，必令産見之；弗産見，鬼輒奪而入之少内。”她認爲“解”義爲“剪裁”。將“死”與“人之所惡”斷開，忽略了“死人之所恶”與下文“死人所貴”的對應關係，也與放馬灘秦簡《丹》篇對應位置的“死者不欲”不合。將“解”釋爲裁剪，没有同時期的文獻用例印證。

劉信芳（2020）將原句補爲：“死人之所惡，解予死人衣。（予死人衣），必令産見之。”並進一步解釋如下：“死人之所惡者，解衣贈予死人也。贈予死人衣，必須是死者生前所見過的。换句話説，祠墓者解己衣以贈死者，死者没見過，有無緣無故接受饋贈之嫌，此所以‘死人’不接受。”“解衣贈予死人”的事例雖見於《禮

①參看孫占宇《放馬灘秦簡〈丹〉篇校注》，簡帛網，2012年7月31日，http://www.bsm.org.cn/?qinjian/5910.html。

②參看[德]Mark Csikszentmihalyi,*Testimony from Revenants and Sacrificial Regimens in Early China*,北京大學北京論壇辦公室：《北京論壇（2016）文明的和諧與共同繁榮——互信•合作•共享：出土文獻與中國古代文明分論壇論文及摘要集》，2016年，第160-178頁。

記·檀弓下》，但畢竟不具有普遍性。作爲禁忌要求，特别提出這一點，很難講通。

二

我們認爲“解予死人衣”中的“解”可釋爲“解開”，但在語境中指解開並脱掉衣服。在戰國至漢代的傳世文獻中此類用法多見，如：

解衣與弟子，夜半而死，弟子遂活。（《吕氏春秋·恃君覽·長利》）

今行者見大樹，必解衣縣冠倚劍而寢其下。

（《吕氏春秋·慎行覽·壹行》）

太子乃解衣免服，逃太史之家，爲溉園。（《戰國策·齊策》）

故禹之裸國，解衣而入，衣帶而出，因之也。（《淮南子·原道》）

漢王授我上將軍印，予我數萬衆，解衣衣我，推食食我，言聽計用，故吾得以至於此。（《史記·淮陰侯列傳》）

上述辭例中的“解衣”都指脱衣。秦漢簡牘中類似用法的“解衣”也可見到，如：

諸當衣赤衣冒擅（氈）、枸櫝杕及當鉗及當盜戒（械）而擅解衣物以上弗服者，皆以自爵律論之。（《嶽麓書院藏秦簡（伍）》220）

凡邦中之立叢，其鬼恒夜謼（呼）焉，是遽鬼執人以自伐〈代〉也。乃解衣弗衽，入而傅（搏）者之，可得也乃。

（《睡虎地秦墓竹簡·日書甲種·詰》67背貳，68背貳）

時天雨，請辟雨怒門中，時生皆在門中辟雨，請解衣更浣濯，捉事已復衣，時生、怒見請銅器，怒問請若銅器寧賣。

（《長沙五一廣場東漢簡牘（伍）》1771＋1775）

第1例中的“解衣物”指脱去標誌身份的赤衣和刑具等，“解”的語境義也是脱掉；第2例中的“解衣”有異文作“襄（攘）衣”，[①]魏德勝（2003:439）指出“解衣”指脱下衣服；第3例中的“解衣”與同簡中的“復衣”對舉，也指脱衣。

“予”與“死人衣”搭配，一般理解爲給予死者衣。但是結合“解”“予”連

①胡家草場《日書·詰咎》1965、1964號簡載：“凡邑之祠中若菆（叢）木有鬼恒夜虖（呼）焉，無已，是謂遽鬼執人以自伐〈代〉也。乃襄（攘）衣疌（捷）衽入而捕之，則可得也。”李天虹等（2020）指出：“‘攘衣’的意思可參考‘攘袂’。《漢書·鄒陽傳》‘攘袂而正議者’，顔師古注‘攘，却也。袂，衣袖也’。‘捷衽’即插衽。《管子·小匡》：‘管仲詘纓捷衽’，王念孫云‘捷，古插字也’。‘攘衣捷衽’，《詰》篇作‘解衣弗衽’，意義相類。”

文看，“予”在語境中更有可能是與“解”產生了臨時性關聯的動作，特指脱掉死者的衣服後給死者穿上新衣。要給死者穿另外的衣服，就要脱掉舊衣，故二者連用。《儀禮·既夕禮》載：“疾病，外内皆埽，徹褻衣，加新衣。”鄭玄注：“故衣垢汙，爲來人穢惡之。”賈公彦疏：“則‘徹褻衣’據死者而言，則生者亦去故衣服新衣矣。‘徹褻衣’謂故玄端已有垢汙，故來人穢惡，是以徹去之。‘加新衣’者，謂更加新朝服。《喪大記》亦云：‘徹褻衣，加新衣。’鄭玄注：‘徹褻衣，則所加者新朝服矣，互言之也。’”這是講當病人病情加重，面臨死亡之際，要爲它脱下不清潔的衣服，換上新衣服。“徹”與“加”，正對應本篇的“解”與“予”。

“解”與“予”的連用是在特殊語境中出現的，以往不見。上古漢語“V＋予/與＋O”結構中，V與“予/與”的關係主要有3種類型。第1種，V是三價動詞，與“予/與”的直接賓語、間接賓語都相同，[①]如：

> 侯彭祖坐當歸與章侯宅不與罪，國除。（《史記·景惠間侯者年表》）
> 數歲，假予産業，使者分部護之，冠蓋相望。（《史記·平準書》）

第2種，V是二價動詞，V的賓語與“予”的直接賓語相同，如：

> 鄭人執與楚，楚厚賜，使反其言，令宋急下。（《史記·晉世家》）
> 乃脱解印綬，推予張耳，張耳亦愕不受。（《史記·張耳陳餘列傳》）

第3種，V是二價動詞，V的賓語省略且與“予”的賓語完全不同，如：

> 臣矯予之，以爲國也。（《戰國策·楚策》）

“解予死人衣”與上述3種類型均不相同。“解”的賓語可以是“死人衣”，“予”的賓語也可以是“死人衣”，二者不僅是承接的關係，甚至成爲了一對臨時性的反義詞。因此，雖然“解死人衣”與“予死人衣”中的“死人衣”所指是不同的，前者中的“死人衣”指脱下的衣服，後者中的“死人衣”指要給他穿上的衣服，内部語義關係也並不一致，前者中的“死人衣”是修飾性結構，後者中的“死人衣”由“予”的間接賓語與直接賓語組成，但陳述者或書寫者爲了敘述的簡便，選擇了“解”“予”連文的表達格式。試將“解予死人衣”换成相同語義的語句如“解死人衣而予其衣”，或者“於其死後解其衣及予其衣”，未免啰嗦。這種“解”的賓語與“予”的雙賓語形式上完全密合的情況，出現概率是極低的，因此在同時期文獻中找不到類似的例子也就不奇怪了。

解釋“解予死人衣”，要聯繫“必令産見之”。“死人之所惡，解予死人衣”，

①當“V＋N”結構含有給與義，N是接受者賓語時，漢代以後傾向於在單音節動詞V後面加上動詞“與/予”，例如“送與”“賜與”“授與”“分與”等。（參看邵永海，1990）

在一個句子中兩次出現“死人”，這是很不尋常的表述。人們通常會選擇用代詞代替第2處“死人”，但本篇却並未如此處理。究其原因，第二處“死人”的使用恐怕是爲了與後文的“産”在時間上形成對應關係。該句是説死人所厭惡的是在死人死後給他脱衣和穿衣，所厭惡者重心不在“解予衣”，而在於“解予衣”的時間爲人死後。對此後文補充説明“必令産見之”，即一定要在死者活著時見到爲他“解予衣”的行爲，“之”代指的是“解予衣”這個事。“必令産見之”並非如以往一般認爲的是在强調斂衣必須生前見到，而是在强調活著時就完成更换葬衣。這樣解釋，解决了以往“必令産見之”所指事項缺失的問題，找到了前後兩個句子的邏輯聯繫。後文接下來再陳述“弗産見, 鬼輒奪而入之少内”，是在交待爲什麽死人厭惡在他死後給他脱衣和穿衣，即爲什麽一定要讓他活著時見到，因爲如果不活著時見到“解予衣”的過程，鬼差就会将衣服收入少内。[①]要注意的是，“入之少内”中的“之”與“産見之”的“之”不同，指衣服。

三

民間習俗中存在爲瀕死者更衣的傳統。[②]如萬建中（1998:18）指出：“民間舊俗，極講究壽終正寢，凡正常死亡的老人，盡量避免在病床上咽最後一口氣。當病人生命垂危之際，一般要先爲其沐浴更衣，然後再將其移到正屋明間的靈床上，在親屬的守護下，度過彌留的時刻，此謂之‘挺喪’，亦謂之‘送終’。”據張所文（2011:1）的調查，在遼東民間，“在人尚未絶氣之前，家人必須以最快的速度爲死者换上預先縫製的新衣（俗稱‘老衣’或‘壽衣’）”。另外據仵軍智（2023）的調查，在關中西部農村，“人去世時不能穿著生病時的衣服，而人死後穿上的壽衣到陰間就等於没有穿衣服，所以必須在未亡之際换上新的壽衣……在未亡之際也是出於方便的考慮，即未亡之人的身體是柔軟的，穿衣活動較爲方便，而一旦死亡，身體將會僵硬，這時候穿衣是很困難的事情。”此外，海南瓊山、山東南部、甘肅會寧、貴州泗水等地，都有類似的習俗。這樣的習俗正與我們對“解予死人衣，必令産見之”的

①關於少内，也有不同的意見。李零（2012）認爲這裏是地下的府藏之官，陳偉則認爲牘文中“少内”與“厨”對舉，不大像是官府，恐是指“小内”。（參看陳偉《北大藏秦簡〈泰原有死者〉識小》，簡帛網，2012年7月14日，http://www.bsm.org.cn/?qinjian/5904.html）“厨”也可作爲官署下轄機構出現，如《嶽麓書院藏秦簡（肆）》165－166號簡載：“倉律曰：毋以隸妾爲吏僕、養、官【守】府，隸臣少，不足以給僕、養，以居貲責（債）給之；及且令以隸妾爲吏僕、養、官守府，有隸臣，輒伐〈代〉之，倉厨守府如故。”朱紅林（2018:46）指出：“‘倉厨守府’，或與‘官守府’辭例相似，即‘守倉厨府’。厨，爲倉之屬下部門。”可從。另外，里耶秦簡中也可見到“厨”，如里耶秦簡9-1128號簡載：“倉厨捕鼠十。嬰。”因此，“少内”雖與“厨”對舉，仍可以理解爲地下府藏之官。

②此蒙匿名審稿專家提醒，特此致謝。

解釋相合。民間有説法去世前穿的壽衣才可以帶到地下世界，與《泰原有死者》所謂“弗産見，鬼輒奪而入之少内”的表述也大意相同。

一些古籍記載，在預知死亡的情况下，往往將死者换衣以面對死亡，如：

> 妻劉氏，少斷酒肉，常持《金剛經》。先焚香像前，願年止四十五，臨終心不亂，先知死日……至歲除日，請僧受八關，沐浴易衣，獨處一室，趺坐高聲念經。及辨色悄然，兒女排室入看之，已卒，頂熱灼手。
>
> （《酉陽雜俎》續集卷七）
>
> 居一歲，忽沐浴易衣，告妻子曰：“今當别汝，緣官中差我往天台台取經，我平生得力者，緣看了《華嚴經》一遍。”語訖，瞑目而逝。
>
> （《夷堅志》甲志卷一）
>
> 臨終沐浴易衣，召家人告以後事，即命閉户，危坐床上，誦《赤壁詞》，又歌末後二句，歌罷，怡然而逝。（《續夷堅志》卷一）
>
> 迨至辰刻，見冥司二差至，凌女向卧床第，至此忽自起立，索换衣衫，與家人作别，甚慘，言已就瞑。（《浪迹三談》卷四）

臨死前更衣，有時還伴隨沐浴行爲，這是基於潔净的需要，試圖使死者能够乾净體面地去往地下世界。這與《儀禮·既夕禮》所記載的當病人病情加重時爲他“徹褻衣，加新衣”，動因基本一致。這些記載與《泰原有死者》的記載有共通之處。不過，《儀禮·既夕禮》及上述《酉陽雜俎》等幾種古籍所載的更衣，並非是更换壽衣。

《泰原有死者》記載死人厭惡在人死後爲其更换衣服，與《儀禮》《禮記》等文獻所載的喪葬禮儀有一定的差異。《禮記·喪大記》載：“始死，遷尸於床，幠用斂衾，去死衣。”“去死衣”即脱掉死者之衣，以等待沐浴死者之尸。之後爲死者沐浴，沐浴後“扱笄，設明衣裳”，給死者穿上内衣，又“乃襲，三稱”，給死者穿上三套衣服。在小斂、大殮環節也要爲死者加衣。如《儀禮·士喪禮》載：“厥明，陳衣於房，南領，西上，綪。絞，横三縮一，廣終幅，析其末。緇衾，赬裏，無紞。祭服次，散衣次，凡十有九稱。陳衣繼之，不必盡用。”“厥明，滅燎。陳衣於房，南領，西上，綪。絞，紟，衾二。君襚、祭服、散衣、庶襚，凡三十稱，紟不在筭，不必盡用。”嚴格按照整套流程下來，死者要穿著多重衣服下葬。古籍中所載漢代及之後歷代的小斂之禮，一般沿自《儀禮》《禮記》，雖因時代不同而有一定的差異，但大體都包含爲死者沐浴、更衣的環節。當代民俗中也存在爲死者特别是爲剛死去的人更换壽衣的傳統。如何彬（1995:27–30）指出江浙地區漢族在死者死後爲死者更换壽衣，温珍奎、尹珊（2004）指出江西南部客家人的葬俗是“死者斷氣後，由親屬對死者抹尸，給其换上壽衣，確保死者乾乾净净前往陰間投生”。

以往討論秦漢時代的喪葬習俗，往往以《儀禮》《禮記》的記載爲據。而《泰原有死者》提示我們，秦時部分地區，在更换斂衣的時間上存在與《儀禮》《禮記》不同的認知和實踐方式。這一實踐方式，相當於整合了《儀禮·既夕禮》所載“疾病，外内皆埽，徹褻衣，加新衣”與《儀禮》《禮記》所載小斂、大殮更衣的流程。李零（2012）曾指出《泰原有死者》所記黄圈當金、黍粟當錢等説明死者地位不高，屬於較低的社會階層。因此，《泰原有死者》關於更换斂衣時間的説法，很有可能體現了在階層較低的社會群體中流行的喪葬習俗與《儀禮》《禮記》等典籍所記禮制之間的差異。陳華文（2007:61）指出：“從有文字記載的三禮中，可以看到的喪葬規則，一個最大的特點便是平民與士以上統治者的區别對待，這種區别往往以士爲分界點，對平民不再做出更爲具體的禮俗規定或者提出詳細的要求，但對士以上的各個統治者階層，則做出相應的詳細禮制規定，以區别從帝王到諸侯到士大夫之間的不同階層地位、權力、爵秩。”《泰原有死者》正可補充以往缺載的階層較低的社會群體中流行的喪葬習俗，應該引起我們的重視。

馬軼男（2019）指出放馬灘秦墓《丹》的性質是“指導喪葬、祭祀活動的文書”。《泰原有死者》與《丹》的性質相同，兩種文獻提及的喪葬、祭祀禁忌應該源於文獻創作者的某些認知或意圖。《泰原有死者》强調死者厭惡在死後爲其脱衣、加衣，所做的解釋是“弗産見,鬼輒奪而入之少内”，體現了古人對生死轉换過程的認知。這與今時存在的人死後穿上壽衣到陰間等於没有穿衣服的認知有類似之處，都通過强調不好的後果，爲給瀕死者更换壽衣這種行爲尋找了合理性。

同時，《泰原有死者》的記載可能也反映了當時底層社會的節葬需求。《丹》與《泰原有死者》中“死人之所惡,解予死人衣，必令産見之”一句對應的位置上，所記爲“死者不欲多衣”。姜守誠（2013）指出：“死人不需要太多的衣物隨葬，這體現了古人的節葬理念。”雖然《泰原有死者》並未强調“解予衣”的數量問題，但如果遵從《泰原有死者》的説法更换斂衣，客觀上减少了典籍中所規定的喪葬儀式中需爲死者進行的小斂、大殮所涉脱衣、加衣環節，[①]可能會節省一定數量的喪葬用衣，避免了活人的財富向死人流轉。對於當時大量的社會底層群體而言，其全部的衣服大概也不會有幾件，如果按照士以上階層的喪制，需爲死者穿著較多的衣服，即使部分或者都是舊衣，[②]也是吃不消的。《墨子·節葬下》載：“此存乎王公大人有喪者，曰棺槨必重，葬埋必厚，衣衾必多，文繡必繁，丘隴必巨。存乎匹夫賤人死者，殆竭家室。存乎諸侯死者，虚庫府，然後金玉珠璣比乎身，綸組節約，車馬藏乎壙，又必

①如果按照《儀禮》的記載操作小斂、大殮環節，士這一階層，小斂需19套衣服，大殮需30套衣服，大夫以上的階層大殮所需衣服更多。雖然《士喪禮》與《喪服大記》都提及“不必盡用”，但準備如此多的衣服未嘗不是負擔。

②漢墓遣策中一些官吏的隨葬衣服也多有舊衣，如江陵鳳凰山8號墓遣策中即記有“故布禪衣二”“故素禪襦一”等。參看湖北省文物考古研究所（2012:8-9）。

多爲屋幕、鼎鼓、几挺、壺濫，戈劍、羽旄、齒革，寢而埋之。”所謂“衣衾必多”，正是厚葬習俗中隨葬衣物較多的寫照，而“存乎匹夫賤人死者，殆竭家室”，正描寫了社會底層爲厚葬習俗所累的現象。《泰原有死者》和《丹》中，這種節葬的意圖可能貫穿全篇，如陳侃理（2013）指出後文提到的“黄圈以當金，黍粟以當錢，白菅以當繇”也是出於節葬的考慮。

綜上所述，我們認爲《泰原有死者》中的“死人之所惡，解予死人衣，必令産見之”是一句完整的話。“死人之所惡，解予死人衣”義爲“死人所厭惡的是脱下死者之衣並給他穿上另外的衣服”，與“必令産見之”從相反的兩方面强調應該在人死之前給瀕死者换衣。借復生者之口提出在死者活著時就完成斂衣的更换，與今時部分地區的民俗相合。這一關於喪葬活動的指導意見，與《儀禮》《禮記》等典籍所記禮制之間存在差異，體現了當時底層社會群體對生死轉换過程的認知，也可能與社會底層對節葬的需求有關。

參考文獻

陳華文　2007　《喪葬史》，上海文藝出版社。

陳　劍　2018　《據出土文獻説“懸諸日月而不刊”及相關問題》，《出土文獻：語言、古史與思想》（《嶺南學報》復刊（第10輯），上海古籍出版社。

陈侃理　2013　《秦簡牘復生故事與移風易俗》，《簡帛》（第8輯），上海古籍出版社。

陳　偉（主編）　孫占宇　晏昌貴等（撰著）　2016　《秦簡牘合集釋文注釋修訂本（肆）》，武漢大學出版社。

陳鬆長　2016　《岳麓书院藏秦简（肆）》，上海辭書出版社。

甘肅省文物考古研究所　2009　《天水放馬灘秦簡》，中華書局。

何　彬　1995　《江浙漢族喪葬文化》，中央民族大學出版社。

湖北省文物考古研究所　2012　《江陵鳳凰山西漢簡牘》，中華書局。

黄　傑　2013　《放馬灘秦簡〈丹〉篇與北大秦牘〈泰原有死者〉研究》，《人文論叢》2013年卷，中國社會科學出版社。

姜守誠　2013　《放馬灘秦簡〈志怪故事〉中的宗教信仰》，《世界宗教研究》第5期。

姜守誠　2014　《北大秦牘〈泰原有死者〉考釋》，《中華文史論叢》第3期。

蔣　文　2020　《“黄豆瓜子”何以支付“地下賦”》，《簡帛》（第20輯），上海古籍出版社。

李　零　2012　《北大秦牘〈泰原有死者〉簡介》，《文物》第6期。

李天虹　華楠　李志芳　2020　《胡家草場漢簡〈詰咎〉篇與睡虎地秦簡〈日書•詰〉對讀》，《文物》第8期。

劉國勝　2013　《北大藏秦簡讀後記》，《簡帛》（第8輯），上海古籍出版社。

劉信芳　2020　《秦簡“丹而復生”與“泰原有死者”合論》，《考古與文物》第6期。

馬軼男　2019　《放馬灘秦簡〈丹〉篇文本性質的再思考》，《國學學刊》第2期。

尚宇昌　2017　《北大秦牘〈泰原有死者〉“勿束縛”新解》，《咸陽師範學院學報》第3期。

宋華强　2011　《放馬灘秦簡〈邸丞謁御史書〉釋讀札記》，中國文化遺産研究院編《出土文獻研究》（第10輯），中華書局。

孫占宇　2013　《天水放馬灘秦簡集釋》，甘肅文化出版社。

邵永海　1990　《從〈左傳〉和〈史記〉看上古漢語的雙賓語結構及其發展》，《綴玉集》，北京大學出版社。
萬建中　1998　《中國歷代葬禮》，北京圖書館出版社。
魏德勝　2003　《〈睡虎地秦墓竹簡〉詞彙研究》，華夏出版社。
温珍奎　尹珊　2004　《贛南客家葬俗述要》，《井岡山師範學院學報》第2期。
仵軍智　2023　《關中西部農村喪葬入殮儀式考察》，《咸陽師範學院學報》第5期。
徐吉軍　賀雲翱　1991　《中國喪葬禮俗》，浙江人民出版社。
楊曉紅　2015　《從魯南喪葬習俗看墨家喪葬觀的現實意義》，《語文學刊》第11期。
雍淑鳳　2017　《北大藏秦牘〈泰原有死者〉斷句、語譯、闡釋商榷》，《古籍研究》第1期。
張鳳平　2012　《客家人的喪葬習俗》，《神州民俗》第184期。
張所文　2011　《遼東民間喪葬禮俗研究》，天津社會科學院出版社。
朱紅林　2018　《〈嶽麓書院藏秦簡（肆）〉補注六》，《出土文獻與法律史研究》（第7輯），法律出版社。
[德]Mark Csikszentmihalyi　2016　*Testimony from Revenants and Sacrificial Regimens in Early China*,北京大學北京論壇辦公室：《北京論壇（2016）文明的和諧與共同繁榮——互信·合作·共享：出土文獻與中國古代文明分論壇論文及摘要集》。

Study on *Jieyu Siren Yi* (解予死人衣) in *Taiyuan Has a Dead Man*

Zhao　Yan

Abstract: *Taiyuan Has a Dead Man* records that what the dead man hates is to remove his cerement but dress him in other clothes (死人之所惡，解予死人衣). The following sentence Biling chanjian zhi (必令產見之) means that the dead shall be made to see the process of *jieyu yi* (解予衣) during his lifetime. The above-mentioned two sentences are interrelated, both of which are proposed by the resurrected to complete cerement dressing while the deceased is still alive. The record in *Taiyuan Has a Dead Man* is consistent with the folk custom of cerement dressing for the moribund before their death in some regions today. The record serves as a guidance for funeral activities and somewhat differs from the regulations on funerals in the classics such as *The Etiquette and Ceremonial* and *The Book of Rites*, etc., which reflects the difference between folk custom and traditional norms of etiquette in some regions of the Qin dynasty.

Key words: *Taiyuan Has a Dead Man*; *Jieyu* (解予); Funeral custom

（趙岩，東北師範大學文學院　吉林　130022）

據古書異例補説戰國秦漢簡三則*

暨慧琳

摘　要：俞樾在《古書疑義舉例》一書中總結的古書異例對於釋讀出土文獻有重要參考價值。本文結合其中一些條例，對清華簡《湯處於湯丘》的“如”訓爲“不如”、周家臺秦簡醫書“癰方”的句讀以及銀雀山漢簡《十陣》中的“蔣芥”等相關問題進行了重新解讀。

關鍵詞：古書疑義舉例；古書異例；出土文獻

清儒俞樾所撰《古書疑義舉例》（以下簡稱《舉例》）總結了八十八條古書異例，涉及古書中有關文字、音韻、詞彙、語法、修辭、校勘等各方面的特殊問題。梁啓超（2011:258）謂該書上半部可稱“古代文法書”，下半部可稱“校勘秘訣”。俞氏所舉例證解决了古書中的許多疑難問題，其總結的古書異例也有助於出土文獻的解讀。本文擬根據俞樾總結的特殊文例對出土文獻中的相關問題略作補苴。

一

《舉例》卷二“語急例”曰：“古人語急，故有以‘如’爲‘不如’者。”①此例來源於顧炎武《日知録》卷三十二的“語急”條：“古人多以語急而省其文者”（顧炎武，2013:1808-1810）。《公羊傳》隱公元年：“母欲立之，己殺之，如勿與而已矣。”何休注：“如即不如，齊人語也。”顧炎武（2013:1809）謂“此不必齊人語”。從出土楚簡數見以“如”表“不如”來看，顧氏此説可從。

楚簡多次出現以“如”表“不如”，如下引《上博簡》諸例：

> 競平王就鄭壽，訊之於层廟，曰：‘禍敗因重於楚邦，懼鬼神以爲怒，囟先王無所歸，吾何改而可？’鄭壽辭，不敢答。王固訊之。答：‘女（如）毁新都戚陵、臨陽，殺左尹宛、少師無忌。’王曰：‘不能。’鄭壽：

*本文爲國家社科基金青年項目“出土漢代簡帛古書中的轉寫問題研究”（批准號：23CYY003）階段性成果，蒙匿名審稿專家提出了很好的修改意見，謹此致謝。

①文中所引《古書疑義舉例》相關説法皆出自俞樾（1956），下文不一一標注。

‘如不能，君王與楚邦懼難。’”[①]　　　　（《平王問鄭壽》1—3）

“公慍，無告，告强門大夫。强門〖大夫〗曰：‘女（如）出内庫之囚，❜而予之兵。’”[②]　　　　（《姑成家父》9）

“魯邦大旱，哀公謂孔子：‘子不爲我圖之？’孔子答曰：‘邦大旱，毋乃失諸刑與德乎？’‘唯〼之何哉？’孔子曰：‘庶民知説之事鬼也，不知刑與德。女（如）毋愛珪璧幣帛於山川……’”　　　　（《魯邦大旱》1、2）

沈培（2008:152-159）指出，以上文句中的“女”皆應讀爲“如”，訓爲“不如”。其後沈培（2018:52）又指出這種句式的出現應具備兩個條件：第一，出現在對話中，而且是在答語中；第二，以“如”表示“不如”提出建議，目的是要體現出十分委婉的語氣。按：沈説基本可從，學者也陸續發現了更多出土文獻中的相關用例，讀者可參看沈培（2018）。

《清華簡·湯處於湯丘》記載“小臣有疾，三月不出”，湯爲了與小臣謀夏邦，“復見小臣，歸必夜”。於是方惟勸諫湯曰：

今小臣有疾，女（如）思（使）召，少閒於疾，朝而訊之，不猶受君賜？　　　　《清華簡·湯處於湯丘》4

整理報告（2015:135）句讀如上，並謂“少閒”即疾病稍愈，“如”字則未加注。按：“少閒”之訓釋可從。《方言》卷三：“閒，愈也。南楚病愈者謂之差，或謂之閒。”錢繹《方言箋疏》：“《文王世子篇》‘旬有二日乃閒’，鄭注：‘間，猶瘳也。’《子罕篇》‘病閒’，孔安國云：‘少差曰閒。’枚乘《七發》：‘伏聞太子玉體不安，亦少閒乎？’注云：‘言有閒隙。’”（參看華學誠，2006:261—262）《七發》之“少閒”與簡文用法相同。但《湯處於湯丘》4“如使召，少閒於疾”則應當連讀，“如”亦訓爲表示建議之“不如”，簡文意爲“現在小臣有病，不如在小臣疾病稍愈時徵召之，使其來朝見並問詢他，[③]不也如同受到君主的恩賜嗎？”

---

①本文所引釋文除討論對象以外皆采用寬式釋文。依據學界慣例，以“（）”表示通行字，“〖〗”表示脱文，“【】”表示可據文例或文義補充的闕文，“〼”表示原簡殘斷難以確定闕文。

②此句圖版作“公告强₌門₌夫₌曰……”，“夫”爲“大夫”合文，依據文義及上博簡抄寫習慣，“夫”下當有一合文號、一重文號，此處應是脱漏一重文號。匿名審稿專家認爲此處有可能“₌”既當重文號、又當合文號，因爲出土文獻中一字下既有合文符號又加重文符號的現象罕見。按：暨慧琳、劉釗（2021）曾集中梳理過出土文獻中一字下既有重文號又有合文號的例證，如《包山簡》144“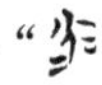”即“小人”合文再重文，《馬王堆帛書·昭力》“”即“大夫”合文再重文，皆是其例，而一個“₌”同時既表重文、又表合文的現象目前尚無可靠例證，故此仍持原説。

③“朝”的此類用法如《孟子·公孫丑上》“武丁朝諸侯，有天下，猶運之掌也。”或説“朝”讀爲“召”，如《晏子春秋·諫下八》“未幾，朝韋囧解役而歸。”俞樾《諸子平議》謂：“朝者，召也。”

二

《舉例》卷三謂“古人自有叙論並行之例……古人之文無定法”。所謂“叙論並行”，一類是記言中間有叙事，另一類是叙事中間有議論，且叙事與言論之間並無明顯標記，因此古書句讀偶有歧異。據此例可對秦簡的一處句讀重加討論。

《周家臺秦簡醫書》338、339“癰方”簡文如下：

> 操杯米之池，東鄉，禹【步三】步，投米，祝曰：“皋！敢告曲池，某癰某破。禹步揁房糜，令某癰數去。”

整理者（2001:131）釋文、句讀如上，簡文中的“禹”及後一“步”字據殘筆釋，中間的“步三”二字已經磨滅，係據文例而補。陳偉（2014:64-65）、張雷（2018:85）、謝明宏（2018:46）等從之。

關於“揁房糜”的訓釋，整理者未加注，研究者説法不一（參看陳偉，2014；謝明宏，2018；張雷，2018）。其中，陳斯鵬（2007:116-117）將“房糜”讀爲“芳䊳”，認爲其義相當於“芳糧”。王貴元（2009）認爲“揁”義爲揚撒，與“投”所指爲同一動作；“房糜”對應的是“米”，或可讀爲“芳禄”，與“芳糧”義同。楊豔輝（2018:92-93）贊同王先生對“揁”的釋義以及將“房”讀爲“芳”之説，但認爲“糜”應是“䊳”的省寫異體字，意爲米、麥的碎粒。其説當可信從，至此該句釋義基本明確。

不過此段簡文的句讀尚有可商之處。吕志峰（2016:101-102）指出若依整理者斷句，則“禹步揁房糜”似乎也是巫師所念咒語，而實際上這應當是巫師做法的動作，故而將此段讀爲：

> 操杯米之池，東鄉，禹“步三”步，投米，祝曰：“皋！敢告曲池，某癰某破。”禹步，揁房糜，令某癰數去。

廣瀨薰雄（2022:249-251）梳理了秦漢簡帛中的諸多“禹步”辭例，認爲“禹步三，步曰”指每次禹步都要念咒語，一共念三次咒語；“禹步三，曰”則指禹步三次後再念咒語，即只念一次咒語即可；故而其文將“癰方”中的“禹步三步投米”斷讀爲“禹步三，步投米”，意爲每次禹步就撒米，共撒三次米。

按：吕説及廣瀨先生之説皆有一定道理，但仍有未盡之處。本文認爲，“禹步揁房糜”確爲施法動作，而“令某癰數去”則應該是祝辭的一部分，只是句前省略了“曰”字。關於“令某……”這種表述可參考下列這些周家臺秦簡醫方用語：

以菽七，脱去黑者……禹步三，步祝曰：“呼！垣址，苟令某龋已，予若菽子。” （《周家台・已龋方（二）》329、330）[①]

見車，禹步三，步曰：“輔車車輔，某病齒龋，苟能【令某】龋已，令【332】若毋見風雨。”即取車舝……（《周家台・已龋方（三）》332、333）

北鄉，禹步三，步曰：“呼！我知令某瘧、令某瘧者某也。若苟令某瘧已，□=已=。一□言若。” （《周家台・瘧》376）

比較可知醫方中的“令某如何”皆爲祝告之辭，而“禹步”則爲施術時的動作，故“癰方”此段文字應句讀爲：

操杯米之池，東鄉，禹步三，步投米，祝曰：“皋！敢告曲池，某癰某破。”禹步，擯房楘，“令某癰數去”。

禹步之後念祝辭，然後再行禹步或是進行其他動作，在祝由術中很常見，如周家臺醫簡342—344的“有子三月”方，可資比較：

……前置杯水女子前，即操杯米，禹步【三】，祝曰：“皋！敢告鬻。”步投米地，祝投米曰：“某有子三月，疾生。”即以左手撟杯水飲女子，而投杯地，杯□□。[②]

可證本文對“癰方”句讀的合理性。

三

《舉例》卷七有“字因上下相涉而加偏旁例”，謂“字有本無偏旁，因與上下字相涉而誤加者”。俞樾所論即“類化”現象的一種，指文字在具體的語言環境裏，受鄰近字符的影響而增添與鄰近字相同的偏旁（參看劉釗，2011:95-108）。

“類化”在出土文獻中習見，學者論之已詳。[③]如《清華簡・治邦之道》簡6“水暭（旱）、雨露之不度”，“暭”即“旱”，《説文》：“旱，不雨也。从日、干聲。”该簡兩處寫作“水暭、雨露”，“暭”或係涉下文“雨”字而增意符“雨”。又如《清華簡・晉文公入於晉》簡3“命肥蒭羊牛、豢犬豕，具畨（黍）稷酒醴以

①本句及下引諸句的“禹步三，步（祝）曰”及“禹步三，步投米（地）”斷句皆從廣瀨薰雄（2022）。

②釋文從陳偉（2014:65-66）。

③如沃興華（1996，312-316）、張靜（2005:153-157）、黄文傑（2005）、張涌泉（2010:63-68）。

祀”，“黍”从“田”應是受下字“稷”影響。

《銀雀山漢簡•孫臏兵法•見威王》簡256“湯汸（放）桀，武王伐紂”，張震澤（2018:23）認爲“汸”字是涉上“湯”而誤从水旁。按：同篇簡252謂“舜擊讙兜，方（放）之崇；擊鯀，方（放）之羽；擊三苗，方（放）之危……”可見本篇“流放”之{放}皆用“方”字表示。[①] 因此簡256的“汸”字應屬“字因上下相涉而加偏旁”。

據此試對銀雀山漢簡一處簡文重加釋讀。《銀雀山漢簡》“論政論兵類”《十陣》簡1550篇講火戰之法，曰：

> 陵猋（飈）蔣夻，薪蕘氣（既）積，營窋（窟）未謹，如此者，可火也。

整理小組（2010:192）疑“營窋”即“營窟”，其他字詞未作具體解釋。《〈孫臏兵法〉注釋》認爲“蔣夻”指野草，“薪蕘”指柴草。[②]張震澤（2018:135-136）謂“陵猋”猶言凌風，“蔣”指菰蒲；又謂“夻”从艸（引者按：此處或脱一“閑”字）省門，即“蕑”，是一種野草；並謂“蔣夻”讀爲“蔣蕑”，泛指水陸叢生亂草，“此言敵軍駐地雜草凌風而生，其所用之薪蕘又積聚成堆。”

按：舊説似皆可商。“陵猋蔣夻，薪蕘既積，營窟未謹”三句並列，結構相同。其中“陵猋”可讀爲“凌飈”，指暴風。而“蔣”字與“既”和“未”相對，則“蔣”應該讀爲“將”，副詞，表示將要，此乃涉下文“薪蕘”影響而加偏旁“艸”，故與《説文》訓爲植物的“苽蔣”之“蔣”成了同形字。

此外，“夻”从“艸”从“外”（即“閑”省形[③]），可能也是涉下文類化，或可讀爲“閒（間）”，《類篇•門部》：“間，一曰近也。”《廣韻•山韻》：“閒，隙也。近也。”《文選》卷四十二收應璩《與從弟君苗君胄書》“間者北游，喜歡無量”，張銑注：“間，近也。”《馬王堆簡•十問》簡26-27“有徵可知，閒（間）雖聖人，非其所能，唯道者知之。”帛書整理小組（1985:147）即引杜預注“間，猶近也”來解釋句中的“閒（間）”，裘錫圭（2014:144）從之。

故“蔣夻”或可讀爲“將間”，訓爲“將近”。《銀雀山漢簡•十陣》此句意爲：趁着暴風將近，薪柴已經堆積好，（敵人）營窟不謹慎，這樣就可以火攻了。此爲火攻敵人之法，《後漢書•劉虞傳》有“（公孫）瓚乃簡募鋭士數百人，因風縱火，直冲突之。”《十陣》篇前文簡1548亦有“火戰之法，溝壘已成，重爲溝塹。五步積薪，必均疏數……風辟☐”講防禦火攻之法，可與此段簡文參看。

①而且據駢宇騫《銀雀山漢簡文字編》，銀雀山漢簡中似無“放”字。

②參見中國人民解放軍瀋陽部隊《〈孫臏兵法〉注釋》（1975），轉引自張海波（2015:478）。

③清華簡多見从“門”从“外”之“閑”，可參看馬繼（2019:1450）。

參考文獻

陳斯鵬　2007　《戰國秦漢簡帛中的祝禱文》，《簡帛文獻與文學考論》，中山大學出版社。
陳　偉（主編）　2014　《秦簡牘合集（叁）·周家臺秦墓簡牘》，武漢大學出版社。
黄汝成　2013　《日知録集釋》，上海古籍出版社。
廣瀨薰雄　2022　《讀秦漢簡帛醫書札記（三則）》，《出土文獻與古文字研究》（第10輯），上海古籍出版社。
湖北省荆州市周梁玉橋遺址博物館　2001　《關沮秦漢墓簡牘》，中華書局。
華學誠　2006　《揚雄方言校釋匯證》，中華書局。
黄文傑　2005《戰國秦漢文字類化現象考察》，《中山人文學術論叢》（第6輯），澳門出版社。
暨慧琳　劉　釗　2021　《先秦多重重文表達法及相關問題探略》，《古漢語研究》第3期。
李學勤（主編）　2010　《清華大學藏戰國竹簡（壹）》，中西書局。
李學勤（主編）　2015　《清華大學藏戰國竹簡（伍）》，中西書局。
梁啓超　2011　《中國近三百年學術史》（新校本），商務印書館。
劉　釗　2011　《古文字構形學》（修訂本），福建人民出版社。
吕志峰　2016　《讀〈關沮秦漢墓簡牘〉札記三則》，《中國文字研究》（第 24 輯），上海書店出版社。
馬　繼　2019　《清華大學藏戰國竹簡1-8文字編》，華東師範大學碩士學位論文。
馬王堆漢墓帛書整理小組　1985　《馬王堆漢墓帛書［肆］》，文物出版社。
裘錫圭（主編）　2014　《長沙馬王堆漢墓簡帛集成［陸］》，中華書局。
沈　培　2008　《由上博簡證“如”可訓爲“不如”》，《出土文獻與古文字研究》（第 2 輯），復旦大學出版社。
沈　培　2018　《清華簡〈鄭武夫人規孺子〉校讀五則》，《漢字漢語研究》第4期。
王貴元　2009　《周家臺秦墓簡牘釋讀補正》，《考古》第2期。
沃興華　1996　《類化字及其訓詁法》，《于省吾教授百年誕辰紀念文集》，吉林大學出版社。
謝明宏　2018　《里耶秦簡、周家臺秦簡、北大藏秦簡所見醫簡集釋及相關問題研究》，武漢大學碩士學位論文。
楊豔輝　2018　《〈病方及其他〉校讀三則》，《出土文獻綜合研究集刊》（第7輯），巴蜀書社。
銀雀山漢墓竹簡整理小組　2010　《銀雀山漢墓竹簡（貳）》，文物出版社。
俞　樾　1956　《古書疑義舉例五種》，中華書局。
中國人民解放軍瀋陽部隊《孫臏兵法》注釋組　1975　《〈孫臏兵法〉注釋》，遼寧人民出版社。
張震澤　2018　《孫臏兵法校理》，中華書局。
張海波　2015　《銀雀山漢簡兵書類文獻校釋》，吉林大學博士學位論文。
張　雷　2018　《秦漢簡牘醫方集注》，中華書局。
張　静　2005　《論郭店楚簡中的字形類化現象》，《古籍研究》第1期，安徽大學出版社。
張涌泉　2010　《漢語俗字研究》（增訂本），商務印書館。

Three Notes of Supplementary Interpretation of Warring States, Qin and Han Slips Base on Examples of Variants in Ancient Texts

Ji Huilin

Abstract: Examples of variants in ancient texts summed up by Yu Yue in *The Examples of Disputable Problems from the Classics* (《古書疑義舉例》) provide valuable reference to interpreting unearthed documents. In combination of some examples, this article reinterprets relevant questions. For example, it interprets *ru* (如) as *buru* (不如) in the *Tang Dwelling Among the Tang Hills* (《湯處於湯丘》) from the Tsinghua bamboo slips; it punctuates sentences in the *Prescription for Carbuncle* (《癰方》) from the Zhoujiatai Qin slips; it makes a new explanation of *jiangjian* (蔣蕑) in *Ten Formations* (《十陣》) from the Yinqueshan Han slips.

Key words: *Examples of Disputable Problems from the Classics* (古書疑義舉例); Examples of variants in ancient texts; Unearthed documents

（暨慧琳，厦門大學中國語言文學系　福建　361005）

秦漢簡涉魚名物字詞考釋二則*

孫　濤

摘　要：里耶秦簡8－769“山今盧魚”讀爲“山陰鱸魚”，指會稽郡山陰縣的鱸魚。在古漢語中往往在名物之前加地名，以强調其來源，達到類似今天“品牌”的效果。山陰縣地處浙江（今錢塘江）入海處，此江、海交匯處是鱸魚的主要活動區域之一，因此“鱸魚”前加該地名。張家山247號漢墓遣册29簡“便煎”讀爲“鯾煎”，同“煎鯾”，指煎鯿魚。“鯾”又作“鯿”，楚地文獻和出土實物皆多見此魚。在古漢語中跟烹飪相關的雙音節名物詞語的字序多可對換，而且其表達的意義相同，如“腊”“鮓”“炙”“脯”等構成的詞語，“煎”同屬此類。

關鍵詞：里耶秦簡；張家山漢墓遣册；山今盧魚；便煎

一、釋里耶秦簡“山今盧魚”

里耶秦簡第8層769簡的內容如下：

（1）卅五年八月丁巳朔己未，啓陵鄉守狐敢言之：廷下令書曰取鮫魚與/山今盧（鱸）魚獻之。問津吏徒莫智（知）。•問智（知）此魚者具署/物色，以書言。•問之啓陵鄉吏、黔首、官徒，莫智（知）。敢言之。•戶|曹。/八月□□□郵人□以來。/□發。狐手。

（《里耶秦簡》8－769正背）

據上可知，秦始皇35年（公元前212），洞庭郡遷陵縣啓陵鄉守狐上書報告，[①]縣廷下令書，要求上貢“鮫魚”和“山今鱸魚”，但是詢問比較熟悉水産情況的管理津渡的官吏，[②]没有人知道這兩種魚的情況。縣廷又下令要求詢問知道兩種魚的人，

*本文受山東省社會科學規劃人文社會科學基礎理論專項（23DRW19）、山東省高等學校青年創新團隊發展計劃（2023RW018）資助。感謝編輯部和匿名審稿專家提出的實貴修改意見！

①《漢書•地理志》記載遷陵縣屬於武陵郡，根據秦漢簡資料，秦代遷陵縣應屬洞庭郡，參見陳偉（2003；2019）。

②“津吏”的職責參見王子今（2017:61-62）。

具體地描述其樣貌特徵以上書報告。啓陵鄉守狐廣泛地詢問啓陵鄉的官員、百姓、官奴等人，這些人都不知道這兩種魚的情況。這兩種魚，陳偉（2012:222）詳細考釋道：

> 鮫魚，一種大魚。《史記・秦始皇本紀》記方士徐市云："蓬萊藥可得，然常爲大鮫魚所苦，故不得至，願請善射與俱，見則以連弩射之。"《淮南子・説山訓》："一淵不兩鮫。"高誘注："魚二千斤爲鮫。"山今盧魚，應是鱸魚的一種。8-1705有"乾鱸魚"。《後漢書・左慈傳》有"松江鱸魚"。

王子今（2023:699）早已指出《説文》明確記載"鮫魚"是海魚，李斯、李筆戎（2017a:494-502；2017b:115-124）對該簡所見"鮫魚"和"山今鱸魚"的時代背景作了詳細論證，並進一步補充道"鮫魚"是鯊魚，赞同"山今盧魚"是一種鱸魚，但仍未解釋"山今"兩字是何義。

"鮫魚"屬於海魚，因此只有生活在沿海地區的人才能有機會接觸，洞庭郡屬於内陸，而且古代信息閉塞，當地百姓和官吏不知道鮫魚自然是很正常的。關於"山今盧（鱸）魚"，古文獻明確記載鱸魚主要分布在吴地：

（2）秋風起兮佳景時，吴江水兮鱸魚肥。

（西晉張翰《思吴江歌》）

（3）今日高會，珍羞略備，所少吴松江鱸魚耳。

（南朝宋范曄《後漢書・左慈列傳》）

（4）翰因見秋風起，乃思吴中菰菜、蓴羹、鱸魚膾。

（唐房玄齡《晉書・張翰列傳》）

（5）渚畔鱸魚舟上釣，羨君歸老向東吴。

（唐崔顥《維揚送友還蘇州》）

（6）老親在吴郡，令弟雙同官。鱸鱠剩堪憶，蒓羹殊可餐。

（唐岑參《送張秘書充劉相公通汴河判官便赴江外覲省》）

（7）莫恨吴歈曲，嘗看越絶書。今朝欲乘興，隨爾食鱸魚。

（唐高適《送崔功曹赴越》）

（8）鱸魚千頭酒百斛，酒中倒卧南山緑。吴歈越吟未終曲，江上團團帖寒玉。

（唐李賀《江南弄》）

（9）又吴郡獻松江鱸魚乾鱠六瓶。 （宋李昉《太平廣記・吴饌》）

（10）黑色曰盧。此魚白質黑章，故名。淞人名四鰓魚……鱸出吴中，淞江尤盛，四、五月方出……《南郡記》云："吴人獻淞江鱸於隋煬帝。"

帝曰："金虀玉鱠，東南佳味也。"

（明李時珍《本草綱目•鱗部•鱸魚》）

鱸魚多見於"吴江""松江""吴松江""吴郡"等吴地區域並非偶然，這與其生活習性密切相關。據現代生物學研究，中國鱸魚品種主要是"松江鱸魚（Trachidermus fasciatus Heckel）"，這是"一種降海繁殖的魚類。幼魚在每年五、六月間上溯至淡水中育肥成長，至11月下旬開始降海回游，等待早春繁殖"（邵炳緒等，1980）。因爲在淡水中成長，在海水中繁殖的生物屬性，所以松江鱸魚只能生活在靠近河口與海洋交匯的地方。目前中國地區，松江鱸魚主要分布在秦皇島—渤海海區、鴨緑江—黄海海區、黄河—黄海海區、錢塘江—東海海區等區域。古代上海松江的鱸魚十分有名，但是由於人類活動，現在上海的通海河流以及鄰近海域中已少見松江鱸魚的踪迹（潘連德等，2010）。古文獻記載鱸魚主要分布在吴地，主要是因爲吴地處於長江入海口，適宜鱸魚的生長繁殖。古文獻中所記鱸魚的種類及其生活習性等生物屬性應該可以參考現代生物學的實地考察報告。

我們認爲跟"松江鱸魚"一樣，"山今盧（鱸）魚"之"山今"應該也是地名，而且屬於適合鱸魚生長繁殖的靠近河口與海洋交匯的地區。據此，我們認爲"山今"可讀爲"山陰"。《説文•阜部》："陰，闇也。水之南、山之北也。从阜侌聲。"又《雲部》："霒，雲覆日也。从雲今聲。侌，古文或省。"據出土文字，"陰"的聲符、"霒"的古文省體"侌"，實爲"从云今聲"（季旭昇，2014: 819；黄德寬，2007: 3885）。"今"是"陰"的聲符，因此"今"自可通"陰"。睡虎地秦簡《日書甲種•詰》56背壹 / 111反壹"欽鬼之氣入焉"，劉樂賢（1994: 239）指出："我們注意到上段有陽鬼，則此段理應接著講陰鬼……然則欽、陰皆从今得聲，故欽可通陰。"王子今（2002: 379）也同意該讀法，並解釋道："'陰鬼'是民間對'鬼'的通稱，而與'陽人'對應。"這是秦簡牘中"今"聲字跟"陰"通假的例子。

"山陰"指會稽郡山陰縣。《漢書•地理志上》："會稽郡，秦置。高帝六年爲荆國，十二年更名吴。景帝四年屬江都，屬揚州。"會稽郡包括"吴""山陰"等26縣，其中"山陰，會稽山在南，上有禹冢、禹井，揚州山。越王勾踐本國。有靈文園"。周振鶴、張莉（2021: 651）指出："治今浙江紹興市。"后曉榮（2009: 413-414、418）考證秦代會稽郡情况時，指出："秦會稽郡原爲吴、越地，戰國時屬楚國。公元前222年秦攻取其地，設郡，因會稽山而得名。"又考證秦代會稽郡包括山陰縣，如下：

（11）薄太后，父吴人，姓薄氏，秦時與故魏王宗家女魏媪通，生薄姬，而薄父死山陰，因葬焉。（《史記•外戚世家》）

（12）縣即大越之國，秦改爲山陰縣。（《水經•漸江水注》）

（13）山陰縣，秦舊縣也，隋改爲會稽。（《元和》卷二十七）

（14）山陰縣，本秦舊縣，置在會稽山北，龜山西。

（《太平寰宇記》卷九十六》）

（15）"故城今紹興府治。"秦山陰縣故址即今浙江省紹興市。

（《清一統志》卷二百九十四》）

除此之外，《越絶書 • 第二》記載秦設置山陰縣的情況："春申君，楚考烈王相也。烈王死，幽王立，封春申君於吴。三年，幽王徵春申爲楚令尹，春申君自使其子爲假君治吴。十一年，幽王徵假君與春申君，並殺之。二君治吴凡十四年。後十六年，秦始皇并楚，百越叛去，更名大越爲山陰也。"上引里耶秦簡紀年是秦始皇35年（公元前212），是秦統一後的第十年，這時會稽郡早已設郡，山陰縣應該也已經存在了。從地理位置看，山陰縣古代屬於吴地，而且剛好處於浙江（今錢塘江）入海處（譚其驤，1996: 11- 12）。山陰縣的地理位置緊靠松江鱸魚的生活區域，而且值得注意的是，經過今天的科學實地考察，在富春江、錢塘江——東海海區（杭州灣）還可以發現松江鱸魚的踪迹（潘連德等，2010）。文獻也見"山陰"出産"鱸魚"的記載，如唐代詩人韓翃《送山陰姚丞携妓之任兼寄山陰蘇少府》："山陰政簡甚從容，到罷唯求物外踪。……加餐共愛鱸魚肥，醒酒仍憐甘蔗熟。"

"山陰鱸魚"是"地名＋名物"的詞語形式，漢簡中同類的名物詞語多見，如下：

廣州南越國宫署遺址井J264木簡見"高平甘棗"：

（16）高平甘棗一木，第卌三。實四百廿六枚。

（《南越國宫署遺址》J264木簡90）

整理者（2006）考證道：

高平，戰國、秦、漢均有地名爲高平。《史記 • 趙世家》："秦廢帝請服，反高平、根柔於魏，反巠分、先俞於趙。"集解引徐廣曰："《紀年》云魏哀王四年改陽曰河雍，向曰高平。"正義引《括地志》云："高平故城在懷州河陽縣西四十里。《紀年》云魏哀王改向曰高平也。"《史記 • 范睢列傳》："東伐韓少曲、高平，拔之。"正義引《括地志》云："南韓王故城在懷州河陽縣西四十里。俗謂之韓王城，非也。春秋時周桓王以與鄭。《紀年》云：鄭侯使辰歸晉陽向，更名高平，拔之。"《漢書 • 地理志》臨淮郡有高平侯國，安定郡首縣爲高平。但從"高平"後跟"曰"看，"高平"可能是人名。"平"爲秦漢習見人名，如漢有左丞相陳平。不過也有可能“曰棗”爲棗名，高平爲地名，“高平曰棗”爲來自“高平”的“曰棗”。

張俊民改釋“曰”爲“甘”，並指出：“‘高平’作爲地名應該是比較合理的。”[①] 胡平生（2012: 172）同此説：“高平應是地名，不是人名。‘甘棗’是言其棗之甜美也。”進一步解釋道：“‘高平甘棗’是品名，‘一木’是數量，‘第□三’應當是樹木編號，‘實□百廿六枚’是結棗的記録。’”總之，“高平甘棗”即來自高平的甜棗。

敦煌漢簡見“天陖驢”：

（17）大〈天〉陖驢一匹，騅牡，齒六歲。　　（《敦煌漢簡》1124）

張德芳（2013: 654）指出：“大陖，當爲天陖。酒泉郡屬縣。周振鶴《漢書地理志匯釋》：‘治所今甘肅肅北蒙古族自治縣東北及肅南裕固族自治縣交界一帶。’”“大〈天〉陖驢”即酒泉郡天陖縣的驢。

以上所見名物是動植物，漢簡所見人工製品的名物也多見該詞語形式。王子今（2018: 245–256）專門討論過西北漢簡中“地名＋紡織品”的現象，指出西北漢簡中的“任城國亢父縑”即“任城國亢父縣出産的縑”，“河内廿兩帛”即河内郡出産的重量爲廿兩的帛，“廣漢八稯布”即廣漢郡出産的紡織密度爲八稯的布，“淮布”可能是來自“淮”地；又提到“濟南劍”即“由濟南郡工官鑄造的劍”，“河内葦笥”即“出産於‘河内’的名牌盛裝具葦笥”。我們再補充幾例，如下：

（18）捦（琴）、越築（筑）各一。

（《羅泊灣漢墓·從器志》）

（19）河閒瑟一，鼓者一人。　（《馬王堆三號漢墓遣册》32 / 48）

（20）鄭竽、瑟各一，炊（吹）、鼓者二人。

（《馬王堆三號漢墓遣册》33 / 49）

（21）楚竽、瑟各一，炊（吹）、鼓者二人。

（《馬王堆三號漢墓遣册》34 / 50）

例18“越築（筑）”，整理者（1988: 82）注：“筑，《説文》曰：‘五弦之樂也。’槨室出土殘筑一件，當是此。筑前冠以‘越’字，是指筑的産地而言，‘越筑’就是越人製作或便用之筑。”中國簡牘集成委員會（2005: 1300）補充道：“越筑，越地製作的筑。”同理，例19“河閒瑟”指河間國的瑟，《漢書·地理志下》：“河

①張俊民：《南越國木簡090釋文再讀》，武漢大學簡帛研究中心網站，2007年5月30日，http://www.bsm.org.cn/?hanjian/4787.html。

間國，故趙，文帝二年別爲國。”例20“鄭竽、瑟”、例21“楚竽、瑟”分別指鄭地的竽和瑟、楚地的竽和瑟。以上是樂器。

（22）越服（箙）矢一笥，繒緣。　　　　（《羅泊灣漢墓•從器志》）

（23）私市張掖强弩。　　　　（《肩水金關漢簡》72EJC: 115）

（24）戍卒河東郡汾陰宜都里杜充，所假姑臧赤盾一，桂（韭）兩端小傷各一所。　　　　（《敦煌漢簡》1730）

例22“越服（箙）矢”，整理者（1988: 82）注：“‘服’假爲‘箙’，《説文》：‘弩矢服也。’《廣韻•屋韻》：‘箙，盛弓弩器。’越，民族名稱，兩廣爲當時越族聚居地區。所謂‘越服矢’即爲本地所産箭袋和箭鏃。”中國簡牘集成委員會（2005: 1300）認爲：“越服矢，越地所産之箙、矢。”例18句意指私自買張掖郡（或武威郡張掖縣）的力度强大的弩。例24“姑臧赤盾”指武威郡姑臧縣的赤色盾牌。“桂”，中國簡牘集成委員會（2001a: 241）認爲：“桂，韭的通假字。韭，盾握也，見《説文》。”《漢書•地理志下》載“武威郡”屬縣有“姑臧”“張掖”等十縣。“姑臧”，治今河北阜城縣南（周振鶴、張莉，2021: 859）。“張掖”，周振鶴、張莉（2021: 859）指出：“張掖縣不在張掖郡而在武威郡，似悖常理，然亦有因。前以證明河西四郡中，武威郡實爲後置，故張掖縣必先爲張掖郡所轄，分武威郡後，方度屬之。今地當甘肅省古浪縣西北。”以上是兵器。

（25）出四百卌邯鄲銚二枚。　　　　（《居延漢簡》26•29）

（26）銅銚一，直（值）五十。　　　　（《居延漢簡》100•32）

例25陳直（2009: 394）認爲：“三六七頁簡亦有‘銅銚一，直五十’之紀載，此出於邯鄲所造，故五倍其價。戍卒有趙國邯鄲籍者，銅銚或由其携來，銚爲烹水之器具。”中國簡牘集成委員會（2001b: 68）認爲：“銚，《管子•海王》：‘大鋤謂之銚。’”郝良真、朱建路（2011）綜合文獻記載和考古實物認爲“邯鄲銚”是産自邯鄲的炊具，並指出：“從出土器物看，戰國時期邯鄲鑄銅業以兵器爲主，到漢代因爲社會安定，冶銅鑄造業不再以生産兵器爲主，代之而起的是一些生活用具的製造。而且邯鄲因爲有戰國時期鑄銅業奠定的良好基礎，産品質地精良成爲著名産品，像‘邯鄲銚’……遠銷西北地區。”漢代邯鄲屬於趙國，今治河北邯鄲市（周振鶴、張莉，2021: 1086）。以上是飲食具。

海昏侯木楬有“廣陵篋”，韋心瀅（2020: 350）認爲：“‘廣陵’爲地名，西漢時廬陵屬豫章郡，今江西吉安；海昏侯國亦屬豫章郡，今江西永修。故‘廬陵篋’或指用廬陵地區生産的竹子所編成的篋。”“長安木什槃（盤）”“長安木小槃（盤）”“長安小棓（杯）”，韋心瀅（2020：350）認爲：“長安”所指應即西漢京城，即劉賀短暫爲帝所待之地。特將‘長安’冠於木什槃、木小槃、小棓前，應是對劉賀具有特殊紀念意義的餐具。將地名冠於用具名前，在海昏侯墓出土木楬所載已二見，似乎是劉賀特有的偏好與習慣。這是盛具。

以上是漢簡的例子，又洛陽曹魏大墓出土石楬M1：176“黄白荆錫各一合”，即“荆地所産的黄錫、白錫各一合（盒）”，M1：229“白越手巾一”即“越州生産的綿布（木綿布）製作的手巾”（史家珍等，2021：299、312），曹操高陵墓石楬M2：298“渠枕一”，王子今（2021）認爲是來自西方車渠國的枕頭。這是時代稍後的例子。

總之，在古漢語中往往在名物之前加地名，以强調其來源，達到類似今天“品牌”的效果。“松江”常出“鱸魚”，因此才有“松江鱸魚”之稱，而會稽郡山陰縣緊靠鱸魚的主要活動區域之一，因此，秦簡牘出現“山陰鱸魚”是合理的。

洞庭郡雖然有諸多河流、湖泊，但是皆遠離入海口，不適合鱸魚生長繁殖，當地官吏、百姓也不容易接觸到鱸魚，因此自然也就“莫知山今（陰）盧（鱸）魚”。《里耶秦簡》8-1705所見“乾鱸魚”，不大可能是當地特産，應該是外地鱸魚産區曬乾後，輸入洞庭郡的。正因爲魚乾容易保存，洞庭郡才可能見到此魚，當地人見到活鱸魚的可能性比較小。洞庭郡遠離“鮫魚”和“山陰鱸魚”的産地，當地大部分百姓自然也不知道這兩種魚，但是政府却下令要求當地提供這兩種魚，這是值得思考的問題。李蘭芳（2019）根據里耶秦簡，已指出“秦遷陵一帶每年要向中央進獻鳥、羽毛、猿皮、枳枸、橘、錦繒等物”，“在當地經濟水平有限的情況下，仍命其將羽、鳥、猿、冬瓜、枳枸等物詳細記録並上獻京師，説明秦王朝對當地管理之嚴密，也彰顯出秦始皇鐵腕統治達於邊鄙的無上權威。這些獻物……已超越其自身具體的實用價值，具有抽象的政治意義和權力色彩”。秦政府主要爲了彰顯權威，而要求地方政府上貢當地物産，此遷陵縣廷要求的“鮫魚”和“山陰鱸魚”很可能是政府所要求的上貢物産。動植物的生物屬性、生長範圍只有靠大範圍、長時間的實地察考才能準確得知，但是秦朝統治區域廣大，統一時間尚短，對於地方到底有哪些物産可能還處於考察的過程中。洞庭郡包括洞庭湖和長江大小支流，水網縱横，魚類等水産資源十分豐富，而且從政治區域看，戰國時期，洞庭郡和吴地皆屬於楚地，在此背景下，中央政府誤認爲洞庭郡有“鮫魚”和“山陰鱸魚”，要求其上貢也不足爲怪。當然，該命令也可能並非針對洞庭郡遷陵縣，而是廣泛發向全國各地政府，具有普查性質。

綜上所述，我們認爲“山今盧魚”讀爲“山陰鱸魚”，指會稽郡山陰縣的鱸魚。在古漢語中往往在名物之前加地名，以强調其來源，達到類似今天“品牌”的效果。

山陰縣地處浙江（今錢塘江）入海處，此江、海交匯處是鱸魚的主要活動區域之一，因此“鱸魚”前加該地名。

二、釋張家山漢墓遣册“便煎”

西漢早期張家山247號漢墓遣册見“便煎”：

（1）便煎一　肉一笥。（《張家山漢墓遣册》29）

“便煎”，整理者未釋義，廣瀨薰雄（2010: 373）將其歸入“其他”類，跟“伏机”“劍一”“矛一”“筭囊一”等物同屬一類，韓厚明（2018: 30）認爲其“含義不詳，疑指一種調味品”。

“便煎”之“煎”是一種烹飪方式，《説文・火部》：“煎，熬也。”《方言》第七：“煎，火乾也。”“凡有汁而乾謂之煎。”《廣雅・釋詁二》：“煎，乾也。”《玉篇・火部》：“煎，火乾也，火去汁也。”值得注意的是，在西漢早期漢墓遣册中，烹飪方式“煎”的搭配比較有特點，其往往跟魚相關。馬王堆漢墓遣册中“煎”凡3見，皆跟魚相關，如下：

（2）煎秋（鰍）一笥。（《馬王堆一號漢墓遣册》126）
（3）煎魚一笥。（《馬王堆三號漢墓遣册》145 / 163）
（4）煎鰿（鯽）笥。（《馬王堆三號漢墓簽牌》11）

朱德熙、裘錫圭（1980: 67）考證“煎秋”時指出：

> 三號墓遣策所記的烝、煎食物，除烝秋外，還有烝鱵、烝鮠、煎魚。似乎用這兩種方法做的食物都是魚類。疑“秋”當讀爲“鰌”（鰍）。

張家山漢墓遣册見食物類名物共16種，其中12種也見於馬王堆漢墓遣册[①]，由此易知，兩遣册的關係十分密切，我們認爲馬王堆漢墓遣册“煎”的搭配很可能也適用於張家山漢墓遣册。據此，我們認爲“便煎”可讀爲“鯾煎”。“鯾”本由“便”得聲，因此“便”自可通“鯾”，“鯾”又作“鯿”。《説文・魚部》：“鯾，魚名。从魚便聲。鯿，鯾又从扁。”《爾雅・釋魚》“鯿”，郭璞注：“江東呼魴魚爲鯿。”《山海經・海内北經》：“大鯾。”郭璞注：“鯾即魴也。”《玉篇・魚部》：“鯾，魴魚也。鯿，同上。”楚地文獻和出土實物皆多見“鯿魚”。2022年湖北省博物館

①兩遣册共見的食物類名物包括黄卷、鹽、豉、醬、介（芥）、白魚、脯、卵、瓜、鞠（麴）、肉、脯等12種，僅見於張家山漢墓遣册的有4種，包括鹽介（芥）、蒜、霍（藿）、李。

“楚國八百年展”有戰國楚墓出土的“乾鯿魚”（葉軍，2022）。西漢早期馬王堆漢墓遣册見“魴”：

（5）魴一坑（瓬）。（《馬王堆一號漢墓遣册》99）

（6）魴一坑（瓬）。（《馬王堆三號漢墓遣册》97 / 114）

湖南省博物館、中國科學院考古研究所（1973:138）指出：

> 魴，《説文·魚部》：“魴，赤尾魚。”《爾雅·釋魚》：“魴魾。”郭注：“江東呼魴魚爲鯿，一名魾。”邢疏：“《詩》云：‘其魚魴鱮。’陸機云：‘魴，今伊洛濟潁魴魚也，廣而薄肥，恬而少肉，細鱗，魚之美者。’”

據相關考古實物的檢測報告，馬王堆一號漢墓出土實物有“刺鯿”（Acanthobrama simoni Bleeker）①，這跟馬王堆遣册所記“魴”正相對應。這是同時代楚地食用“鯿”的實物證據。張家山漢墓遣册“便（鞭）”跟馬王堆漢墓遣册“魴”用詞不同，可能是通語和方言的差異，也可能是單純的同義詞關係。湖南郴州晉簡有可以綴合的兩簡如下：

（7）土地生魚、龜、鼈、鯢……鰀、鱧、|鮎、鞭水生之屬。

（《郴州晉簡》2.261－2.209）

其中的“鞭”即我們討論的“鞭魚”。據上易知，“鞭魚”生於楚地，也是當時當地常常食用的魚類。

“便（鞭）煎”同“煎便（鞭）”，這是因爲在古漢語中跟烹飪相關的雙音節詞語的字序多可對換，而且其表達的意義相同。馬王堆漢墓遣册見“羊腊”“腊羊”：

（8）羊昔（腊）一笥。（《馬王堆一號漢墓遣册》82）

（9）羊昔（腊）笥。（《馬王堆一號漢墓簽牌》29）

（10）羊昔（腊）一笥。（《馬王堆一號漢墓遣册》124 / 141）

（11）鯌（腊）羊笥。（《馬王堆三號漢墓簽牌》19）

湖南省博物館、中國科學院考古研究所（1973: 137）考證道：

> 昔即腊字。《説文·日部》：“昔，乾肉也。”籀文作腊。《周易·噬嗑》：“噬腊肉。”馬融注：“晞於陽而暘於火曰腊肉。”76號竹笥内

①參見中國科學院動物研究所脊椎動物分類區系研究室、北京師範大學生物系（1978:78）。

有羊骨，竹笥附近有“羊昔笥”木牌。

所謂“‘羊昔笥’木牌”即例9所記，例8遣册所載内容跟例9簽牌所記内容剛好對應，同理，例11“鯌羊””讀爲“腊羊”，例10遣册對應例11簽牌内容。此處“羊腊”對應“腊羊”，兩詞的意義相同。又見“腊兔”：

(12) 昔（腊）兔一笥。　　　　（《馬王堆一號漢墓遣册》83）

(13) 昔（腊）兔一笥。　　　　（《馬王堆三號漢墓遣册》125 / 142）

(14) 鯌（腊）兔笥。　　　　（《馬王堆三號漢墓簽牌》20）

湖南省博物館、中國科學院考古研究所（1973: 137）指出：

> 昔兔，上言“羊昔”，乃切羊肉爲腊，此言“昔兔”，當是全兔之腊。《周禮·天官·腊人》：“掌乾肉，凡田獸之脯腊膴胖之事。”鄭注：“腊，小物全乾。”《儀禮·士昏禮》：“腊一肫。”鄭注：“腊，兔腊也。肫或作純，純，全也。”

此馬王堆漢墓遣册“腊兔”應即鄭玄所言“兔腊”。

漢簡牘見“魚鮓”：

(15) 魚鮓一斛。　　　　（《伍家嶺203號漢墓封泥匣》203: 201）

(16) 市買魚鮓二千□。　　　　（《尚德街漢簡》2011CSCJ482②7－1）

按：魚鮓指用鹽、米醃製的魚，《釋名·釋飲食》：“鮓，菹也。以鹽米釀魚以爲菹，熟而食之也。”《玄應音義》“葅鮓”注：“淹菜爲葅，藏魚筍爲鮓。”《齊民要術》卷八《作魚鮓》記載各類“魚鮓”製作方法，如：“作魚鮓法：剉魚畢，便鹽醃。一食頃，漉汁令盡，更净洗魚，與飯裹，不用鹽也。”“作夏月魚鮓法：臠一斗，鹽一升八合，精米三升，炊作飯，酒二合，橘皮、薑半合，茱萸二十顆，抑著器中。”同時《齊民要術》又見“鮓魚”，《八和齏》：“膾魚，肉裹長一尺者第一好；大則皮厚肉硬，不任食，止可作鮓魚耳。”此“魚鮓”同“鮓魚”。

五一廣場漢簡見“魚鯩”“鯩”：

(17) 各以販魚鯩行。　　　　（《五一廣場漢簡（壹）》137）

(18) 鯩三斤，直（值）錢卅。　　　　（《五一廣場漢簡（壹）》370）

(19) 豕（豕）肉十斤、鯩五斤。

（《五一廣場漢簡（陸）》2171＋5780＋231）

例19長沙市文物考古研究所等（2015:138）認爲："魿，魚名。《説文・魚部》：'魿，鮺也。一曰大魚爲鮺，小魚爲魿。'"按：《説文・魚部》："鮺，藏魚也。南方謂之魿，北方謂之鮺。从魚，差省聲。"鮺即鮓，《玉篇・魚部》："鮺，藏魚也。鮓，同上。"《集韻・馬韻》："鮺、鮭、䱹、鮓，《説文》：'藏魚也。南方謂之魿，北方謂之鮺。'或作鮭、䱹、鮓。"《廣雅・釋器》："䲗，鮺也。""魿"即鮺，同"鮓"。例17"魚魿"同"魿魚"。

傳世文獻見"魚炙"，《國語・楚語上》："庶人有魚炙之薦。"《楚語下》"士食魚炙，祀以特牲。"又見"炙魚"，《吴越春秋・王僚使公子光傳》："使專諸置魚腸劍炙魚中進之。既至王僚前，專諸乃擘炙魚。"《史記》中兩詞構成異文，《吴太伯世家》："使專諸置匕首於炙魚之中以進食。"《刺客列傳》："使專諸置匕首魚炙之腹中而進之。"此"魚炙"同"炙魚"。《史記》記載祭祀用品時，"脯棗""棗脯"共見。《孝武本紀》："今陛下可爲觀，如緱氏城，置脯棗，神人宜可致。""泰一所用，如雍一時物，而加醴棗脯之屬。"此"脯棗"同"棗脯"。從詞語結構看，"煎""腊""鮓""炙""脯"等詞都是食物製作方式，名動相因，也表示相應的食物成品。"N—煎/腊/鮓/炙/脯"可看作定中結構，"煎""腊""鮓""炙""脯"是名詞，作中心語，表示相應的食物成品；"煎/腊/鮓/炙/脯—N"同樣是定中結構，"煎""腊""鮓""炙""脯"是動詞，表製作方式，"N"是中心語，用"N"所代表的材料製作而成的食品。

綜上所述，張家山247號漢墓遣册"便煎"可讀爲"鯾煎"，同"煎鯾"，指煎鯿魚。"便（鯾）煎"應該歸入食物類或肉食類。

參考文獻

長沙市文物考古研究所　2016　《長沙尚德街東漢簡牘》，嶽麓書社。

長沙市文物考古研究所等　2015　《長沙五一廣場東漢簡牘選釋》，中西書局。

長沙市文物考古研究所等　2018　《長沙五一廣場東漢簡牘（壹）》，中西書局。

長沙市文物考古研究所等　2020　《長沙五一廣場東漢簡牘（陸）》，中西書局。

陳　偉　2003　《秦蒼梧、洞庭二郡芻論》，《歷史研究》第5期。

陳　偉（主編）　2012　《里耶秦簡牘校釋》第1卷，武漢大學出版社。

陳　偉　2019　《秦洞庭和蒼梧郡新識》，《中國社會科學報》3月1日。

陳　直　2009　《居延漢簡解要》，《居延漢簡研究》，中華書局。

甘肅簡牘博物館等　2016　《肩水金關漢簡（伍）》，中西書局。

廣瀨薰雄　2010　《張家山二四七號漢墓遣策釋文考釋商榷（六則）》，《出土文獻與古文字研究》（第3輯），復旦大學出版社。

廣西壯族自治區博物館　1988　《廣西貴縣羅泊灣漢墓》，文物出版社。

廣州市文物考古研究所　中國社會科學院考古研究所　南越王宫博物館籌備處　2006　《廣州市南越國宫署遺址西漢木簡發掘簡報》，《考古》第3期。

韓厚明　2018　《張家山漢簡字詞集釋》下編，吉林大學博士學位論文。

郝良真　朱建路　2011　《居延漢簡所見邯鄲銚》，《中原文物》第3期。
后曉榮　2009　《秦代政區地理》，社會科學文獻出版社。
胡平生　2012　《南越宮署出土簡牘釋文辨正》，《胡平生簡牘文物論稿》，中西書局。
湖南省博物館　中國科學院考古研究所　1973　《長沙馬王堆一號漢墓》上集，文物出版社。
湖南省文物考古研究所　郴州市文物處　2009　《湖南郴州蘇仙橋遺址發掘簡報》，《湖南考古輯刊》（第8集），嶽麓書社。
黄德寬（主編）　2007　《古文字譜系疏證》，商務印書館。
季旭昇　2014　《說文新證》（第2版），藝文印書館。
簡牘整理小組　2014　《居延漢簡（壹）》，“中研院”史語所。
李蘭芳　2019　《試論里耶秦簡中的“獻”》，《中國農史》第6期。
李　斯　李筆戎　2017a　《里耶秦簡所見特殊水產品與秦始皇的海洋意識》，長沙簡牘博物館編《長沙簡帛研究國際學術研討會論文集》，中西書局。
李　斯　李筆戎　2017b　《里耶“取鮫魚”簡與秦統一初期的文化建構》，《簡帛研究二〇一六》秋冬卷，廣西師範大學出版社。
劉樂賢　1994　《睡虎地秦簡日書研究》，臺灣文津出版社。
潘連德等　2010　《中國境内松江鱸魚的種群特徵以及資源保護》，《水産科技情報》第5期。
裘錫圭（主編）　2012　《長沙馬王堆漢墓簡帛集成（陸）》，中華書局。
邵炳緒等　1980　《松江鱸魚繁殖習性的調查研究》，《水産學報》第1期。
史家珍等（主編）　2021　《流眄洛川——洛陽曹魏大墓出土石楬》下册，上海書畫出版社。
譚其驤（主編）　1996　《中國歷史地圖集》第2册，中國地圖出版社。
王子今　2002　《睡虎地秦簡〈日書〉甲種疏證》，湖北教育出版社。
王子今　2017　《說長沙東牌樓簡所見“津吏”及其職任》，《長沙簡牘研究》，中國社會科學出版社。
王子今　2018　《河西簡文所見漢代紡織品的地方品牌》，《簡帛》（第17輯），上海古籍出版社。
王子今　2021　《曹操高陵“渠枕”考》，《文物》第10期。
王子今　2023　《秦漢名物叢考》（增訂版），新星出版社。
韋心瀅　2020　《海昏木楬初論》，朱鳳翰主編《海昏簡牘初論》，北京大學出版社。
葉　軍　2022　《“沿著長江讀懂中國——湖北長江千里行”探訪團夜探湖北省博物館——2000多年前武昌魚魚鱗紋路清晰可辨》，《長江日報》9月5日。
張德芳　2013　《敦煌馬圈灣漢簡集釋》，甘肅文化出版社。
張家山二四七號漢墓竹簡整理小組　2006　《張家山漢墓竹簡〔二四七號墓〕》（釋文修訂本），文物出版社。
中國簡牘集成編輯委員會　2001a　《中國簡牘集成》第3册，敦煌文藝出版社。
中國簡牘集成編輯委員會　2001b　《中國簡牘集成》第5册，敦煌文藝出版社。
中國簡牘集成編輯委員會　2005　《中國簡牘集成》第17册，敦煌文藝出版社。
中國科學院動物研究所脊椎動物分類區系研究室　北京師範大學生物系　1978　《動物骨骼鑒定報告》，《長沙馬王堆一號漢墓出土動物標本的研究》，文物出版社。
中國科學院考古研究所　1957　《長沙發掘報告》，科學出版社。
周振鶴　張莉　2021　《漢書地理志匯釋》（增訂本），鳳凰出版社。
朱德熙　裘錫圭　1980　《馬王堆一號漢墓遣策考釋補正》，《文史》（第10輯），中華書局。

Two Notes of Interpretation of Words Related to Fish on the Qin and Han Bamboo Slips

Sun Tao

Abstract: On Slips 8-769 of the Liye Qin bamboo slips, *Shanjin luyu* (山今盧魚) was read as *Shanyin luyu* (山陰鱸魚), which refers to the bass produced in Shanyin County, Kuaiji Commandery. In ancient Chinese, toponym was often added before the name of a thing to emphasize its origin, achieving the brand effect similar to today's. Shanyin County is located at the estuary of Zhejiang River (today's Qiantang River). The confluence of the river and the sea is one of the main activity areas of bass, so the toponym was added before bass. On Slip 29 of the tomb inventory in the Han Tomb 247 at Zhangjiashan, *bianjian* (便煎) was read as *bianjian* (鯾煎) referring to fried bream. The character *bian* (鯾) was also written as *bian* (鯿), which often appears in documents and unearthed relics from the state of Chu. In ancient Chinese, the grapheme order of a dissyllabic noun concerning cuisine is mostly interchangeable, and their senses are the same, such as the compounds comprising *xi* (腊), *zha* (鲊), *zhi* (炙), *fu* (脯) and so on. *Jian* (煎) is also the same case.

Key words: Liye Qin bamboo slips; Zhangjiashan Han Tomb inventory; *Shanyin luyu* (山今盧魚); *Bianjian* (便煎)

（孫濤，中國石油大學（華東）文法學院　山東　266580）

懸泉漢簡釋讀札記四則*

韓亦傑

摘　要：文章結合秦漢文字、出土文獻和傳世文獻資料，對已公布的懸泉漢簡中“[革伏]”“鼠”“幬車”“悎”四個疑難字詞進行了考釋，並對簡文進行了釋讀。

關鍵字：懸泉漢簡；字詞；考釋

懸泉漢簡自2019年由甘肅省簡牘博物館系統整理出版以来，已經出到第三册，公布了六千多支竹簡。這批材料極大地豐富漢簡材料，也對研究漢代歷史、政治、經濟、文化、外交、地理等有着十分重要的作用。我們在研習過程中對部分字詞的釋讀有一些不成熟的意見，寫出來以求教方家，不當之處敬請批評指正。

一

懸泉漢簡I91DXT0405④A：16＋17＋25中有如下一字：[①]

該字所在簡文爲“杜恭亡一直五百”，整理者隸定爲“[車犬]”。我們認爲，該字爲“[革伏]”字異體。“[革伏]”寫成“[車犬]”是秦漢文字中比較特殊的省略聲旁現象。“犬”屬溪紐元部，“伏”屬並紐職部，韻部相隔甚遠，不具備通假的條件。這種省略聲旁的例子在漢簡中並不少見，如懸泉Ⅱ90DXT0112②:75B有字作“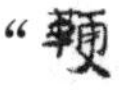”，隸定作“鞕”，爲“鞭”字異體。銀雀山漢簡1731有字作“”，整理者（2010:220）認爲可能爲“變”之簡體。于淼（2015:49）指出，聲旁省略會破壞聲旁的完整性，使形聲字喪失表音功能，並指出這種省簡多數是偶然的簡寫。我們討論的“[車犬]”字也應屬

*本文蒙徐在國師、程燕師、袁金平師指正，草就後又蒙王挺斌先生惠賜寶貴意見，雷霄女史提供敦煌文獻材料，謹致謝忱。文中疏漏，皆由本人負責。

①本文所引懸泉漢簡字形均出自《懸泉漢簡（壹）》《懸泉漢簡（貳）》《懸泉漢簡（叁）》，釋文從整理者。

於偶然簡寫的情況。懸泉漢簡中“䩉”字多見，寫法不一。如I91DXT0309③:143有“⿰革參靳鞇䩉⿰革奇各一”，Ⅰ91DXT0309③：218有“革䩉”，“䩉”字所从“伏”並無省略。同時，Ⅰ91DXT0309③：68有“皁韋伏一”，“伏”即“䩉”。這些異文，都爲我們將“䩉”釋爲“䩉”提供了依據。

下面我們來討論一下“䩉”在簡文中的用法。《説文·糸部》：“絥，車絥也。从糸伏聲。”桂馥義證：“絥字或作䩉。”《急就篇》：“鞇䩉靯⿰革薄鞍鑣鍚。”顔師古注：“䩉，韋囊，在車中，人所憑伏也。今謂之隱囊。”“䩉”即覆蓋在車軾上供人憑伏的囊袋。孫機（2020:142－143）指出：“在車箱前部的軨上裝有車軾。《釋名·釋車》：‘軾，式也。所伏以式敬者也。’在車上行禮時，須伏軾以示敬。它原來只是前軨頂端的横木，但對於乘車者來説，軾的距離近些則憑伏時更爲方便。”又：“……蓋在軾上的絥，也都是實用之物。”可見，“軾”和“絥”所指何物是十分明確的，一個是車軨前端横木，一個是覆蓋在軾上的囊袋。

需要注意的是，由於“絥”字異體衆多，且“伏”有憑伏之義，車軾的作用亦是用於憑伏，所以在字書中，“絥”的意義與“軾”有混用現象。我們先來看“絥”字異體。《玉篇》：“絥，車絥也。亦作䩉、⿰車伏。《蒼頡篇》：‘茵，絥也。’或爲䩉字，在車部。或爲⿰韋伏字，在韋部。或爲䩉字，在革部。”可見，“絥”的異體就有“䩉”“⿰韋伏”“⿰車伏”。《玉篇·韋部》：“⿰韋犬，車軾也。”又：“⿰韋伏，車軾也。”“⿰韋伏”“⿰韋犬”應爲異體關係，原指覆於車軾上囊袋的“⿰韋伏”“⿰韋犬”解釋爲“車軾”應是受到了“伏”有憑伏義的影響。又《釋名》：“䩉，伏也。在前人所伏也。”王先謙（2008:254）指出：“或説此條當在下一條‘軾’之下，句首當作‘亦曰䩉’，並爲一條，其説似可從。”其説將“⿰韋伏”字下釋義與“軾”繫連，但並未將“軾”“⿰韋伏”區分。此處釋義顯然也是受到了“軾”的影響，“⿰韋伏”應爲囊袋而非車軾。值得一説的是，“⿰韋伏”“⿰韋犬”的這種異體，爲“伏”省寫爲“犬”提供了有力證據。可見“伏”省寫爲“犬”並不是個例。

最後我們來討論一下簡文的内容。同支簡的簡文中，還有與之相似格式的簡文作“□□亡所假郡庫鞅一直五百”。此外，懸泉漢簡中失亡器物簡多見：

II90DXT0111②:60 置佐張成亡轡一匹直五百。

I91DXT0109S:30 懸泉置嗇夫王賞失亡當負。

II90DXT0114②:233 失亡革把轡一匹直六百當負時嗇夫郭定佐趙欣希音主。

我們認爲，上引三支簡都記録了懸泉置下管理人員對失亡物品的處罰記録。懸泉置對物品的遺失是有明確處罰記録的，如懸泉漢簡II90DXT0111①:145就記録了懸泉置下外借、失亡、私賣官席的處罰紀録：

□主傳舍侍客領官席器物敢私備人席=罰五十失亡席器物若人貿易席輒負如買直客□□□□。

因此，懸泉I91DXT0405④A:16＋17＋25中記録的是懸泉置下丟失“靴”和“鞅”各一的内容。這種失亡器物簡多注明失亡器物的價格，如“亡轡一匹直五百”，“革把轡一匹直六百”，可見“轡”與“革把轡”同爲轡繩的價格是不同的。這對我們研究漢代器物價格有着十分重要的作用。

二

懸泉漢簡I90DXT0114①:108有字作：

該字所在的簡文爲“黄色頗項有～乳”。整理者将該字隸定爲“鼠”，可從。該字與秦漢簡帛中常見的“鼠”字寫法並不一致。這種“鼠”字並非首次出現，北大簡《妄稽》簡8有“鼠”字作“”，與上列懸泉“鼠”字字形一致。我們認爲，這種“鼠”字可隸定爲“鼂”，从自从耶，是“鼠”字異體。《説文・鼠部》：“穴蟲之總名也。象形。”秦漢文字中“鼠”字上部有从“臼”形，如（《馬王堆・養生》圖1）；也有从“自”形，如（《睡虎地・日甲》32），（《馬王堆・周易》71），（《里耶》8-1242）。而“鼠”字下部多象鼠尾、鼠爪結合之形，即“𠨺”。在字形隸化的過程中，受馬王堆帛書《周易》71“鼠”字寫法的影響，“𠨺”形點畫平直，部件割裂，遂成“耶”形。即懸泉漢簡中的“鼠”字。此外，秦漢璽印中有“鼠”及從“鼠”之字也可看到這種割裂，如“”“”，可以看出右下部已經訛成“耳”形。這種形體在敦煌文獻中也可看到，如“”（斯932號《菩薩處胎經》卷五）字形與此類“鼠”形一致。又有“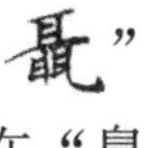”（斯617號《俗務要名林・蟲部》），更是訛寫成“聶”形，上部從“耳”是在“鼂”基礎上進一步類化的結果。無獨有偶，肩水73EJT10:367A有字作，整理者釋爲“竄”。該字所在簡文辭例爲“秩名九服依倚稟黠吏民閒竄藏匿吏”。姚磊（2021:163）從整理者意見，沈思聰（2018:263）認爲“竄藏”當釋爲“竄臧”。我們認爲沈思聰將該字與“竄”認同是十分正確的，“竄”字下部所从“聶”形與上舉敦煌文獻《俗務要名林・蟲部》的

“鼠”構型是一致的，上部“臼 / 自”類化爲“耳”形。《説文・穴部》：“竄，墜也。从鼠在穴中。”《繫傳》：“竄，匿也。从鼠在穴中。”“竄”有藏匿、奔逃等義，與簡文文義也有相合之處。以上證據説明，這種形體的“鼠”字在很長一段時間内都在使用。又因古文字偏旁單複無别，“聑”省簡爲“耳”，可隸定爲“𦔮/鼂”。當然，也存在一種可能是兩“耳”寫成一個，筆畫連寫。這種下部从“耳”的寫法，又進一步訛變，“耳”字右邊一筆短化，變成“月”形，又多作“肙”。漢簡中“耳”“月”時有訛混，武威漢簡有“揖”作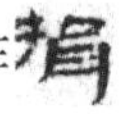（《武威・士相見》4），右下部“耳”就寫成“月”形。“𦔮/鼂”在吴簡和漢代碑刻已十分常見：

表1

隸辨・唐公房碑	走馬樓・叁4540	走馬樓・肆32
走馬樓・壹8906	走馬樓・壹9012	走馬樓・貳6647

“鼂”形的出現，爲“鼠”字向“𦔮/鼂”這樣的異體演變提供了完整的演變的環節，具有一定的文字學意義。

最後我們來討論一下簡文中的“鼠乳”。鼠乳是一種質軟的疣贅，因狀如鼠乳而得名，多生於頸項，也泛指疣贅一類病徵。《馬王堆・五十二病方》行252 / 239有：“有䗪（羸）肉出，或如鼠乳狀，末本大小，有空（孔）其中。”（集成260，5）其中“鼠乳”就用於描述牡痔的表徵。《北史・李神儁傳》：“頸多鼠乳，而性通率不持檢度。”隋代《諸病源候論・鼠乳候》：“鼠乳者，身面忽生肉，如鼠乳之狀，謂之鼠乳也，此亦是風邪搏於肌肉所變生也。”《古璽印圖典》2081號有一方秦私璽，印文作“竇鼠乳”，指的就是鼠乳這種病徵，以病徵爲名戰國秦漢印多見。

三

懸泉II90DXT0111①:77中有如下一字：

該字所在的簡文辭例作“廣二丈二尺長六丈二尺童袤二丈二尺～車高五尺”。整理者隸定爲“轎”。按：整理者的隸定可從。該字左部爲“車”無疑，右部爲“壽”

字草寫。漢簡中“壽”字草寫作：

表2

敦煌1077	居延157 • 7	懸泉I90DXT0210①：63
肩水73EJT1：78	居延173 • 11	懸泉I90DXT0210①：36

從以上字形來看，“壽”字的草法主要是省簡中部煩瑣筆畫，保持主幹輪廓。“轞”字右部形體與上列“壽”字草寫一致。故該字隸定爲“轞”字無誤，簡文中應讀爲“幬”。“轞”“幬”皆从壽得聲，故音近可通。《説文 • 巾部》：“幬，禪帳也。”“幬”有帷幕之義。在古書中，“幬”還特指車帷或蒙在車轂上的皮革。因此我們認爲“幬車”有以下兩種可能。第一種是帶帷幕的車。《史記•禮書》：“大路之素幬也，郊之麻絻，喪服之先散麻，一也。”司馬貞索隱：“謂車蓋以素帷，亦質也。”“幬車”，可爲帶帷幕的輜車。第二種指的是車轂上蒙有皮革的車。《周禮 • 考工記 • 輪人》：“進而視之，欲其幬之廉也。”鄭玄注：“幬，幔轂之革也。”錢玄、錢興奇（2014:1151－1152）指出：“車轂以革裹之，謂之幬，亦曰軝……軝即幬，外漆朱色。”我們更傾向於帶帷幕的輜車。按照張家山《算數書》“芻童”與其他懸泉漢簡，整簡是對茭草堆大小尺寸的統計，爲了計算體積使用的。[①]相關簡文如下：

芻童及方闕下廣丈五尺、袤三丈，上廣二丈、袤四丈，高丈五尺，積九千二百五十尺。術曰：上廣袤、下廣袤各自乘，又上袤從下袤以乘上廣，下袤從上袤以乘下廣，皆並，乘之，六成一。　（《張家山 • 算數書》57）

四百廿人代運薪上轉薪立彊落上蒙塗輜車袤二百六十一丈率人日塗六尺二寸奇六尺。　（《居新》EPT59:15）

第三積　長六丈下廣二丈半以上廣丈七尺高二丈除畚車五尺童高丈五尺　（《懸泉》II90DXT0115①:55）

第五積　茭千石　　廣二丈二尺長六丈二尺童二丈二尺□韋六尺　（《懸泉》IIT0212②:16）

從上引簡文來看，我們所討論的簡文與上引簡文在格式及內容上頗具一致性。特別是懸泉II0212②:16“廣二丈二尺長六丈二尺童二丈二尺”的記録與該簡簡文都是一致的。居新EPT59:15中對輜車的使用亦可爲旁證。

①此觀點蒙匿名審稿專家指出，謹致謝忱。

最後我們來討論一下“幬車”的定名問題。古書中不見“幬車”之名，但是出土文獻材料中車馬器定名與古書也多有不合。王挺斌先生（2022:279-282）曾將秦始皇陵二號銅車馬轡繩末端朱書“安車”改釋爲“宜車”，並指出銅車馬中驂服標記爲“輹”“道”也从未見於古書。曾侯乙墓簡中“政車”“王僮車”“韓車”“卧車”、包山簡271“政車”等，亦難與古書等對應。此說可從。因此，我們將“輴車”釋爲“幬車”存在一定的可能性。

四

懸泉漢簡II90DXT113④:4有字作：

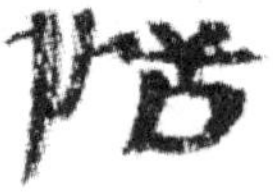

該字所在簡文辭例作“益光里～富昌，在李子亭部”。整理者釋爲“悎”。我們認爲，該字右部所从不應爲“告”，應爲“舌”。該字可釋爲“恬”。簡文中的字形右半所从可能並非“告”，而是“舌”。秦漢簡中“舌”字作：

表3

睡虎地・封診 69	睡虎地・日乙 102	馬王堆・叀 41	馬王堆・合 6	居新 EPT8:31	張家山・脉書 39

可以看出，簡文中字形右半與“舌”字寫法一致。“舌”“告”在秦漢文字中形體相近，區別僅在“舌”“告”上一筆是否突出。秦漢簡中“告”字作：

表4

		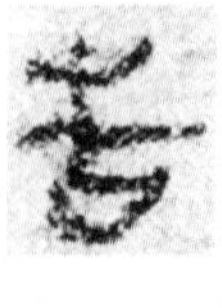			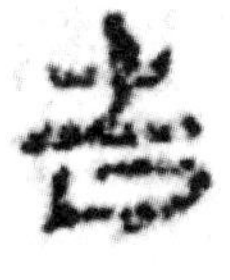
里耶 8－164	里耶 8－459	馬王堆・養 192	馬王堆・繆 61	肩水 73EJT25：7A	居新 EPT52：18

從以上字形看，“舌”“告”形體是十分相近的。由於抄手抄寫習慣、形近等因素，“告”字上一竪很容易因不突出寫成“舌”形，這種情况在秦漢簡中也是十分常見的。值得注意的是，在字形演變過程中，“舌”“告”上部所從的兩短撇呈現出拉直的趨勢。如舌字有（《馬王堆・周》61），（《居新》EPT49:9）。告字有（《北大・荆决》3），（《居新》EPT51:18），（《懸泉》I91DXT0402④A:2）。兩短撇改爲一横劃之後，訛混就更容易了。我們現將“舌”“告”訛混字形及簡文列舉如下，簡文釋文采用寬式：

 有告，聽。 （關沮248）

 告田貨毋智錢。 （嶽麓叁・田0437）

 即端告曰甲盜牛。 （睡虎地・答問45）

 作所官移其告關牒作所縣。（嶽麓柒・1687）

 願王之陰知之而毋有告也。（馬王堆・戰58）

 繫辭焉，所以告也。 （馬王堆・繫25）

以上所引皆爲“告”字，“告”字上一竪皆不突出，與“舌”形體極近。這種“告”訛寫成“舌”的情况不僅出現在“告”爲獨體字時，“告”作偏旁時也會出現這種情况。北大竹書《蒼頡篇》簡15有“貊鶩驗警”，圖版作。整理者（2015:84）認爲“貊”即“狧”，犬舔食也。胡平生指出：“實則原本即从反犬，但審看圖版此字右旁並不作舌形，而是从告，因此應釋爲‘狰’。”①蘇建洲（2019:203-217）認同此説，並援引張玉金先生觀點，“舌”“告”早期寫法相同，意義上也有聯繫，但是在殷周時代已經分得很清楚，以在“舌”上突出一筆分化表示“告”，這種差別在秦漢文字中依然是很清楚的。該字應該爲秦漢文字“舌”“告”訛混現象的反映。除了“狰”字外，“造”字所从“告”也常訛寫成“舌”。漢代銅器中有一件永興二年洗（《漢金》卷五），銘文作：“和平二年，堂狼造作。工。”“造”字圖版作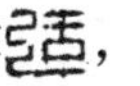，所从“告”爲“舌”形。漢長安城未央宫骨籤中“造”字頗多，

①胡平生：《讀〈蒼〉札記一》，復旦大學出土文獻與古文字研究中心網，2015年12月21日，http://www.fdgwz.org.cn/Web/Show/2687。

其中不乏“告”刻劃成“舌”形的，如(8418)、(9894)、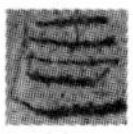（13601）、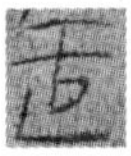（20174）、（36348）、（27373），這些字形俱是“告”訛寫成“舌”字的表現。

“舌”將拉平的一横改爲斜撇，與“千”形近，也就是楷書中的“舌”。“告”字在兩短撇拉直之後，與漢簡中的“吉”字又産生了糾葛，兩字同形不别。李洪財先生（2022：111）指出，漢簡中的“告”“吉”草字寫法兩字無任何區别特徵。這種情況不僅在草字中多見，隸書中也有這種情況。後來，爲了與“吉”字區分，“告”字在上一横加折筆，折筆又寫成了一短撇。如（居新EPT49∶19）。自此，“舌”“告”二字的形體糾葛結束。

懸泉II90DXT114③∶224有簡文作“代益光里悎富昌”，“悎”字圖版作，寫法清晰，當爲“悎”無疑。“悎富昌”應爲人名，兩處簡文所指應爲同一人。我們所釋之“恬”很有可能即“悎”之訛字。“富昌”爲人名在漢簡中多見，如懸泉Ⅱ90DXT0111①∶177“玉光里孟富昌”，懸泉Ⅱ90DXT0113①∶37有“户人富昌”，懸泉Ⅰ91DXT0309③∶205B有“掾安國佐富昌”，漢印中也有人名作“王富昌”（秦漢印典311）。“悎”作姓氏又見於肩水金關73EJT37∶988，圖版作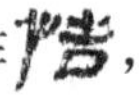，簡文作“魯國壯里士伍悎他年卅五”，此處人名爲“悎他”。“悎”作姓氏不見傳世文獻。我們認爲，“悎”可能讀爲“浩”，“悎”“浩”俱从告得聲，諧聲可通。羅振玉《古璽姓氏徵》有“浩”姓。《通志·氏族略·以國爲氏》：“浩氏。音告。漢青州刺史浩賚。吴都尉浩舟。唐隰州刺史浩聿。狀云：‘本部氏，因避難改爲浩氏。’”漢印中也有“浩記”“浩生廣印”“浩賢”等記録。

綜上所述，懸泉Ⅱ90DXT113④∶4原釋爲“悎”的字應釋爲“恬〈悎〉”，是秦漢文字“舌”“告”訛混的一個例證。“悎”爲姓氏，可能讀爲“浩”。

參考文獻

北京大學出土文獻研究所編　2015　《北京大學藏西漢竹書（肆）》，上海古籍出版社。
北京大學出土文獻研究所編　2015　《北京大學藏西漢竹書（壹）》，上海古籍出版社。
陳　偉（主編）　2014　《秦簡牘合集［壹］》，武漢大學出版社。
陳松長　2013　《嶽麓書院藏秦簡（叁）》，上海辭書出版社。
陳松長（主編）　2022　《嶽麓書院藏秦簡（柒）》，上海辭書出版社。
甘肅簡牘博物館等編　2019　《懸泉漢簡（壹）》，中西書局。
甘肅簡牘博物館等編　2021　《懸泉漢簡（貳）》，中西書局。
甘肅簡牘博物館等編　2023　《懸泉漢簡（叁）》，中西書局。
甘肅簡牘博物館等編　2011　《肩水金關漢簡（壹）》，中西書局。
甘肅簡牘博物館等編　2015　《肩水金關漢簡（肆）》，中西書局。

湖北省荆州市周良玉橋遺址博物館　2001　《關沮秦漢墓簡牘》，中華書局。
李鵬輝　2017　《漢印文字資料整理與相關問題研究》，安徽大學博士學位論文。
李洪財　2022　《漢代簡牘草書整理與研究》，中國社會科學出版社。
聶　丹　2013　《西北屯戍漢簡名物詞語研究——以衣飾、器用、植物類詞語爲主要研究對象》，西南大學博士論文。
裘錫圭（主編）　2014　《長沙馬王堆漢墓簡帛集成（貳）》，中西書局。
裘錫圭（主編）　2014　《長沙馬王堆漢墓簡帛集成（伍）》，中西書局。
錢　玄、錢興奇　2014　《三禮辭典》，鳳凰出版社。
蘇建洲　2019　《北大簡〈蒼頡篇〉釋文及注釋補正》，復旦大學出土文獻與古文字中心編《出土文獻與傳世典籍的詮釋》，中西書局。
沈思聰　2018　《肩水金關漢簡人名索引與釋文校訂》，復旦大學碩士學位論文。
王挺斌　2022　《秦始皇陵二號銅車馬轡索朱書“安車”辨正》，安徽大學漢字發展與應用研究中心編《戰國文字研究青年學者論壇論文集》。
徐　暢　2016　《古璽印圖典》，天津人民美術出版社。
姚　磊　2021　《肩水金關漢簡釋文合校》，中國社會科學出版社。
于　淼　2015　《漢代隸書異體字表與相關問題研究（下編）》，吉林大學博士學位論文。
銀雀山漢墓竹簡整理小組　2010　《銀雀山漢墓竹簡（貳）》，文物出版社。
趙平安、李　婧、石小力　2019　《秦漢印章封泥文字編》，中西書局。
張玉金　2005　《論殷商時代的祰祭》，《中國文字》新30期，臺灣藝文印書館。
張傳官　2017　《急就篇校理》，中華書局。

Four Notes of Interpretation of the Xuanquan Han Bamboo Slips

Han Yijie

Abstract: This article interprets four knotty characters or words, *fu* (鞦), *shu* (鼠), *chouche* (幬車) and *hao* (恬), on the published Xuanquan Han bamboo slips, in combination with Qin Han scripts, unearthed documents and handed-down documents, and also interprets the texts on the slips.

Key words: Xuanquan Han bamboo slips; Characters and words; Interpretation

（韓亦傑，安徽大学漢字發展與應用研究中心／“古文字與中華文明傳承發展工程”協同攻關創新平台　安徽　230039）

馬王堆帛書《相馬經》字詞補札七則

高一致

摘　要：馬王堆帛書《相馬經》文意古奥，涉及衆多相馬專業術語頗難索解，造成學界對其釋讀仍有不少可商榷之處。本文在已有研究的基礎上，對帛書《相馬經》中字詞提出了七則新的考釋和補説意見，以期爲學者進一步研究此文本提供一些幫助。

關鍵詞：馬王堆帛書；相馬經；形法；考釋

帛書《相馬經》1973年末出土於長沙馬王堆3號漢墓，[①]全篇原用整幅的帛寫成，現已斷爛成24塊，其中書有文字者共10塊，經整理者拼合爲8塊（參看湖南省博物館等，2014:169）。《相馬經》凡77行，根據學者的歸類和研究，第1行至22行上爲第一部分，第23行至43行下爲第二部分，第44行至77行上爲第三部分；三者在性質上分别屬於“經”“傳”和“故訓”（參看趙逵夫，1989）。第三部分常常引用第一部分的文句，二者可以對讀。學界對《相馬經》的歸類和各部分定性尚有不同看法（參看湖南省博物館等，2014:169）。本文主要是對帛書中若干字詞進行考釋和補説，爲行文方便暫依學者的歸類，不就此多作討論。

一

帛書17行下釋文有作：

前者偈（揭），後者拔。

第三部分69行上與此相對應之句作：

前者渴（揭），後者拔，欲前夬（決）舉₌（舉，舉）多氣；後夬（決）

① 《相馬經》篇名爲整理者根據文本内容所擬，其先後主要經過兩次整理。《文物》1977年第8期所載《馬王堆漢墓帛書〈相馬經〉釋文》，發表了該篇首次整理釋文。2014年中華書局出版的《長沙馬王堆漢墓簡帛集成》（凡七册）是湖南省博物館、復旦大學出土文獻與古文字研究中心對馬王堆漢墓簡帛重新整理的成果。《相馬經》圖版見第貳册，釋文、注釋見第伍册，劉釗先生爲其“再整理者”。下文所引《相馬經》釋文，若無説明者皆出自此書，不另注。

下=（下，下）善走。

兩處“拔”，整理者無説。蕭旭（2015）[①]指出，69行上“渴”爲舉義，正當讀爲揭。“拔”爲下義。疑“拔”讀爲末拂，《方言》卷三：“拂，拔也。”以聲爲訓。言前者高舉，而後者下拂。

拔，或徑讀作“跋”，訓作仆倒、伏下義。《詩・大雅・蕩》“顛沛之揭，枝葉未有害，木實先撥”，毛傳：“顛，仆也；沛，拔也。”馬瑞辰通釋：“沛即跋之同聲叚借。《説文》：‘跋，蹎也。’顛沛即蹎跋也……樹之僵仆曰顛沛，人之僵仆亦曰顛沛，其義一也。”《説文・足部》“跋，蹎跋也”，段玉裁注：“跋，經傳多叚借沛字爲之。《大雅》《論語》顛沛皆即蹎跋也。……拔同跋。”此外，古籍中跋還有一些與仆倒、伏下相關的引申義。如《漢書・揚雄傳上》“挖蒼豨，跋犀犛，蹶浮麋”，顔師古注：“跋，反戾也。”所謂“跋犀犛”就是使犀犛伏倒於地。《文選・何晏〈景福殿賦〉》“金楹齊列，玉舄承跋”，劉良注：“跋，柱根也。”樑柱向下的根部可稱爲“跋”，甚至蠟燭、火炬等向下燒餘的部分也可稱爲“跋”。宋陸游《自勉》詩：“餘年尚努力，勿待燭見跋。”清蒲松齡《聊齋志異・邵女》：“柴益喜，燭盡見跋，遂止宿焉。”皆可參。跋表示事物的下部似亦是從其仆倒、伏下之義引申而來。如此理解，帛書句中“拔”讀作“跋”，正好與“揭”義相對。

二

帛書35行下到36行上釋文有作：

•微肉欲薄，欲澤，欲傅，欲前，【欲】畨（曲）。故【薄賢】厚，澤賢枯，傅賢袁（環）目，前賢後，畨（曲）賢封。微肉不傅目而袁（環）目，名曰壹居，此奴（駑）也。

上述文字是闡述相馬之“微肉”的基本要點：欲薄、澤、傅、前、曲。再整理者（湖南省博物館等，2014:177）將“傅賢袁目”之“袁”讀作“環”，指出“畨賢封”之“封”似爲“直”義，無詳説。蕭旭（2015）則認爲，“封”讀爲倎、睽，乖違不正。

賢，勝過義。“傅賢袁目”之“袁”，讀作“環”，古音通假無礙，但是在帛書中却不合文意。這裏薄、厚，澤、枯，前、後，皆爲含義相反的對應關係。因此，

① 蕭旭：《馬王堆帛書〈相馬經〉校補》，復旦大學出土文獻與古文字研究中心網，2015年1月27日，http://www.fdgwz.org.cn/Web/Show/2437。

傅與“袁”所表示之字也應該屬於同類情况。傅，有依附、迫近義。《左傳》僖公十四年：“皮之不存，毛將安傅？”《史記・蘇秦列傳》：“秦之攻韓魏也，無有名山大川之限，稍蠶食之，傅國都而止。”可參。“環”若從字面理解，即環繞義，與“傅”並不構成相反的詞義關聯。此外，帛書36下至37行上載“・凡□□□□四夬（決）：前，徶（徹）肉也；上，庰（尺）肉也；下，游肉也；後，微肉也”，從這段交代四種肌肉在馬眼位置的表述可知，“微肉”大致是馬眼後部的肌肉。其表明，“微肉”不應該呈現所謂“環目”的形態。

頗疑“袁”讀作“遠”。傅，取依附、迫近義，遠則與之相對爲文。“遠目”是説微肉遠離眼睛，“傅賢袁（遠）目”即“傅目賢袁（遠）目”之省，指微肉近目比遠目更好。後文“微肉不傅目而袁（遠）目，名曰壹居，此奴（駑）也”也大致表達的這個意思，即有這種特徵的馬名爲“壹居”，不是好馬，乃駑馬。另外，37行上“前不能大扜，良（眼）不能後傅者也”，再整理者（湖南省博物館等，2014:177）疑“扜”讀爲“迂”，訓作迂迴，在此指馬眼眼球在眼眶中的旋轉。據前後文，此説應可從。後一句中“傅”也當取迫近義，它是指馬眼神呆滯，眼珠無法向後轉動，與前一句相呼應。

從文意看，“畾（曲）”與“刲”相對，故再整理者謂“刲”取直義，當是。刲，从刀圭聲，溪紐支部，或讀作見紐耕部的“徑”。見、溪旁紐，支、耕對轉，二字音近可通。文獻中有从圭聲的字與徑相通之例。北大漢簡《老子》簡43“大道甚夷，而民好街”，傳世本作“而民好徑”（北京大學出土文獻研究所，2012:130）。知从行、圭聲的“街”可讀作“徑”。徑，指小道，亦有直的引申義。《楚辭・遠遊》“淩天光以徑度”，洪興祖補注：“徑，直也。”《漢書・枚乘傳》“夫銖銖而稱之，至石必差；寸寸而度之，至丈必過。石稱丈量，徑而寡失”，顔師古注：“徑，直也。”刲，讀作“徑”，訓作直，是比較切合帛書文意的。

三

帛書38行上釋文有作：

> 【毛】糾不能戩（纖），匿垌均竟後怒，狄筋（筋）不趮（躁）動，不能半復良（眼）者也。

再整理者（湖南省博物館等，2014:177）認爲“匿”屬下讀，並注云：糾，纏繞；戩（纖），細。

這段文字是介紹劣馬的某些特徵。據上述斷讀，“匿垌均竟後怒”句文意便頗難訓解，疑“匿”當屬上讀。帛書29行下至30行上再整理者釋文作“欲戩（纖），欲

□，身欲淺毛，欲毛上逆……故長短匿賢不廉，則□匿賢見□□□□□□□□□毛賢逆毛”，這裏是闡述馬之毛髮的狀態。從文意來看，“戠”“匿”皆應指馬毛髮的某種良好特徵。就此，張傳官（2018:373）細緻比對帛書圖版，認爲“見”與“毛賢逆毛”之間僅缺七字，並據上下文補作“戠（纖）賢□，□賢□，淺”，指出“□賢□”中第一個缺文，與“欲戠（纖），欲□”之缺文是同一字。這些意見是很有價值的。它們説明“戠”“匿”可以連言，且不礙文意。

“匿”與“見（現）”義相對，屬上讀，則“埛均竟後怒”句意就簡明得多。埛均，或讀作“駉均”。駉，馬快跑義。《説文•馬部》“駉，馳馬洞去也”，段玉裁注：“洞者，疾流也。以叠韻爲訓。”又可訓動、使之動，即驅馳。《易緯乾鑿度》卷上“黄帝曰：觀上古聖驅駉元化，劈措萬業”，鄭玄注：“駉，動也，急也，不住也。”清章炳麟《安君頌》：“君自遠道，詰旦駉馳。”皆可參。均，古代可指校正、調節樂器音律的一種器具。《國語•周語下》“王將鑄無射，問律於伶州鳩　。對曰：‘律所以立均出度也’”　，韋昭注：“均者，均鍾木，長七尺，有弦繫之以均鍾者，度鍾大小輕濁也。”其有調節義，還能指調轡御馬。《詩•大雅•皇皇者華》“我馬維駰，六轡既均”，毛傳：“均，調也。”結合來看，“埛（駉）均”二字連言，似表驅馳調教之意。竟，終、畢也。“埛（駉）均竟後怒”或是説馬匹被驅馳調教過之後才顯爭怒之態。帛書2行下至3行上有載“方艮（眼）深視，五色精明（明），亓（其）狀類怒”，是强調良馬天然就應具備怒態。這和傳世文獻所載相合。《後漢書•第五倫傳》“蜀地肥饒，人吏富實，掾史家貲多至千萬，皆鮮車怒馬，以財貨自達”，李賢注：“怒馬，謂馬之肥壯，其氣憤怒也。”古以怒馬爲良，這種“埛（駉）均竟後怒”的馬匹必不是良馬，合於帛書前後語境。

四

帛書40行上有云：

> 有光而不良者何也？光淺，怒不能周，争不能拕者也。亓（其）周施（馳）是也，而不良者何也？

以上内容是帛書第二部分後段中的連續設問句之一，這種設問句是以自問自答的形式闡述馬匹不良的具體原因。再整理者僅讀“周施”之“施”作“馳”，無他説。蕭旭（2015）注“怒不能周，争不能拕者也”句云：周，終竟。拕，同“拕”“挩”，讀爲奪。言雖怒，而不能終竟；雖争，而不能奪取。

可以看出，“怒不能周”“争不能拕”是敘述馬匹毛色“光淺”的結果，二者分別對應後文“亓（其）周施是也”之“周”和“施”，故“扡”與“施”應表示同一含義。相較而言，“扡”“施”皆讀作“馳”，更切合文意。馳，本有奔馳、疾走義，還有追逐義，皆爲常訓。《説文》：“馳，大驅也。”《左傳》庄公十年：“齊師敗績，公將馳之。”《莊子・秋水》：“騏驥驊騮一日而馳千里。”可參。文中“争不能扡（馳）”或謂相争較量時，馬不能疾馳。“怒不能周”之“怒”，乃馬强健、奮進的良好狀態，前文已述兹不贅言。蕭旭先生訓“周”作終竟，可從。“怒不能周”是説馬匹雖有怒態，但不能始終如此，與“争不能馳”句文意順承且通暢。因此，不必强將“扡”“施”讀作奪、訓作奪取義。

五

帛書41行上釋文有作：

• 澤□□是胃（謂）□□多氣，枝〈駑〉馬也。

再整理者視本句中“枝”爲“駑”之誤，並介紹“多氣”之“多”字爲陳劍據反印文補出（参看湖南省博物館等，2014:177）。魯普平（2018:237-238）指出，在秦漢文字中“枝”與“駑”字形差距很大，訛寫的可能性不大。“枝”可能讀爲“䮢”，《五音集韻・至韻》：“䮢，馬病。”“䮢馬”即病馬。

如魯説，視“枝”爲“駑”之誤恐不妥。帛書51行下云“澤光者，欲目旁之澤毋（無）毛，毋（無）毛多氣”，或與上述内容相關。從《相馬經》全篇來看，“多氣”爲良馬的表徵，張傳官（2018:378）已有指出。如54行下“登於陵者，欲前夬（决）之前舉，前舉多氣”、63行上“四肉中度者，欲目旁盡毋（無）毛，毋（無）毛多氣”、70行下“縣（懸）而杍者，欲前後夬（决）澤，澤多氣”等，都反復言説良馬具備某些良好特徵後的結果是“多氣”。《相馬經》中這種“多氣”其實是古代萬物禀氣説的具體體現。《漢書・藝文志》（班固，1962:1775）“形法類”題解中闡述道：“形法者，大舉九州之勢以立城郭室舍，形人及六畜骨法之度數、器物之形容，以求其聲氣貴賤、吉凶。……然形與氣相首尾，亦有有其形而無其氣，有其氣而無其形，此精微之獨異也。”[①]這段明確指出“氣”乃形法類相人畜的内在原理之一。《論衡・自然篇》（黄暉，1990:775-776）云：“天地合氣，萬物自生，猶夫婦合氣，子自生矣。”又云：“天之動行也，施氣也，體動氣乃出，物乃生矣。”《論衡・氣壽篇》（黄暉，1990:28）還探究了禀氣與人夭壽、强弱之間的關係，其謂：“夫禀氣渥則其體强，體强則其命長；氣薄則其體弱，體弱則命短。命短則多病，壽短。始

①按：引文中具體語句斷讀，根據個人理解略有調整。

生而死，未産而傷，稟之薄弱也。渥强之人，不卒其壽，若夫無所遭遇，虚居困劣，短氣而死，此稟之薄，用之竭也。”不難理解，在萬物稟天地之氣的前提下，馬之多氣與人之稟氣渥，並無本質區别。

再整理者及魯普平先生均將“枝馬”理解爲劣等馬匹，疑是因帛書第二部分40行下之後有多例闡述劣馬特徵的内容，进而推測本句也是如此。其實從第二部分40行下之後的行文和内容來看，這些語句前後關聯性不强，獨立表述的特点明顯。就性質而言，它們應該是對相馬的某些特殊情况的補充解釋或進一步説明。因此，不能簡單認定這部分語句只介紹劣馬特徵，而不言及良馬。

文中“枝”讀作“鬾”或可從，不過“鬾馬”乃良馬，非病馬。《説文・馬部》：“鬾，馬彊也。”《太平御覽》卷三八六引漢服虔《通俗文》：“强健曰鬾。”《廣雅・釋詁一》：“鬾，强也。”鬾馬是强健之馬，這與前文陳劍先生所補出“多氣”預表的結果是相合的。

六

帛書58行上至58行下有云：

> 下有復盛者，陰（陰）也；欲亓（其）狀如盛蓋，堅久。上有偃臼，玄也；欲亓（其）如臼，如臼堅久。衷（中）又（有）一池者，目也。

這段文字解釋的是帛書9行下“【下有復盛，上有】偃臼，衷（中）又（有）一池”句。結合前後文來看，此處上、下都是相對馬匹的“目”而言的。“下有復盛者，陰（陰）也”對應“上有偃臼，玄也”，“偃臼”或如字讀，偃有仰卧義，臼乃舂米之器，二字可理解作偃仰之臼，那麽“復盛”恐亦爲具體器物。復，或讀作“覆”，“復（覆）盛”即覆蓋盛器者，也就是後文所提到的“盛蓋”。可知，這裏“下有復（覆）盛”和“上有偃臼”是分别形容馬眼部“陰”和“玄”的形態特徵，“陰”和“玄”對應關係明確。

查驗帛書辭例，“陰”多與“陽”同現或連言，與“玄”對應則獨此一例。帛書是否存在訛誤不得而知，但從古籍所載來看，“玄”用於此處是較貼切的。玄，可指代北方。《吕氏春秋・季冬》“天子居玄堂右個”，高誘注：“玄堂，北向堂也。”上文提及“衷（中）又（有）一池者，目也”，是將馬眼比喻爲池，帛書54行下至55行上“又（有）樹産（生）於大海【之】阿者，睫欲希，希堅久”，則是將馬眼比作大海。《穀梁傳》僖公二十八年：“水北爲陽，山南爲陽。”《説文・𨸏部》：“陰，水之南，山之北也。”一陰一陽隔“水”而對，也就是南北而對，所以馬眼之北即爲目上，陽亦位於目上，故“玄”與陽同。

值得注意的是，《文選·陳琳〈爲曹洪與魏文帝書〉》“整蘭筋，揮勁翮，陵厲清浮，顧盼千里”，李善（1986:1883）注引《相馬經》：“一筋從玄中出，謂之蘭筋。玄中者，目上陷如井字。蘭筋豎者千里。”這裏“玄中”也是位於目上。所謂“玄中者，目上陷如井字”，恰與帛書“上有偃臼，玄也”相合。“臼”本身爲中間深陷下凹以供舂搗的器物，用以比喻馬眼上部深陷的形態特徵，這和以“井”爲喻無異。不難想到，李善所引《相馬經》稱“目上陷如井字”爲“玄中”應該是有所本的，這種稱謂至少不晚於帛書《相馬經》的抄寫年代——西漢初期就已經出現了（參看謝成俠，1977）。帛書《相馬經》中用“玄”而不用“陽”，或是謄抄者對相馬之術較爲熟悉，誤用了“玄”這個在相馬術中表意與“陽”相同的字，而没有照顧到“陰”與“陽”的對應關係。

七

帛書73行下到74行上釋文有作：

> 爲産（生）爲死者，頟（骼—頤）也大肉，爲産（生）爲死者，欲沽大=（大，大）多氣。

“欲沽大”，各家無説。“沽”或訓作麤、粗，粗大、粗疏義，此義項傳世典籍中習見。《儀禮·喪服》“冠者，沽功也”，鄭玄注：“沽，猶麤也。”《儀禮·既夕禮》“弓矢之新沽功”，鄭玄注：“沽示不用。”賈公彦疏：“沽，謂麤爲之。”《周禮·夏官·司兵》“各辨其物與其等”，鄭玄注：“等，謂功沽上下。”賈公彦疏：“功謂善者爲上等，沽謂麤惡者爲下等也。”《周禮·天官·酒正》“以式灋授酒材”，鄭玄注：“作酒既有米麴之數，又有功沽之巧。”孫詒讓正義：“蓋凡器物飲食之精者謂之功，粗者並謂之沽。”可知形容冠帶、弓矢等器物以及酒、米等飲食諸物之麤（粗）者，均可用“沽”，帛書中當亦然。從上下文來看，“欲沽大，大多氣”應是承前補充“頤也大肉”一句，是説馬的頤部之肉力求粗大、大則多氣，據此理解前後文意正相合。

參考文獻

班　固（撰）　顏師古（注）　1962　《漢書》，中華書局。

北京大學出土文獻研究所　2012　《北京大學藏西漢竹書（貳）》，上海古籍出版社。

湖南省博物館　2014　《長沙馬王堆漢墓簡帛集成（伍）》，中華書局。

魯普平　2018　《馬王堆簡帛字詞校補》，華東師範大學博士學位論文。

馬王堆漢墓帛書整理小組　1977　《馬王堆漢墓帛書〈相馬經〉釋文》，《文物》第8期。

王　充（撰）　黄　暉（校釋）　1990　《論衡校釋》，中華書局。
蕭　統（撰）　李　善（注）　1986　《文選注》，上海古籍出版社。
謝成俠　1977　《關於長沙馬王堆漢墓帛書〈相馬經〉的討論》，《文物》第8期。
張傳官　2018　《馬王堆漢墓帛書〈相馬經〉校讀札記》，《出土文獻與古文字研究》（第7輯），上海古籍出版社。
趙逵夫　1989　《馬王堆漢墓出土〈相馬經・大光破章故訓傳〉發微》，《江漢考古》第3期。
趙逵夫　1989　《馬王堆漢墓帛書〈相馬經〉發微》，《文獻》第4期。

Seven Supplementary Notes of Interpretation of Words in the *Classic of Horse Physiognomy* of the Mawangdui Silk Texts

Gao Yizhi

Abstract: The content of the *Classic of Horse Physiognomy* of the Mawangdui silk texts is archaic and abstruse, and involves many professional terminologies of equine physiognomy, which makes the interpretation remain to be discussed in academia. Based on the previous studies, this article makes seven suggestions for supplementary interpretation of words in the silk manuscript *Classic of Horse Physiognomy*, with the hope to be beneficial for scholars to study this text further.

Key words: Mawangdui silk texts; *Classic of Horse Physiognomy*; Morphoscopy; Interpretation of words

（高一致，湖北省文物考古研究院　湖北　430077）

漢代瓦文釋讀商兑舉例*

孔德超

摘　要：本文對任虎成、王保平《中國歷代瓦當考釋・漢代文字卷》一書中有疑問的九處瓦文從字形、讀法等方面作了商兑，認爲039號瓦文當釋爲“爲子孝慈”，692號瓦文當釋爲“長驩（歡）未央”，756號瓦文當釋爲“祠室屋當”，760號瓦文當釋爲“寋（蹇）氏祠堂”；704號瓦當“𠙵”字當釋爲“由”，讀爲“宙”，瓦文當讀爲“光𪙎（曜）宇由（宙）”；049號瓦文可讀爲“日安益昌”，915號瓦文可讀爲“四銖明樂，萬歲未央”，207號瓦文讀爲“千秋萬歲，安世宜富”更融通，708號瓦文當讀爲“固守此當”。

關鍵詞：中國歷代瓦當考釋；字形；讀法

任虎成和王保平兩位先生合著的《中國歷代瓦當考釋・漢代文字卷》一書，共收録漢代瓦當919面，原書除呈現高清的原圖和部分拓本外，作者還對瓦文作了詳細的考釋和注解，爲我們更好地了解漢代瓦當提供了極爲有益的參考和借鑒。本文擬在兩位先生和前輩學者研究的基礎上，對書中有疑問的九處瓦文從字形、讀法等方面作了商兑，不當之處祈請方家批評指正。

一、瓦文字形商兑

（一）爲子孝慈

039號瓦當，當面殘缺少半。當心圓突外雙綫界格將當面分爲四區，每區各陽文篆書一字，邊輪内有凸弦紋一周。瓦當原圖作：

*本文爲國家社科基金青年項目“出土簡帛所見信仰譜系研究”（項目編號：23CZS005）、2023年度四川省哲學社會科學重點研究基地“中國出土醫學文獻與文物研究中心”重點項目“出土簡帛醫藥文獻所見驅鬼術研究”（項目編號：CTWX2301）、2024年度重庆語言文字科研項目重點項目“漢鏡銘文詞彙研究及詞典編纂”（項目編號：yyk24112）和西南大學中央高校基本科研業務費用專項資金項目“《嶽麓秦簡》詞彙研究及詞典編纂”（項目編號：SWU2309711）的階段性成果。

任虎成、王保平（2019:39）將瓦文釋爲“毋忘□慈”，不確。我們認爲瓦文當改釋爲“爲□孝慈”。

瓦文右上字形，雖稍有殘缺，但是“爲”字無疑，只不過受當面限制，“爲”字字形有所簡省。西漢居必忠銅華重圈銘帶鏡（王綱懷，2004:99）銘文即有“爲”字作，可以參看。另外，對照馬王堆漢墓帛書（裘錫圭主編，2014:74/80/203/98）中的幾個“爲”字字形：（《春秋事語》17）、（《戰國縱横家書》10）、（《十問》2）、（《去穀食氣》1），可以發現瓦文“”與馬王堆漢墓帛書“爲”字字形亦相類。

瓦文第四字雖下部殘缺，但根據殘存字形和瓦文大意，可確定爲“慈”字。漢印文字（羅福頤，2010:474）中有“慈”字作（公孫慈），可參。

瓦文“孝慈”，表示對尊長孝敬，對下屬或後輩慈愛。《逸周書・官人》（2007:761）：“父子之間，觀其孝慈；兄弟之間，觀其和友。”《墨子・兼愛上》（2001:101）：“若使天下兼相愛，國與國不相攻，家與家不相亂，盗賊無有，君臣父子皆能孝慈，若此則天下治。”《漢書・成帝紀》：“定陶王欣於朕爲子，慈仁孝順，可以承天序，繼祭祀。”根據典籍用例，並綜合瓦文辭例，瓦文殘缺的第二字可補爲“子”。“子”既可徑直理解爲“兒子”，《孔子家語・本姓解》（2017:398）：“微子啓，帝乙之元子。”漢劉向《列女傳・齊東郭姜》（2012:314）：“崔子前妻子二人大子城、少子彊。”“爲子孝慈”，意爲作爲兒子孝順，作爲父親又慈愛。又可理解爲子孫、後代，如《荀子・正論》：“聖王之子也，有天下之後也，埶籍之所在也，天下之宗室也。”楊倞注：“子，子孫也。”“爲子孝慈”，意爲希望子孫後代同時兼有孝順和慈愛的美好品質。總之，瓦文“爲子孝慈”是一面寄予美好寓意的吉語瓦當。

（二）長驩（歡）未央

692號瓦當，采集於廣西梧州，邊輪較寬，瓦當雖稍有殘缺，但文字基本清晰可識。瓦當原圖作：

任虎成、王保平（2019:699）釋爲“長駿未央”，我們認爲瓦文第二字非“駿”，應改釋爲“驩”，讀爲“歡”，瓦文當釋爲“長驩（歡）未央”。

此面瓦當曾作爲《中國書法》雜誌二〇一四年第一期（2014）封面，其側附注有：“西漢，長駿未央瓦當，直徑21cm，賢睿齋藏。單十字界格，繆篆，文字隨瓦形曲屈，自然天成，瓦當采集於廣西梧州市，應是南越國蒼梧王城用瓦。……瓦文取《詩經・小雅・崧高》：‘崧高維岳，駿極於天’之意，是梧州市兩千多年歷史的見證。”後葉克勤（2014:203）撰文指出瓦文當釋爲“長驩（歡）未央”，甚是。瓦文第二字作“”，字形左半爲“馬”，右半上部應爲“吅”的簡寫，下部明顯爲“隹”。所以，此字應釋爲“驩”，在此讀爲“歡”。驩、歡皆从雚得聲，爲諧聲字，可以通借。玄應《一切經音義》（2012:346）卷十六引《三蒼》云：“驩，此占（古）歡字。”段玉裁《説文解字注・馬部》（2022:1867）：“驩，古叚爲歡字。”如《左傳》文公六年：“晉侯驩卒。”《史記・晉世家》“驩”作“歡”；《逸周書・官人》：“驩以盡力而不回。”《大戴禮記・文王官人》“驩”作“歡”（參看高亨，1989:163）。除此之外，銅鏡銘文中“驩”用爲“歡”的例子也非常多，如常見的“驩（歡）樂如意”“驩（歡）樂如志”等（參看鵬宇，2022:32）。瓦文“長驩（歡）未央”，義同“長樂未央”。

（三）祠室屋當

756號瓦當，發現於陝西省渭南市，邊輪規整，稍有殘損，四界格内分别書一文字，文字筆畫舒朗秀美，清晰可辨。瓦當原圖作：

任虎成、王保平（2019:758）將瓦文釋爲“祠室堂當”。我們認爲第三字非“堂”字，而是“屋”字。“堂”字字形上部从“冂”，而且“冂”旁上多增“八”形飾筆，“屋”字字形上部从“尸”。瓦文第三字字形上部很明顯是“尸”字，故此字當改釋爲“屋”。值得注意的是，陝西省漢中市博物館亦藏有一面瓦當，其拓本作：

王世昌先生將此面瓦當收入《陝西古代磚瓦圖典》（王世昌，2004:363）一書，並釋讀爲“祠堂屋當”，同時還指出該瓦製作粗疏，文字不精，可能爲私人祠堂用瓦。瓦文第二個字形作“”，上部从“宀”，下部从“至”，明顯爲“室”字。如有蘭室藏有一面瓦當拓片：

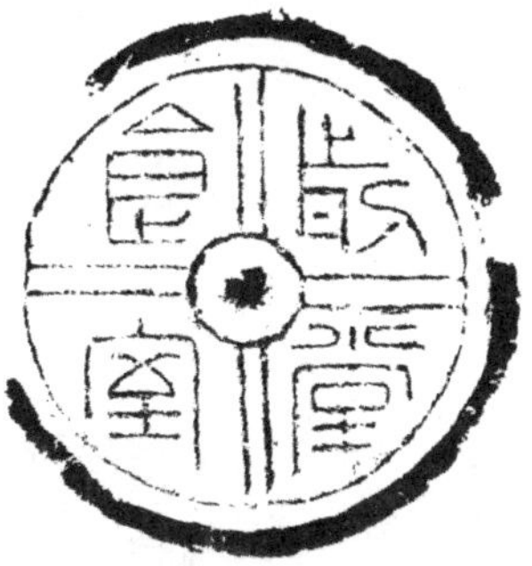

瓦文内容爲“前堂食室”（傅嘉儀，1999:488），當面上“堂”和“室”字清晰可辨。瓦文第三個字形作“”，上部从“尸”，下部从“至”，與上面瓦文第三字字形基本一致，只是“至”的寫法稍有區别。

食（祠）室，即祠堂。《漢書·張禹傳》（1962:3350）：“禹年老，自治冢塋，起祠室。”《後漢書·清河孝王慶傳》（1965:1803）：“朝廷大恩，猶當應有祠室，庶母子並食，魂靈有所依庇。”綜上，兩面瓦當内容皆應釋爲“祠室屋當”，爲祠堂用瓦。

（四）謇（蹇）氏祠堂

760號瓦當，發現於山西省運城市夏縣，邊輪規整，兩條直綫將當面三等分，兩邊裝飾雲紋，中間則爲四字，字體方正。瓦當原圖作：

任虎成、王保平（2019:762）將瓦文釋爲“騫氏祠堂”。瓦文第一字字形下部很明顯爲“巳”，而非“馬”，故此字當爲“寋”。而且“寋”又多通假爲“蹇”。如《史記 • 司馬相如列傳》：“掉指橋以偃蹇兮。”《漢書 • 司馬相如列傳》“蹇”作“寋”。《爾雅 • 釋樂》：“徒擊磬謂之寋。”《經典釋文》：“寋或作蹇字。”（參看高亨，1989:182）蹇，姓。《通志 • 氏族略四》（1995:140）：“蹇氏。秦有蹇叔，或云西乞術、白乙丙皆蹇叔子。《風俗通》，漢有蹇蘭，爲交趾刺史。”《萬姓統譜 • 銑韻》：“蹇，山陽蹇叔之後。周蹇叔，秦上大夫。穆公欲襲鄭，蹇叔以爲不可。”綜上，瓦文可釋爲“寋（蹇）氏祠堂”，爲蹇氏祠堂用瓦。

二、瓦文讀法商兑

（一）日安益昌

049號瓦當，當面邊輪殘缺少半，但當面文字清晰，從上到下、從右到左，四字分别爲“益”“日”“安”“昌”。瓦當原圖作：

任虎成、王保平（2019:49）將其讀爲“安益日昌”，不確。仔細揣摩，我們發

現“安益日昌”的讀法不符合“益”字在構詞中所指示的语義層次，瓦文可讀爲“日安益昌”，爲求吉之瓦。“日安”和“益昌”作爲常用的兩個吉語詞，傳世典籍和出土文獻多有記載，如《吕氏春秋·貴當》（2009:656）：“觀人主也，其朝臣多賢，左右多忠，主有失，皆交争証諫，如此者，國日安，主日尊，天下日服，此所謂吉主也。”浮雕式變異四神鏡銘文（湖北省博物館、鄂州市博物館，1986:4）云：“至氏作竟鏡真大工，□……□壽，富貴益昌，功成事見，其師命長兮。”值得注意的是，中國國家博物館藏有一面西漢末新莽鎏金中國大寧銘四靈博局鏡，其鏡銘爲：

> 聖人之作鏡兮取氣於五行，生於道康兮咸有文章。光象日月，其質清剛。以視玉容兮辟去不羊（祥）。<u>中國大寧，子孫益昌。</u>黄裳元吉有紀剛（綱）。（清華大學漢鏡文化研究課題組，2014:303）

鏡銘“中國大寧，子孫益昌”，祈盼中國和平與安寧，世世代代日益昌盛。瓦文“日安益昌”與鏡銘相類，表達了每天都平安，（世世代代）日益昌盛的美好願望。另外，陝西渭南辛市鄉大夫張村采集了一面銘文爲“日樂富昌”的吉語瓦當（田亞岐、孫周勇，2016:145—146），亦可資參照。

（二）四銖明樂，萬歲未央

915號瓦當，發現於山東，邊輪低平，當面中心爲一大圓突，邊輪至當心有三周凸弦紋，内雙凸弦紋之間以雙綫分當面爲四界格，每個界格内分書二字，字體方正，筆畫清晰端莊。瓦當原圖作：

任虎成、王保平（2019:917）將瓦文釋爲“萬歲四銖，明樂未央”，我們認爲此種讀法略顯迂曲，不易理解，可讀爲“四銖明樂，萬歲未央”。

四銖，即“四銖錢”之省稱，幣面文字爲“半兩”，實際重四銖，故名。四銖錢有漢幣和南朝宋幣之分，此當爲漢幣。《史記·平準書》：“至孝文時，莢錢益多，輕，乃更鑄四銖錢，其文爲‘半兩’，令民縱得自鑄錢。”我們推測，“四銖明樂”

應和漢文帝開放民間自由鑄錢有關。漢文帝即位時，西漢王朝已經經歷了大約二十年的休養生息，社會經濟得到了一定程度的恢復，但是流通中的銅錢劣小而且輕薄。爲此，公元前175年漢文帝下令開放民間自由鑄錢。漢文帝開放民間自由鑄錢的政策，很大程度上改變了流通中錢幣劣小輕薄的狀況，形成了錢幣流通總量市場自動調節的機制，促進了商品交换經濟的發展，對“文景盛世”的出現起到了積極的推動作用。而漢文帝時期民間所鑄錢幣即是四銖錢，亦稱“四銖”。正是漢文帝下令民間可自由鑄造四銖錢，社會經濟才得到了更大程度的恢復，“文景之治”的盛世局面才會出現。所以，“四銖明樂”應指漢文帝開放民間自由鑄錢政策給社會帶來的“明樂”前景。

萬歲未央，爲漢人常用吉語，與“千秋萬歲”“長樂未央”意同。松風閣、慎齋均藏有内容爲“萬歲未央”的瓦當（傅嘉儀，1999:666），漢陽陵帝陵陵園南門遺址（陝西省考古研究院，2011:10）亦出土一方“萬歲未央”瓦當，可以參看。

（三）千秋萬歲，安世宜富

207號收録一面陝西省西安市北郊發現的瓦當，文字呈斜勢，綫條纖細，飄逸靈動，字體娟秀洗練。瓦當原圖作：

任虎成、王保平（2019:207）將其讀爲“千秋萬歲，宜富安世”，瓦文雖可講通，但仔細揣摩總覺未恰，我們認爲讀其爲“千秋萬歲，安世宜富”更融通。宗鳴安（2004:21－22）亦主張“安世宜富”的讀法，其核心觀點是“平安才能富貴”，並進一步指出“安世宜富”即“太平之世，安享富貴”，即歌世平，亦頌家富之義也。宗先生的意見頗具啓發性，今從之。瓦文常見“千秋萬歲，與天無極”的用法可資參照（傅嘉儀，1999:745）。瓦文“千秋萬歲，安世宜富”表達了古人希望千秋萬代都是太平之世，可以安享富貴的美好祈求和願景。

（四）固守此當

708號瓦當，發現於陝西省渭南市，邊輪規整，稍有殘損。四界格内分别書有一字，字體方正，筆畫纖細清晰。瓦當原圖作：

任虎成、王保平（2019:715）將瓦文讀爲“此當固守”，我們認爲當讀爲“固守此當”。按照瓦文常見的體例，含有“當”字的銘文中最後一字一般爲“當”，表示某種性質的瓦當。此種銘文的瓦當很少見到，我們按照一般的語法規則和瓦文體例，從上到下、從左到右將其讀爲“固守此當”。“固守此當”可能與銅器銘文常見嘏辭“子子孫孫永保用之”意近，即希望子孫後代永遠珍視此物。

（五）光䶑（曜）宇由（宙）

704號瓦當，發現於陝西省咸陽市茂陵，質地較爲粗疏，邊輪有一定殘損，但文字皆清晰可辨。此面瓦當又見於《秦漢瓦當》（傅嘉儀，1999:697-698）、《瓦當彙編》（錢君匋等，1988:57）等著録書。瓦當原圖作：

任虎成、王保平（2019:711）將瓦文釋爲“光曜甴宇”，並注釋云：“‘光曜’意爲光彩、榮耀。此類瓦當有多種釋文，其中有學者認爲‘甴’應爲‘坎’，表示宣帝給予霍光的榮耀及於陰間；亦有學者認爲‘甴’應爲‘古’，意爲光輝照耀千古世界。”瓦文右下字形，當隸定爲“䶑”。陳漢平（1989:21）指出，漢瓦當文字“光耀宇宙”或書作“光䶑宇宙”，並舉《周易 • 乾卦九四》“或躍在淵”馬王堆漢墓帛書《周易》作“或鑰在淵”爲例證，其説甚是。後王輝（1993:13-14）又從字形、聲音兩方面參照典籍材料對“𥃩”用爲“曜”的可能性做了詳細論證，皆充分可信。《釋名•釋天》：“曜，耀也，光明照耀也。”“𥃩”字的釋讀解决後，瓦文的焦點則集中在“𠙵”字上。而對“𠙵”字的不同釋讀，又造成瓦文後二字的釋讀順序也存在兩種不同的意見。

瓦文左上字形，雖有一定程度的殘損，但字形爲“𠙵”則没有任何問題。關於“𠙵”字的釋讀，目前學界主要有“吉”（錢君匋等，1988:57）、“坎”（王輝，1993:13-14）、“古”（雷百璟，1993:64；傅嘉儀，1999:697-698）、“宙”（趙平安，1999:208-210；韓祖倫，2008:65-66）等意見。趙平安（1999:208-210）細緻梳理了各家意見，指出此字可以隸定爲“由”，是“宙”的借字。宙从由得聲，宙由同爲幽部字，可以通假。瓦文應按順時針方向旋讀爲“光𥃩宇由（宙）”。而且，趙先生還列舉了《淮南子•道應訓》“日照宇宙”等在結構和意義上都十分相近的典籍用例，論證非常充分，今從之。

綜上，瓦文當釋爲“光𥃩（曜）宇由（宙）”，意爲光芒照耀整個宇宙。

參考文獻

陳漢平　1989　《屠龍絶緒》，黑龍江教育出版社。

段玉裁　2022　《説文解字注》，國家圖書館出版社。

傅嘉儀　1999　《秦漢瓦當》，陝西旅游出版社。

高　亨　1989　《古字通假會典》，董治安整理，齊魯書社。

湖北省博物館　鄂州市博物館　1986　《鄂城漢三國六朝銅鏡》，文物出版社。

湖南省博物館　復旦大學出土文獻與古文字研究中心，裘錫圭（主編）2014　《長沙馬王堆漢墓簡帛集成》第1册，中華書局。

湖南省博物館　復旦大學出土文獻與古文字研究中心，裘錫圭（主編）2014　《長沙馬王堆漢墓簡帛集成》第2册，中華書局。

黄懷信等　2007　《逸周書彙校集注》（修訂本），上海古籍出版社。

韓祖倫　2008　《古瓦當文字雜識》，《中國文字研究》第10輯。

羅福頤　2010　《增訂漢印文字徵》，紫禁城出版社。

凌迪知　1994　《萬姓統譜（二）》，上海古籍出版社。

雷百璟　1993　《西漢一文字瓦當考釋》，《文博》第1期。

鵬　宇　2022　《漢鏡銘文匯釋》，雲南人民出版社。

清華大學漢鏡文化研究課題組　2014　《漢鏡文化研究》（下），北京大學出版社。

任虎成　王保平　2019　《中國歷代瓦當考釋•漢代文字卷》，世界圖書出版西安有限公司。

陝西省考古研究院　2011　《漢陽陵帝陵陵園南門遺址發掘簡報》，《考古與文物》第5期。

孫詒讓　2001　《墨子閒詁》，孫啟治點校，中華書局。

田亞岐　孫周勇　2016　《椽頭乾坤：陝西古代瓦當》，陝西人民出版社。

王　輝　1993　《“光曜坎宇”瓦當考釋》，《文博》第5期。

王綱懷　2004　《三槐堂藏鏡》，文物出版社。

王照圓　2012　《列女傳補注》，華東師範大學出版社。

王世昌　2004　《陝西古代磚瓦圖典》，三秦出版社。
葉克勤　2014　《瓦當文“長駿未央”“長驩未央”辨》，《中國書法》第3期。
徐時儀　2012　《一切經音義三種校本合刊》，上海古籍出版社。
宗鳴安　2004　《漢代文字考釋與欣賞》，陝西人民美術出版社。
趙平安　1999　《兩種漢代瓦當文字的釋讀問題》，《考古》第12期。
張　濤　2017　《孔子家語譯注》，人民出版社。

Examples of Discussion and Deliberation of the Tile-End Inscriptions of the Han Dynasty

Kong Dechao

Abstract: This article discusses and deliberates over nine questionable inscriptions in the *Interpretation of Chinese Tile-End Inscriptions Through the Ages: Inscriptions of the Han Dynasty* compiled by Ren Hucheng and Wang Baoping, from the aspects of graphic forms and way of reading. The findings are as follows: The inscription No. 39 should be interpreted as *weizi xiaoci* (為子孝慈); The inscription No. 692 should be interpreted as *changhuan weiyang* (長驩未央); The inscription No. 756 should be interpreted as *cishi wudang* (祠室屋當); The inscription No. 760 should be interpreted as *jianshi citing* (蹇氏祠堂) The character *kuai* (凷) in the inscription No.704 should be interpreted as *you* (由) and read as *zhou* (宙), so the whole inscription can be read as *guangyao yuzhou* (光耀宇由).The inscription No. 49 can be read as *rian yichang* (日安益昌); The inscription No. 915 can be read as *sizhu mingle, wansui weiyang* (四銖明樂，萬歲未央); The inscription No. 207 can be read as *qianqiu wansui, anshi yifu* (千秋萬歲，安世宜富); The inscription No. 708 should be read as *gushou cidang* (固守此當).

Key words: *Interpretation of Chinese Tile-End Inscriptions Through the Ages: Inscriptions of the Han Dynasty*; Graphic forms; Way of reading

（孔德超，西南大學歷史文化學院　400715）

唐代墓誌校讀札記十五則

黄程偉

摘　要：唐代墓誌文獻的整理與研究已取得豐碩成果。但現有碑誌釋文中，誤釋疑難字的現象比比皆是。文章選取十五例疑難字加以考釋，以期糾正已有的釋讀錯誤，提高相關碑誌文本的可靠性，並爲文字學、漢字史的研究提供參考。

關鍵詞：唐代墓誌；疑難字；考釋

唐代墓誌文獻真實性强、内容豐富、數量龐大，其整理與研究已取得豐碩成果。這必將推動民族文化、歷史地理、語言文字等多學科的發展。但由於誌石風化殘泐、字形俗訛變異等原因，現有的研究成果，特別是現有的墓誌釋文，誤釋疑難字的現象比比皆是，嚴重影響了墓誌文獻的使用價值。準確作出釋文，是利用墓誌文獻進行相關學術研究的基礎，而考釋墓誌疑難字，又是做出正確釋文的重中之重。文章試選取十五例前人誤釋的疑難字加以考釋，以期爲唐代墓誌文獻的整理與研究提供幫助，爲文字學、漢字史等研究提供參考。不當之處，敬請方家指正。

一

唐武德八年《穆孝整墓誌》："君諱孝，字鍾馗，河南洛陽人也。"（《高陽原》）47）

"孝"後之""，《高陽原》47、劉方（2019:110）皆釋作"愸"而無説。按，"愸""整"二字俗寫皆可作""。據文意，此處當爲"整"字俗寫。《説文・攴部》："整，齊也。从攴，从束正，正亦聲。""整"字下部从"正"。"正"字俗體如北魏《元欽墓誌》之""（《漢魏六朝碑刻校注》（下簡稱《校注》）6 / 238），北魏《元祐墓誌》之""（nan0183x），[①]北魏《元緒墓誌》之""（nan0092x）。則"整"字常見異體如北魏《張整墓誌》之"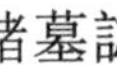"

①見日本京都大學人文科學研究所所藏石刻拓本資料nan0288x（http://kanji.zinbun.kyoto-u.ac.jp/db-machine/imgsrv/takuhon/t_menu.html），下同。

（《校注》4 / 9），北魏《元禎墓誌》之“”（《校注》3 / 293），北魏《元濬妻于仙姬墓誌》之“”（《校注》6 / 8）。“整”字另有俗體省略構件“正”之上部橫畫，如北魏《元緦妻李媛華墓誌》之“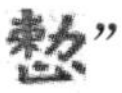”（《校注》5 / 279），北魏《元崇業墓誌》之“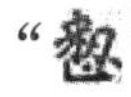”（《校注》5 / 295），唐《賀若突厥墓誌》之“”（《新中國出土墓誌 • 陝西（肆）》52 / 47）。《穆孝整墓誌》之“”與“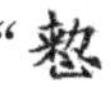”“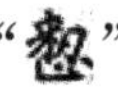”形體相同，可作比勘。

當然，“整”“慭”兩字俗體形近易混，當仔細揣摩文意方可確認究竟是何字。《元和姓纂 • 元韻 • 元》：“天賜，汝陰王，殿侍中；生尚書循義，右僕射。安昌王均。孝則、孝矩、孝方、孝整。”岑校：“復次，‘尚書循義右僕射’，其語不文，安昌王乃均之封爵，依此校補，文當正爲‘生修義，尚書右僕射；生均，安昌王；生孝規、孝矩、孝方、孝整’便合。”“孝規”“孝矩”“孝方”“孝整”，明顯取規矩、方整之義來命名。而“孝慭”之名似未見。

又，唐天寶元年《李整墓誌》：“君諱，字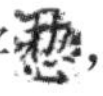，趙郡人也。因宦而居鄴，遂鄴縣人。”（《集釋》）462）

“諱”後之“”、“字”後之“”，《集釋》録作“慭”，並注：“原刻草率，又似‘整’的俗字。據輪廓録爲‘慭’以備參。”按，此處“諱”、字後之字，皆當爲“整”字。

又，東魏元象元年《郭挺墓誌》：“信義朋□，忠孝臣父。行滿無遺，言豐備舉。晝節對談，夜裁諠緒。既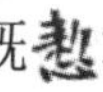群翔，彌嚴獨處。”（《集釋》20）

“群”前之字拓本作“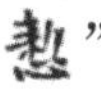”。《文化安豐》録作“恝”（167）。劉新暉（2015:88）亦録作“恝”，認爲是“慭”字。楊寧（2014:93）、《漢魏六朝碑刻集釋》録作“慭”。[①]《集釋》録作“憨”（20）。梁春勝（2021b:154）認爲是“整”字俗寫，“既整群翔”意謂“以鳥之整翅群飛喻指誌主之從衆出仕”。

按，“”釋爲“整”字俗訛，是。但“既整群翔”解作“以鳥之整翅群飛喻指誌主之從衆出仕”似不妥。此處銘文對仗工整，“既群翔，彌嚴獨處”分别爲兩個狀中結構短語。“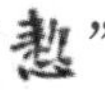”字與“嚴”相對爲文，當是形容詞，分别修飾“群翔”“獨處”。“整翅群飛”則視“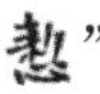”爲動詞，與“嚴”失對。“以鳥之整翅群飛喻指誌主之從衆出仕”，亦與“彌嚴獨處”文意不協。今謂此處“整”爲“嚴整”義。“既整群翔，彌嚴獨處”意指郭挺與同輩交游嚴謹整肅，退居獨處嚴於律己。

①詳見毛遠明:《漢魏六朝碑刻集釋》。中華石刻數據庫（漢魏六朝碑刻資料庫）；ID:ZHB050000002M0001184；http://inscription.ancientbooks.cn。

二

唐貞觀十年《宫惠墓誌》：“若夫土開基，位列光於周世；受符作牧，妙譽馳於漢朝。”（《流散》3）

“土”前之字拓本作“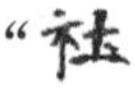”。熊曉宇（2020:68）、《流散》（3）皆釋作“社”。按，字形似“社”，然據文意當是“祚”字俗訛。[①]“社”字常見字形如北齊《張海翼墓誌》之“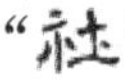”（《校注》9 / 222），北魏《元誘墓誌》之“”（《校注》5 / 354），北魏《李蕤墓誌》之“”（《校注》4 / 59）。“祚”字隸書形體與之形近，如北魏《元寧造像記》之“”（nan0288x），北齊《僧靜明等造像碑》之“”（《校注》9 / 1），北齊《張思文等造像記》之“”（《校注》10 / 121），唐《闞道愛墓誌》之“”（《附考》）1 / 59），唐《彭國太妃墓誌》之“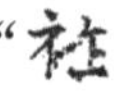”（《新中國出土墓誌•陝西（貳）》上 / 35）等，可資比勘。

祚土，也作“胙土”，封賜土邑。碑誌習見，如東魏《元凝妃陸順華墓誌》：“禀靈川嶽，既因生以啟姓；取則星雷，亦祚土以命氏。”（《校注》8 / 71）隋《來和墓誌》：“祚土命氏，肇自前周。錫圭隴右，承家帝丘。”[②]唐《盧氏墓誌》：“盧氏自陽烏以純德顯後魏，遂祚土開國，以第八子道亮嗣封，即夫人之七代祖也。”（《全唐文補遺》1 / 226）唐《李君妻鄭氏墓誌》：“自祚土開國，剪珪建封。世濟賢材，宣力王室。故能保姓垂裕，食德冗宗。”[③]唐《何杲妻韋般若林墓誌》：“□□韋氏，肇開祚土，漢相賢長發家慶。奕世丕顯，珪璋叠照。”（《新中國出土墓誌•河南（叁）》223 / 162）

三

唐永徽三年《竇衍妻達奚淑墓誌》：“節勵於未亡，静年言得於羞緯。輕袿非飾，珍簞消芳。僻形諸慈誘，奉姑盡於恭德。”（《新藏》）87）

“節”前之字拓本作“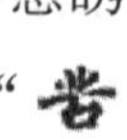”。《新藏》釋作“若”（87）。白艷章（2017:12）校改作“苦”，並注：“‘苦節’，語出《易•節》：‘節，亨。苦

①匿名審稿專家認爲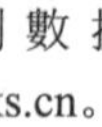”或是受“土”字類化所至。録以備參。

②詳見中華石刻數據庫（唐代墓誌銘資料庫）；ID:ZHB050000003M0013168；http://inscription.ancientbooks.cn。

③詳見中華石刻數據庫（唐代墓誌銘資料庫）；ID:ZHB050000003M0015483；http://inscription.ancientbooks.cn。

節，不可貞。’孔穎達疏：‘節須得中。爲節過苦，傷於刻薄。物所不堪，不可復正。故曰‘苦節，不可貞’也。’意指過度儉約。後以堅守節操，矢志不渝爲‘苦節’。”

“静年言得於釐緯”，文意不通。核之拓本，“静”字右下角有“”，字迹模糊不清。細審拓本，字裏行間多有殘存字迹，難以辨識。該墓誌當爲磨泐重刻之誌。“”乃殘存筆畫，非屬本篇誌文。《新藏》釋作“年”（87），並誤入誌文，當删。未亡，即“未亡人”，舊時寡婦自稱。《左傳》成公九年：“穆姜出於房，再拜曰：‘大夫勤辱，不忘先君以及嗣君，施及未亡人。先君猶有望也！’”杜預注：“婦人夫死，自稱未亡人。”釐緯，同“嫠緯”，即“嫠不恤緯”。《左傳》昭公二十四年：“嫠不恤其緯，而憂宗周之隕，爲將及焉。”陸德明《音義》：“嫠，本又作釐，力之反。”誌文之“釐緯”與“未亡”對文同意，皆指亡夫後的達奚淑。

“形”前之字拓本作“”。《新藏》釋作“耳”（87）。按，當爲“咡”字。“僻咡”，又作“辟耳”，指長者傾頭教導孩童。《禮記・曲禮上》：“長者與之提携，則兩手奉長者之手。負劍辟咡詔之，則掩口而對。”鄭玄注：“負謂置之於背，劍謂挾之於旁，辟咡詔之謂傾頭與語。口旁曰咡。”孔穎達疏：“負謂致兒背上也，劍謂挾於脇下如帶劍也。辟，傾也。咡，口旁也。詔，告也。長者或若負兒之時而與之語，當傾頭以告之也，不正嚮之令氣不觸兒也，亦令見長者所爲而復習之也。張逸云：‘辟咡詔之，傾頭以告教之也，此長者之爲也。’”誌文“僻咡”與“奉姑”對文見意，指達奚氏慈祥教導兒女，恭敬侍奉公婆。碑誌用例又如東魏《高實墓誌》：“爰始僻咡，至於佩韘。言合準的，動應軌儀。”（《北朝藝術研究院藏品圖録：墓誌》103）

四

唐咸亨四年《楊信墓誌》：“君起家左親侍、晉王府兵曹。出陪飛蓋，入奉桂。”（《流散續集》）39）

“桂”後之字拓本作“”。《流散續集》（39）、（《匯釋》）（122）皆釋作“官”。按，字形似“官”，據文意當爲“宫”之俗訛[①]。字例如北齊《元子邃墓誌》“生深宫之中，長婦人之手”之“宫”作“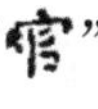”（《校注》8 / 374），P.2299

①“宫”混作“官”，梁春勝先生亦有論述。詳參梁春勝（2021a:909）。

《太子成道經》“爾時净梵大王宫中無其太子”之“宫”作“”（《敦煌俗字典》（第二版）246）。

桂宫，指宫廷。碑誌用例如隋《宫人姜氏墓誌》：“故得入奉椒殿，承恩桂宫，妙善聲律，伶官斯掌。”[①]武周《楊君墓誌》：“五龍騰譽，三鱣襲祉。朝陪桂宫，夕侍蘭錡。”（《全唐文補遺》5 / 226）武周《史懷訓及妻李氏墓誌》：“始奉桂宫，擢德而隆。遽悲蒿里，吞恨何已。”（《全唐文補遺》6 / 357）

五

唐咸亨四年《張胤墓誌》：“天長地久，輿蓋有常；風散火移，流光不住。”（《流散續集》43）

“天”前之字拓本作“”。《流散續集》釋作“凉”（43），熊曉宇（2020:101）釋作“凉”。按，字形似“凉”，然據文意當爲“諒”字俗訛。隸楷文字階段，構件“言”行草書楷化與“氵”形近易訛。[②]字例如《可洪音義》之“”（《可洪》）558）。

諒，的確、確實，用於句首，與“信”用法類似。碑誌用例如北魏《薪興令造寺碑》：“諒攝生之勝業，弘道之妙術也。”[③]北魏《元子正墓誌》：“遂能搜今閱古，博覽群書，窮玄盡微，義該衆妙。諒以邁迹中山，超踪北海者矣。”[④]唐《康固及妻趙氏墓誌》：“出身獻直以事主，效職盡節以圖榮。諒知命有推遷，物皆代謝。”（《全唐文新編》21 / 14961）

六

唐永淳元年《王鴻儒墓誌》：“豈謂涉洹起譽，夢井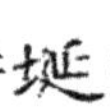妖。人代未終，生涯忽盡。”（《新獲百品》）95）

“妖”前之字拓本作“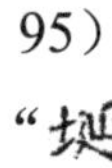”。熊曉宇（2020:102）、《新獲百品》（95）皆釋

① 詳見中華石刻數據庫（唐代墓誌銘資料庫）；ID:ZHB050000003M0012588；http://inscription.ancientbooks.cn。

②楷書部件“言”“水”形近易訛。參梁春勝（2012:294）。

③ 詳見中華石刻數據庫（漢魏六朝碑刻資料庫）；ID:ZHB050000002M0001333；http://inscription.ancientbooks.cn。

④ 詳見中華石刻數據庫（漢魏六朝碑刻資料庫）；ID:ZHB050000002M0002002；http://inscription.ancientbooks.cn。

作"埏"。按，字形爲"埏"，然據文意當爲"挻"字俗訛。[1]挻，引發、招致。挻妖，與上文"起釁"對文同意，指引起災禍。碑誌用例如隋《王景興墓誌》："俄而夢已挻妖，巢篤結禍。"[2]唐《劉寔及妻崔氏墓誌》："誰期鬪蟻挻妖，巢篤架禍。"[3]唐《樂方及妻程氏墓誌》："遽而巢篤兆釁，泣王挻妖。輔仁之錫未流，閱水之悲行及。"（《全唐文補遺》5 / 187）

夢井挻妖，化用典故。《三國志•蜀書•楊洪傳》："洪迎門下書佐何祗，有才策功幹，舉郡吏，數年爲廣漢太守，時洪亦尚在蜀郡。是以西土咸服諸葛亮能盡時人之器用也。"裴松之注引《益部耆舊傳雜記》："祗字君肅，少寒貧，爲人寬厚通濟，體甚壯大，又能飲食，好聲色，不持節儉，故時人少貴之者。嘗夢井中生桑，以問占夢趙直，直曰：'桑非井中之物，會當移植；然桑字四十下八，君壽恐不過此。'祗笑言'得此足矣'。"涉洹起釁，亦是用典。《左傳》成公十七年："初，聲伯夢涉洹，或與已瓊瑰食之，泣而爲瓊瑰盈其懷，從而歌之曰：'濟洹之水，贈我以瓊瑰，歸乎歸乎，瓊瑰盈吾懷乎！'懼不敢占也。還自鄭，壬申，至于貍脤而占之，曰：'余恐死，故不敢占也。今衆繁而從余三年矣，無傷也。'言之，之莫而卒。"誌文化用兩處典故，指災禍興起，喻指誌主王鴻儒病重將死。

七

唐永淳二年《李烈墓誌》："涵牛載屈，化始洽於中都；晝鹿方驅，使俄從乎京兆。"（《新獲百品》99）

"鹿"前之字拓本作"晝"。《新獲百品》釋作"晝"（99）。按，字形似"晝"，然據文意當爲"畫"之俗訛。字例如《可洪音義》之"晝""晝""晝""書"等（《可洪》483）。誌文用典，《初學記》卷十一引謝承《後漢書》曰："鄭弘爲臨淮太守，行春，有兩白鹿隨車，夾轂而行。弘怪問主簿黄國鹿爲吉凶。賀曰：'聞三公車轓畫作鹿。明府當爲宰相。'弘後果爲太尉。"

"從乎京兆"同爲用典。《晉書 • 王機傳附王矩》："機兄矩，字令式。美姿容，每出游，觀者盈路。初爲南平太守，豫討陳恢有功，遷廣州刺史。將赴職，忽見一人持奏謁矩，自云京兆杜靈之。矩問之，答稱：'天上京兆，被使召君爲主簿。'

①匿名審稿專家指出，"埏""挻"相混，源自"土""扌"相混（如"掩"或作"埯"）。

② 詳見中華石刻數據庫（唐代墓志銘數據庫）；ID:ZHB050000003M0016288；http://inscription.ancientbooks.cn。

③ 詳見中華石刻數據庫（唐代墓志銘數據）；ID:ZHB050000003M0004415；http://inscription.ancientbooks.cn。

矩意甚惡之。至州月餘卒。”誌文化用此典，喻指誌主李烈去世。

另，誌文之“涵牛”，隋唐碑誌習見，又如：

（1）隋《寳儼墓誌》：“涵牛之鼎，方升廊廟，夢豎爲災，奄然蒿里。”（《隋代墓誌銘彙考》5 / 324）

（2）唐《王建墓誌》：“中年狎雉，惟桑非棲鳳之林；武城割鷄，調飪屈涵牛之鼎。”（《全唐文補遺》2 / 368）

（3）唐《許行本及妻崔氏墓誌》：“公恭寬信敏，廉明清直，屈涵牛之巨量，就亨魚之下任。”（《全唐文補遺》2 / 258》）

（4）《程知節墓誌》：“並逸氣煙翔，孤韻風竦，臨機弗謬，蘊志無辱。始屈道於涵牛，遽飛聲於展驥。”（《全唐文補遺》2 / 203》）

（5）唐《鄭廣墓誌》：“雅志不申，屈涵牛之巨星；其後必大，侈納駟之曾閎。”（《全唐文補遺》2 / 192）

胡元超（2010:316）認爲“涵牛，包含牛宿。牛，指牛宿。二十八宿之一，北方玄武七宿的第二宿。意爲鄭德通只將官做到隋眉州録事參軍，使他的遠大志向未能伸展，委屈了他的才能”。按，胡先生所述不確。“涵牛”同“函牛”，實爲用典。《淮南子 • 詮言》：“夫函牛之鼎沸，而蠅蚋弗敢入。崑山之玉瑱，而塵垢弗能污也。”高誘注：“函牛，受一牛之鼎也。”誌文化用此典，意謂誌主李烈有大才，却屈尊擔任縣令一類的小官。

八

唐垂拱元年《劉初墓誌》：“少嬰風𥨍，年衰漸增。八十有一，先薨於第。”（《陝西壹》）84 / 96）

“風”後之字拓本作“𥨍”。《陝西壹》（96）、《全唐文補遺》（3 / 462）、《彙編續集》（281）、《全唐文新編》（21 / 14481）皆釋“察”而無説。按，字形似“察”，然據文意當爲“瘵”之訛誤。《説文 • 疒部》：“瘵，病也。”《爾雅 • 釋詁上》：“瘵，病也。”

風瘵，指由風引起的疾病。碑誌習見，如武周《懷惲法師碑》：“於是忽嬰風瘵，病與時侵，靈藥勿痊，胚器俄逝。”[①]唐《劉憲墓誌》：“拜太僕少卿兼修國史，俄除兵部侍郎。微嬰風瘵，固求閒逸，轉工部侍郎。”（《洛陽新獲七朝墓誌》151）

① 詳見中華石刻數據庫（唐代墓志銘數據庫）；ID:ZHB050000003M0012920；http://inscription.ancientbooks.cn。

唐《侯敬忠墓誌》：“開元四年，遂嬰風瘵，寢疾弥留，春秋六十八。”（《全唐文補遺》2 / 434》）唐《爨君及妻張氏墓誌》：“尋遇丁罰，遂嬰風瘵。含酸忘疾，悲寒泉而莫慰；茹慼沉痾，棄榮華如遺照。”（《全唐文補遺》6 / 283）

又，《劉初墓誌》：“歲月不居，情移慕泰。覺悞勝緣，希諸三昧。澄心寂静，崇歸福會。基積無爲，平等一概……一歸此壤，何年有悞。側愴違離，哀纏乳慕。”（《陝西壹》84 / 96）

“泰”後之字拓本作“覺”。《陝西壹》（96）、《全唐文補遺》（3 / 462）釋作“覺”。《全唐文新編》（21 / 14481）、《彙編續集》（281）釋作“覺”。按，當爲“覺”字，字形清晰，無需贅述。“勝”前之字拓本作“悞”。《陝西壹》（96）、《彙編續集》（281）《全唐文補遺》（3 / 462）皆釋作“悞”。《全唐文新編》（21 / 14481）釋作“誤”。按，據文意當爲“悟”之换聲異體字。覺悟，指醒悟以往的困惑或過失。佛教用以指經由修行，證悟真理，而滅除無明、煩惱的聖者境界。勝緣，佛教指善緣。“覺悟勝緣，希諸三昧”意謂誌主劉初參禪悟佛，皈依佛教，與誌文“遂歸心内典，披尋釋教”相呼應。

“有”後之字拓本作“悞”。《陝西壹》（96）、《彙編續集》（281）、《全唐文新編》（21 / 14481）、《全唐文補遺》（3 / 462）皆釋作“悞”。按，據文意當亦爲“悟”字，讀爲“寤”。《説文 • 宀部》：“寤，寐覺而有言曰寤。从㝱省，吾聲。一曰晝見而夜㝱也。”段玉裁注：“有言，今鍇本作省信，鉉本作有信。皆誤。今依《韻會》所據鍇本。釋玄應引《倉頡篇》‘覺而有言曰寤’，《左傳》‘季寤字子言’是其證。按，《周南》毛傳曰‘寤，覺也’，《衛風》鄭箋同。言其大略而已。鄭釋《周禮》‘寤夢’云‘覺時道之而夢’，亦與《倉頡篇》同也。古書多叚寤爲悟。”朱駿聲《説文通訓定聲 • 豫部》：“悟，假借爲寤。”“一歸此壤，何年有寤”意謂何年才能醒來。碑誌用例如唐《董軸及妻劉氏墓誌》：“節流時運，人移代故，泉閟一關，何年有寤。”（《全唐文補遺》2 / 256）

九

武周長壽三年《鄒鸞昉墓誌》：“關東川而不歸，隨西邁而忘返。以長壽二年九月廿五日，終於隆政里之私第，春秋六十有二。”（《匯釋》156 / 143）

“川”前之字拓本作“關”。《匯釋》（156）、《珍稀墓誌百品》（下簡稱《百品》）（94）、《西安新獲墓誌集萃》（102）皆釋“關”而無説。按，字形爲“關”，然據文意當爲“閲”字訛誤。東川，又作“逝川”，指一去不返的江河之水。語本《論語 • 子罕》：“子在川上曰：‘逝者如斯夫！不舍晝夜。’”比喻流逝的光陰、年華。如晉陸機《歎逝賦》：“悲夫！川閱水以成川，水滔滔而日度；世閱人而爲世，人冉冉而行暮。”

“閱東川”碑誌常用以喻指死亡。用例如唐《徐師墓誌》：“方祈西藥，遽閱東川，粤以龍朔元年十二月廿八日卒於嘉善之私第，春秋五十七。”（《全唐文補遺》4 / 355）唐《楊道網墓誌》：“輔仁無驗，俄閱東川。越以顯慶三年歲次戊午九月庚辰朔十二日辛卯，終於立行里私第，春秋六十五。”（《全唐文補遺》6 / 264）唐《席泰墓誌》：“嗣子元福等，閱東川之不留，遡北風而飲泪。敬銘德於翠琰，庶揚芳於玄隧。”（《全唐文補遺》4 / 339）

十

武周長壽三年《田仁汪妻竇琰墓誌》：“嗚咽凝笳，飄颻飛。宰樹風急，空山日晚。大夜方，幽魂詎返。唯有徽烈，長存翠琬。”（《長安新出墓誌》129）

“飛”後之字拓本作“”。《長安碑刻》（418）、《彙編續集》（329）、《全唐文新編》（21 / 14608）、《全唐文補遺》（3 / 500）皆釋作“幰”，《長安新出墓誌》釋作“憓”（129）。按，釋“幰”是。“”之左側構件“忄”，實爲“巾”之俗訛。隸楷文字階段，構件“忄”“巾”互訛爲變異通例。[①]字例又如唐《楊逸墓誌》之“”（《附考》3 / 99），唐《許君妻王氏墓誌》之“”[②]，唐《王養及妻成氏墓誌》之“”（《全唐文補遺》2 / 379）。幰，車幰，指車上的帷幔。誌文“嗚咽凝笳，飄颻飛幰”，描摹了胡笳低吟，帷幔翻飛的場景，烘托了悲涼的氣氛。

“方”後之字拓本作“”，《長安碑刻》（418）、《長安新出墓誌》（129）、《彙編續集》（329）、《全唐文新編》（21 / 14608）皆釋作“染。《全唐文補遺》（3 / 500）釋作“深”。按，釋“深”是。“染”“深”二字形近易訛，如隋《成晉墓誌》之“染”作“”（《陝西新見隋朝墓誌》22），《可洪音義》之“染”可作“”“”（《可洪》651），《敦煌俗字典》之“染”可作“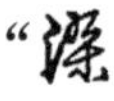”（657）；北魏《元略墓誌》之“深”作“”（nan0326x），唐《段會墓誌》之“深”作“”（tou0181x），《可洪音義》之“深”可作“”（《可洪》670）等，可作比勘。誌文“大夜方深，幽魂詎返”，意謂即使到了深夜，誌主之魂魄也不能返還。碑誌相似用例如北魏《楊穎墓誌》：“淵珠隧豁，玉碎荆山。大夜一深，白

①詳參毛遠明（2012:211，324）、梁春勝（2012:380）。

②詳見中華石刻數據庫（唐代墓志銘數據庫）；ID:ZHB050000003M0003239；http://inscription.ancientbooks.cn。

日不旋。敬鏤玄石，式炳餘鮮。”①

十一

武周證聖元年《劉君妻李娘墓誌》：“所産男女，唯有八人。或莅職名藩，或作嬪高。”（《陝西壹》90 / 100）

“高”後之字拓本作“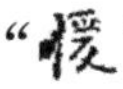”。《全唐文新編》（21 / 14626）、《彙編續集》（338）釋作“慶”。《陝西壹》（100）、《全唐文補遺》（3 / 503）釋作“猿”。按，字形左側略有泐蝕，整字當爲“援”字。“名藩”指地方重鎮。“莅職名藩”喻指誌主李娘所生男子多擔任要職。“高援”與“名藩”對文，指高門盛族。“作嬪高援”意謂誌主李娘所生女子多嫁入高門盛族。

碑誌用例如唐《高力牧妻魏氏墓誌》：“夫人幼而聰明，天與韶朗，年七歲而志立，十歲而有成，十三被纂組之工，十五加詩禮之訓，永託高援，聿脩婦道。”（《洛陽新獲七朝墓誌》194）唐《孫綏墓誌》：“長曰□，婚清河張氏。仲曰志，娶潁川陳氏。季曰□□□□□□□氏。皆高援名族，明奉箕箒，各有孫息。”（《全唐文補遺》4 / 261）唐《韋洵及妻蕭氏墓誌》：“故汝南郡王洵等，懿親崇重，久客旋肆，言擇高援，方榮下穸，宜正位於室家，俾增暉於泉壤。”②唐《胡貞範墓誌》：“以夫人世擅膏腴，家傳鍾鼎，爲男欲求高援，强委禽焉。”（《河洛墓刻拾零》128）唐《斛斯政則墓誌》：“既此良材，復斯高援。珮蘭珠菊，等茂均芳。”（《全唐文補遺》2 / 231）

十二

武周聖曆元年《樊君妻竇氏墓誌》：“外馳婦則，禮每備於如賓；内挹母儀，教必申於舉。以永昌元年五月九日封美陽縣君，從夫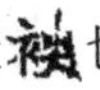也。”（《匯釋》161 / 147）

“舉”後之字拓本作“”。《匯釋》釋作“按”（161）。《百品》釋作“桉”（102）。按，整字當爲“桉”。“”之左側構件似“扌”，實爲“木”之

① 詳見中華石刻數據庫（漢魏六朝碑刻數據庫）；ID:ZHB050000002M0001529；http://inscription.ancientbooks.cn。

② 詳見中華石刻數據庫（唐代墓志銘數據庫）；ID:ZHB050000003M0016309；http://inscription.ancientbooks.cn。

俗訛。“桉”同“案”。舉桉，即“舉案”。《後漢書 • 梁鴻傳》：“每歸，妻爲具食，不敢於鴻前仰視，舉案齊眉。伯通察而異之，曰：‘彼傭能使其妻敬之如此，非凡人也。’”後用爲夫妻相互敬愛之典。

“夫”後之字拓本作“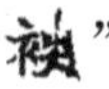”。《匯釋》（161）、《百品》（102）皆釋作“袟”。按，據文意當爲“秩”之俗訛。秩，指古代官職品階。《舊唐書 • 職官志二》：“凡外命婦之制，皇之姑，封大長公主，皇姊妹，封長公主，皇女，封公主，皆視正一品。皇太子之女，封郡主，視從一品。王之女，封縣主，視正二品。王母妻，爲妃。一品及國公母妻，爲國夫人。三品已上母妻，爲郡夫人。四品母妻，爲郡君。五品若勳官三品有封，母妻爲縣君。散官並同職事。勳官四品有封，母妻爲鄉君。”此墓誌結銜作“前中散大夫檢校同州長史”，可知竇氏丈夫樊君曾官中散大夫。中散大夫，唐朝置爲正五品上階文散官。則竇氏從丈夫之品階當封爲縣君。

十三

武周聖曆三年《趙本道墓誌》：“代英，家傳將相。發姧擿伏，運謀。惟祖惟考，令聞令望。”（《匯釋》164 / 149）

“代”後之字拓本作“”。熊曉宇（2020:119）、潘萍等（2014:43）、《匯釋》（164 / 149）釋作“載”。《百品》釋作“初”（106）。按，“”爲“載”之武周新字。“英”後之字拓本作“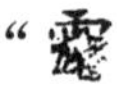”。潘萍等（2014:43）、熊曉宇（2020:119）、《匯釋》（164 / 149）釋作“靈”。《百品》（106）缺釋。按，釋“靈”是。

“謀”後兩字拓本作“”“”。潘萍等（2014:43）、熊曉宇（2020:119）、《匯釋》（164）、《百品》（106）皆釋作“幬”“帳”。按，據文意當爲“幬”“帳”。隸楷文字階段，構件“忄”“巾”互訛。《爾雅 • 釋訓》：“幬謂之帳。”郭璞注：“今江東亦謂帳爲幬。”則“幬帳”即“帳幕”。“運謀幬帳”意同“運籌帷幄”。此處銘文“發姧擿伏，運謀幬帳”與誌文“（祖、考）並桂馥蘭芬，金相玉質，務總中外，才兼文武”相呼應，意謂趙本道祖、父文可揭發奸邪，武可謀劃策略。

十四

武周久視元年《王德徽墓誌》：“則能使豪商寖猾，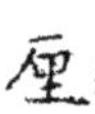無貳價之賓；巨估遷訛，肆絶僞言之醜。”（《匯釋》167 / 151）

“無”前之字拓本作“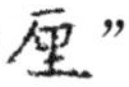”。熊曉宇（2020:126）釋作“厘”。《匯釋》釋作“釐”（166）。按，當爲“廛”字異體。“廛”作“厘”爲文字變異通例。[①]《干禄字書 • 平聲》：“、廛，上通下正。”字例如北魏《陸紹墓誌》之“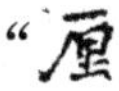”（《校注》6 / 199），北魏《和邃墓誌》之“”（《校注》6 / 88），《可洪音義》之“”（《可洪》376）。

廛，市中儲藏、堆積和出售貨物的地方，與下文“肆”相對爲文。宋本《玉篇 • 广部》：“廛，直連切。居也，市邸也，百畝也。”《集韻 • 僊韻》：“廛，市物邸舍。”《周禮 • 地官 • 廛人》：“凡珍異之有滯者，斂而入於膳府。”鄭玄注引鄭司農云：“廛，謂市中之地，未有肆而可居以畜藏貨物者也。”《禮記 • 王制》：“古者公田，藉而不税。市，廛而不税。關，譏而不徵。”鄭玄注：“廛，市物邸舍，税舍不税其物。”孔穎達疏：“市内空地曰廛，城内空地曰肆。”誌文意謂王德徹任西市署令後，治理有加，豪商巨賈斂迹息奸，市無二價，廛肆無欺。

十五

武周天授二年《慕容智墓誌》：“丹烏迅速，白兔蒼茫。兩楹流奠，二殃。”（劉兵兵等，2021:88）

“二”後之字拓本作“”。劉兵兵等（2021:88）釋作“鑒”，李宗俊（2022:91）釋爲“豎”。按，釋“豎”是。此處誌文用典，《左傳》成公十年：“公疾病，求醫于秦。秦伯使醫緩爲之。未至，公夢疾爲二豎子，曰：‘彼良醫也，懼傷我，焉逃之？’其一曰：‘居肓之上，膏之下，若我何？’”後以“二豎”喻指病魔。

“殃”前之字拓本作“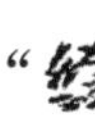”。劉兵兵等（2021:88）釋作“經”，認爲銘文“二鑒經殃”“與墓主棺前隨葬的2件黑漆盤相吻合”。李宗俊（2022:91）釋作“経”。按，字形略有泐蝕，右側構件爲“厘”，即“廛”之簡寫，整字爲“纏”之異體。[②]字例如西晉《趙氾墓表》之“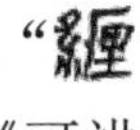”（《校注》2 / 318），北魏《張安姬墓誌》之“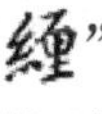”（《校注》5 / 115），《可洪音義》之“”（《可洪》376）。《禮記 • 檀弓上》：“夏后氏殯於東階之上，則猶在阼也；殷人殯於兩楹之間，則與賓主夾之也；周人殯於西階之上，則猶賓之也。而丘也，殷人也。予疇昔之夜，夢坐奠於兩楹之間。夫明王不興，而天下其孰能宗予，予殆將死也。”“兩楹”借指停放靈柩，

①“廛”作“厘”爲石刻文字辨異通例。詳參何山（2017:140）、梁春勝（2023:128）。

②亦可參見周阿根（2022:137）。

舉行祭奠之處。“兩楹流奠，二豎纏殃”喻指慕容智病重將死。

又，武周聖曆元年《樊君妻竇氏墓誌》：“慟深友娣，哀穆。鏡掩鸞飛，惟空起鳳。”（《匯釋》161 / 147）

“哀”後之字，《百品》釋作“經”（102），《匯釋》釋作“纏”（161）。按，釋“纏”是。“哀纏……”，墓誌習語，無需贅述。

“穆”後之字，《百品》（102）、《匯釋》（161）皆釋作“似”而無説。按，據文意“似”當讀爲“姒”，指兄長之妻。《爾雅·釋親》：“長婦謂稚婦爲娣婦，娣婦謂長婦爲姒婦。”郭璞注：“今相呼先後，或云妯娌。”穆姒，與上文“友娣”對文，用例如西魏《長孫儁妻婁氏墓誌》：“無斁井臼，躬勞組織。思媚諸姑，言因穆姒。”[①]誌文“慟深友娣，哀纏穆姒”互文見意，意謂誌主竇氏逝世，使得友穆之娣姒哀慟。

引書簡稱表

高陽原	長安高陽原新出土隋唐墓誌	**校注**	漢魏六朝碑刻校注
陝西壹/貳/肆	新中國出土墓誌·陝西（壹/貳/肆）	**集釋**	西南大學新藏墓誌集釋
流散	洛陽流散唐代墓誌彙編	**附考**	唐代墓誌銘附考
新藏	西安碑林博物館新藏墓誌續編	**流散續集**	洛陽流散唐代墓誌彙編續集
匯釋	西南大學新藏石刻拓本匯釋	**可洪**	《可洪義音》研究——以文字爲中心
新獲百品	洛陽新獲墓誌百品	**彙編續集**	唐代墓誌彙編續集
百品	珍稀墓誌百品		

参考文獻

北京圖書館金石組　1989　《北京圖書館藏中國歷代石刻拓本彙編》第11册，中州古籍出版社。
白艷章　2017　《〈西安碑林博物館新藏墓誌續編〉整理與研究》，西南大學碩士學位論文。
陳曉捷　2014　《唐〈竇乂墓誌〉讀考》，《碑林集刊》（第20輯），三秦出版社。
陳長安　1991　《隋唐五代墓誌彙編——洛陽卷》第3册，天津古籍出版社。
大同北朝藝術研究院　2016　《北朝藝術研究院藏品圖録：墓誌》，文物出版社。
范　曄（著）　李　賢（注）　1965　《後漢書》，中華書局。
高麗大藏經完刊推進委員會　1982　《高麗大藏經》第62册，臺灣新文豐出版有限公司。
顧藹吉　1986　《隸辯》，中華書局影印項絅玉淵堂本。
故宫博物院　陝西省考古研究院　2021　《新中國出土墓誌·陝西（肆）》，文物出版社。

①詳參毛遠明:《漢魏六朝碑刻集釋》。見中華石刻數據庫（漢魏六朝碑刻數據庫）；ID:ZHB050000002M0001111；http://inscription.ancientbooks.cn。

胡　戟　2016　《珍稀墓誌百品》，陝西師範大學出版社。
何　山　2017　《漢至隋石刻文字變異通例研究》，《東亞文獻研究》（第19輯）。
黃　徵　2019　《敦煌俗字典》（第二版），上海教育出版社。
胡元超　2010　《昭陵墓志通釋》，三秦出版社。
韓小荆　2009　《〈可洪音義〉研究——以文字文中心》，巴蜀書社。
賈振林　2011　《文化安豐》，大象出版社。
劉　安（著）　陳廣忠（譯注）　2012　《淮南子》，中華書局。
劉　昫　1975　《舊唐書》，中華書局。
陸　機（著）　劉運好（校注）　2007　《陸士衡文集校注》，鳳凰出版社。
林　寶　岑仲勉（校記）　1994　《元和姓纂》，中華書局。
劉兵兵　陳國科　沙琛喬　2021　《唐〈慕容智墓誌〉考釋》，《考古與文物》第2期。
劉新暉　2015　《〈秦晉豫新出墓誌蒐佚〉（東漢至隋）墓誌研究》，西南大學碩士學位論文。
劉　文　2018　《陝西新見隋朝墓誌》，三秦出版社。
劉　方　2019　《〈長安高陽原新出土隋唐墓誌〉校正》，《昆明學院學報》第1期。
梁春勝　2012　《楷書部件演變研究》，綫裝書局。
梁春勝　2021a　《六朝石刻叢考》，中華書局，2021年。
梁春勝　2021b　《六朝石刻訛混俗字續考》，《漢語史學報》（第24輯），上海教育出版社。
梁春勝　2023　《唐代碑誌誤釋舉正》，《出土文獻》第1期。
李宗俊　2022　《吐谷浑喜王慕容智墓志及相关问题》，《烟臺大学学报（哲学社会科学版）》第4期。
毛遠明　2008　《漢魏六朝碑刻校注》，綫裝書局。
毛遠明　2012　《漢魏六朝碑刻異體字研究》，商務印書館。
毛遠明　2014　《漢魏六朝碑刻異體字典》，中華書局。
毛遠明　李海峰　2019　《西南大學新藏石刻拓本匯釋》，中華書局。
毛遠明　2018　《西南大學新藏墓誌集釋》，鳳凰出版社。
毛漢光　1975　《唐代墓誌銘匯編附考》第3册，臺灣“中研院”史語所傳刊。
毛陽光　余扶危　2013　《洛陽流散唐代墓誌彙編》，國家圖書館出版社。
毛陽光　2018　《洛陽流散唐代墓誌彙編續集》，國家圖書館出版社。
潘　萍　王　菁　2014　《西安新出武周聖曆二年〈趙本道墓誌〉釋讀——兼説北周聘陳使主趙士亮》，《碑林集刊》（第20輯），三秦出版社。
齊運通　楊建鋒　2017　《洛陽新獲墓誌二〇一五》，中華書局。
齊運通　2020　《洛陽新獲墓誌百品》，國家圖書館出版社。
阮　元（校刻）　2009　《十三經注疏》，中華書局。
邵晉涵　李嘉翼　祝鴻杰（點校）　2016　《爾雅正義》，浙江古籍出版社。
陝西省考古研究院　2016　《長安高陽原新出土隋唐墓誌》，文物出版社。
王其禕　周曉薇　2008　《隋代墓誌銘彙考》，綫裝書局。
吴　鋼　1994－1999　《全唐文補遺》（1、2、3、4、5、6輯），三秦出版社。
徐　堅　2004　《初學記》，中華書局。
西安市文物稽查隊　2016　《西安新獲墓誌集萃》，文物出版。
熊曉宇　2020　《〈洛陽新獲墓誌二〇一五〉北魏至初唐墓誌整理及文字考釋》，西南大學碩士學位論文。
楊伯峻　1958（2019）　《論語譯注》，中華書局。

楊　寧　2014　《近五年（2008-2012）新見漢魏六朝石刻搜集與整理》，西南大學碩士學位論文。
臧克和　2011　《漢魏六朝隋唐五代字形表》，南方日報出版社。
趙力光　2014　《西安碑林博物館新藏墓誌續編》，陝西師範大學出版社。
周阿根　2022　《吐谷渾喜王慕容智墓誌校理》，《江海學刊》，第5期。
周紹良　趙　超　2001　《唐代墓誌彙編續集》，上海古籍出版社。
周紹良　2000　《全唐文新編》（總第21册），吉林文史出版社。
中國文物研究所　陝西省古籍整理辦公室　2000　《新中國出土墓誌·陝西（壹）》，文物出版社。

Fifteen Notes of Collation of Tang Dynasty Epitaphs

Huang　Chengwei

Abstract: The collation and study of Tang dynasty epitaphs have scored great successes. Misinterpretation of knotty characters can be found everywhere, especially in the interpretation of present tablet inscriptions. The article selects fifteen knotty characters misinterpreted by predecessors and makes philological studies of them, correcting the misinterpretation, improving the reliability of tablet inscriptions, and providing reference for the study of graphology and history of Chinese characters.

Key words: Tang dynasty epitaphs; Knotty characters; Philological studies

（黄程偉，西南大學漢語言文獻研究所　重慶　400715）

敦煌寫卷佛經注疏四種録文補正：201－211：2024（02）

敦煌寫卷佛經注疏四種録文補正*

尤彩娜

摘　要：由於人爲或自然原因，敦煌寫卷在流傳過程中出現了不同程度的殘損和分裂，造成部分文字殘壞或缺失，使整理者在校録時多有缺録，給閱讀理解帶來不便。本文依據殘存字形、上下文、所注經文、同經異注、殘卷綴合等綫索，試對四種敦煌佛經注疏文獻的録文進行補正。

關鍵詞：敦煌；佛經注疏；缺文；補正

《大正新修大藏經》（以下簡稱《大正藏》）對部分敦煌寫本佛經注疏進行了校録整理，爲佛學和語言學提供了一批珍貴的研究材料。《敦煌古佚與疑僞經校注——以〈大正藏〉第八十五册爲中心》（以下簡稱《校注》）在《大正藏》的基礎上，對這些材料重新進行了整理，補出了原録文中的部分缺文。但由於參照的寫卷有不同程度的殘損，致使一些缺録部分仍未補出。本文在《校注》的基礎上，依據殘存字形、上下文、所注經文、同經異注、殘卷綴合等綫索，試對《維摩經疏》《法華義記卷第三》《維摩經義記卷第四》《維摩義記》四種敦煌寫本佛經注疏的録文進行補正。不當之處，敬請方家指正。

一、據殘存字形補正

寫卷上的文字殘缺或漫漶不清，導致整理者未録。今依據高清圖片和字形輪廓，結合文意，可以補録。例如：

（1）《維摩經疏》："念座者，由前室空故興。若不空室，念此□□[①]燈王妙座無由得至。"（《校注》2 / 1049）

*本文爲國家社科基金青年項目"《字彙補》'補字'問題研究"（23CYY009）的階段性研究成果。本文承蒙業師楊寶忠教授、梁春勝教授、《出土文獻綜合研究集刊》編輯部和匿名審稿專家提出寶貴的修改意見，謹致謝忱。文中疏誤由筆者負責。

①本文中"□"表示缺字，缺幾字補幾個"□"；"[　]"内爲補出的字；"⨆"表示首部文字缺失；"▭"表示不確定字數的缺文。

[1]

按：此是對《維摩詰所説經·不思議品》前半部分的解釋。《法國國家圖書館藏敦煌西域文獻》和《敦煌寶藏》所收P.2202號圖版不清[2]，今依據中國國家數字圖書館發布的高清彩色圖片，可知“念此”後二缺字作“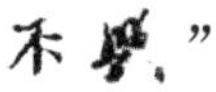”，如圖1[3]所示。據字形和文意，當是“不興”二字。敦研252《維摩詰經·香積佛品》“終不可盡”之“不”作“”（《甘藏》1／239），敦研32《四分律》“去池不遠有金山崖”之“不”作“”（《甘藏》1／42a）[4]，字形相近，可以比參。前句“由前室空故興”與“若不空室，念此[不興]”句意相反相對，故補“不興”符合文意。“此”“興”右下側的“”是重文符號，《校注》誤認作鈎乙符號，而將“此念”二字位置顛倒。據文意，“念不”右下側亦應有重文符號，只因寫卷損壞而無法看出。此處當録爲：“念座者，由前室空故興。若不空室，此念[不興]。此念[不興]，燈王妙座無由得至。”維摩詰知道文殊師利將來詢問己病，提前空其室，欲以空室作爲討論佛法的開端。舍利弗隨文殊師利到來，見維摩詰室内空無床座，興起“當於何坐”之念。維摩詰以此爲由取來燈王菩薩的寶座。

圖 1

二、據上下文補正

同一寫卷的上下文關係密切，有些缺文可以通過分析上下文文意或句子之間的關係補出。

（一）據文意補正

對於寫卷上殘損嚴重或缺失的字形，通過分析上下文文意，我們可以大致把握缺文處的意義、詞性等，從而確定殘損或缺失的字形爲何字。例如：

①于淑健、黄征：《敦煌本古佚與疑僞經校注——以〈大正藏〉第八十五册爲中心》，簡稱《校注》。斜綫前數字表示册數，斜綫後數字表示頁數。下同。

②上海古籍出版社、法國國家圖書館編：《法國國家圖書館藏敦煌西域文獻》，簡稱《法藏》。黄永武主編：《敦煌寶藏》，簡稱《寶藏》。例句對應圖版見於《法藏》9/49b和《寶藏》117/158a。斜綫前數字表示册數，斜綫後數字表示頁數，a、b分别表示上欄和下欄。

③截圖來源:http://read.nlc.cn/OutOpenBook/OpenObjectBook?aid=892&bid=241731.0，第24張圖片。

④段文傑主編：《甘肅藏敦煌文獻》，簡稱《甘藏》。斜綫前數字表示册數，斜綫後數字表示頁數，a、b分别表示上欄和下欄。下同。

（2）《法華義記卷第三》：“‘迦葉當知’一偈半□，迦葉所[①]解也。‘今爲汝等’二偈，重固四大聲聞也。” （《校注》2 / 504）

按：缺字S.2733作“ ”（《英圖》49 / 290），[②]字形左側殘損嚴重，據文意，當是“頌”字。如BD6499《維摩詰經雜釋》“故經頌云：少年容皃（貌）暫時住”之“頌”作“ ”（《國圖》88 / 167），[③]隋《出師頌》作“ ”（《中國草書大字典》1345），《敦典》作“ ”（754），[④]字形右側皆與殘存字形相近，皆其比。《妙法蓮華經》卷三：“迦葉當知！以諸因緣、種種譬喻，開示佛道，是我方便，諸佛亦然。”（T9，p20b）[⑤]這六句唱頌詞正是“迦葉當知”至“今爲汝等”之間的内容。“偈頌”指佛經中的唱頌詞，通常以四句爲一偈。“一偈半頌”即六句唱頌詞，故補作“頌”符合文意。同卷上文有“七偈半頌”“八偈半頌”“一偈半頌”等，可資比參。

（3）《法華義記卷第三》：“若入是城，斷除三界生死，有爲□□□□爲大樂故，言快得安隱[⑥]也。” （《校注》2 / 508）

按：此句是對《妙法蓮華經·化城喻品》中“若入是城，快得安隱”的解釋。據S.2733，“有爲”後當缺三字，如圖2右行下側所示，《大正藏》《校注》皆誤作缺四字。據文意和殘存字形，缺字當補作“是苦无”。首缺字S.2733作“ ”（《英圖》49 / 293），當是“是”之殘字，如同卷下文“此是理中之言”之“是”作“ ”（《英圖》49 / 293），與殘存字形相符，可資比參。尾缺字S.2733殘作“ ”，乃是“无”字。敦煌寫卷中“無”常寫作“无”。中間缺字S.2733殘作“ ”，據文意和殘劃，當是“苦”字，如S.1524《大方等陀羅尼經卷一》“能救彼比丘苦不”之“苦”作“ ”（《英圖》24 / 2b），P.2422《太玄真一本際經卷二》“苦有二種：一麁，二細”之“苦”

圖 2

①“所”後《校注》補“説”字，不可從。“説”S.2733作‘ ”，右側兩點爲删字符號，表示此字當删。《大正藏》不録，是也。《校注》補“説”字，誤校。

②方廣錩主編：《英國國家圖書館藏敦煌遺書》，簡稱《英圖》。

③任繼愈主編：《國家圖書館藏敦煌遺書》，簡稱《國圖》。

④黄征：《敦煌俗字典》，簡稱《敦典》。

⑤“T”表示《大正藏》，“T”後數字表示册數，“p”後數字表示頁數，a、b、c分别表示上欄、中欄和下欄。下同。

⑥“隱”《校注》原作“穩”，S.2733作“ ”，乃是“隱”字。《妙法蓮華經·化城喻品》作“若入是城，快得安隱”（T9，p26a），是其證。安隱，即安穩。“隱”“穩”爲古今字。

作“”（《法藏》13 / 324b），與殘存字形相符，皆其比。“苦”與“樂”相對成文，故補作“苦”符合文意。“有爲”“無爲”二者相對，“有爲”指生滅變化之狀態，即由因果關係産生的生滅諸現象。佛教認爲無常的生死變化即是苦難，故稱有爲是苦。如東晉瞿曇僧伽提婆譯《中阿含經》卷四二：“若有爲者，則是無常。若無常者，即是苦也。”（T1，p691c）是其證。“大樂”後的“故”字當屬下讀。此句應録爲：“若入是城，斷除三界生死，有爲[是苦，無]爲大樂，故言快得安隱也。”

（4）《法華義記卷第三》：“‘如彼導師’，舉喻來帖□□□□第二十劫坐道場，得成於佛。何故不頌初文者？上如來即自説偈頌訖，不須□頌也。‘彼佛十六子’二偈頌，王子請。”（《校注》2 / 508）

按：此是對《妙法蓮華經·化城喻品》品末偈頌的解釋。據文意和殘劃，“來帖”後缺字當補作“初四偈頌”。首缺字S.2733作“”（《英圖》49 / 293），據文意和殘劃，當是“初”字，如同卷上文“初合導師喻”之“初”作“”（《英圖》49 / 293），同卷下文“初二偈頌”之“初”作“”（《英圖》49 / 294），與殘存字形相符，皆其比。據上下文，可知缺文此句是對“彼佛十六子”之前偈頌的解釋。《妙法蓮華經》卷三：“大通智勝佛，十劫作道場，佛法不現前，不得成佛道。諸天神龍王、阿修羅衆等，常雨於天華，以供養彼佛。諸天擊天鼓，並作衆伎樂，香風吹萎華，更雨新好者。過十小劫已，乃得成佛道，諸天及世人，心皆懷踊躍。”（T9，p26a-b）這十六句唱頌詞是“彼佛十六子”之前的内容。偈頌通常以四句爲一偈，十六句唱頌詞便是四偈，故缺字補作“初四偈頌”。同卷下文有“次十六偈頌”“次三偈頌”“初二偈頌”等，可資比參。“劫”，佛教語，指極長的時間。前四偈頌説明大通智勝佛修行二十劫才終得成佛。此處當録爲：“‘如彼導師’，舉喻來帖。[初四偈頌]，第二十劫坐道場，得成於佛。”

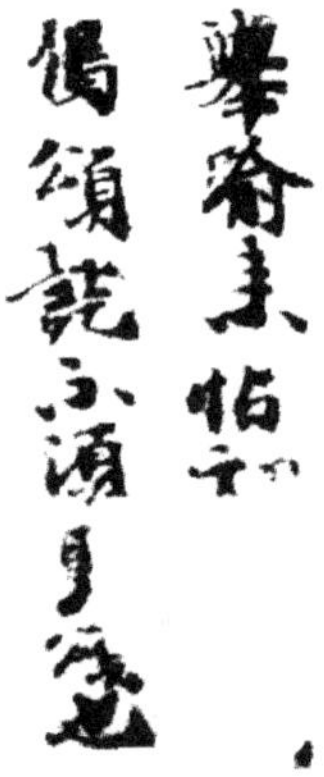

圖 3

“不須”後缺字S.2733作“”，據文意和殘劃，當是“更”字，如同卷下文“故知更有真妙法身”之“更”作“”（《英圖》49 / 300），與殘存字形相符。《化城喻品》開頭的經文，如來已用偈頌講述，所以品末的偈頌不再重複講述。“更”訓“再”，符合文意。

（5）《法華義記卷第三》：“又復無水草，□□□□，是人之所依，明三界無漏水草也。若就後解，唯佛得真無漏。降佛以下，無無漏□□也，爲智人之所怖畏也。”（《校注》2 / 509）

圖 4

按：“又復無水草”後當缺三字，如圖4所示，《大正藏》《校注》皆誤作缺四字。據文意和殘劃，缺字當補作“者水草”。首缺字S.2733殘作“ ”（《英圖》49／294），當是“者”字右上部分，如同卷下文“尋時思方便者”之“者”作“ ”（《英圖》49／294），可以比參。尾缺字S.2733殘作“ ”，當是“草”字右下部分，如本句中“明三界無漏水草也”之“草”作“ ”，與殘存字形相符，是其比。“又復無水草”是《妙法蓮華經》卷三經文，後面内容是對它的解釋，故補“者”符合“……者，……也”的注疏句式。“水草”喻指菩提道、資糧等救渡之物，是渡過險惡之道的憑借物。此句當録爲：“又復無水草[者，水草]是人之所依，明三界無漏水草也。”

“無漏”後兩缺字當補作“水草”。尾缺字S.2733作“ ”，字形殘缺嚴重，據文意當是“草”字，如同卷上文“名中藥草”之“草”作“ ”（《英圖》49／290），與殘存字形相符，可以比參。“無漏”同於“無漏法”，謂離煩惱垢染之法。此句仍是對“又復無水草”的解釋，明佛以下世界没有無漏佛法和救渡之物，是智人所畏懼之處。

（二）據結構相同句補正

同一寫卷中，有些語句結構相同，這便爲結構相同的語句中的缺文提供了補録依據。例如：

（6）《維摩經疏》：“又無方便者，未得地上□□□□□也。……有方便者，得彼地上□□□。”（《校注》2／1046）

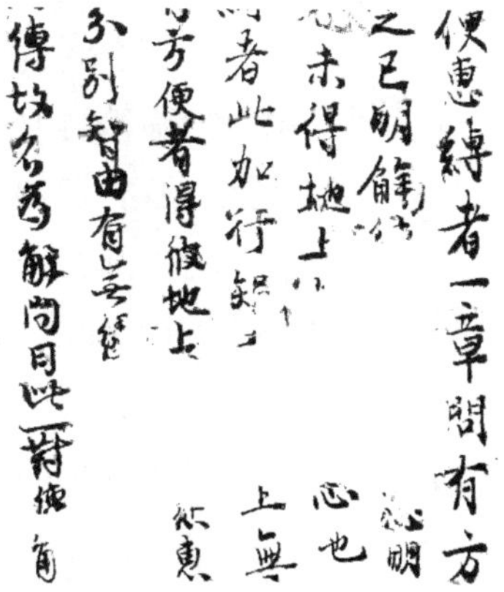

圖 5

按：此是對《維摩詰所説經·問疾品》中“又無方便慧縛，有方便慧解”的解釋。據圖5右起第3行和第5行的缺字位置大小，[①]兩“上”字後皆約缺四字，《大正藏》《校注》所補缺字符號數量有誤。兩“上”字後的缺文皆當補作“無緣大悲”。右起第3行“未得地上”後的尾缺字P.2202作“ ”（《法藏》9／48b），當是“悲”之殘字。右起第5行“得彼地上”後的尾缺字P.2202作“ ”，亦當是“悲”之殘字，如同卷上文“菩薩大悲，爲現病果及以病事”之“悲”作

①圖片來源：http://read.nlc.cn/OutOpenBook/OpenObjectBook?aid=892&bid=241731.0，第22張圖片。

“”（《法藏9 / 41a），可資比參。同卷下文有：“方便者，即是地上無緣大悲。”（《校注》2 / 1047）同卷：“惠（慧）者，即是地上無分別智。……無惠（慧）者，未得地上無分別智。……有惠（慧）者，得彼地上無分別智。”（《校注》2 / 1046-1047）參照“惠”“無惠”“有惠”的注疏句結構，兩“地上”後的缺文皆當補作“無緣大悲”。“方便”，佛教語，指方法、手段。“地”指菩薩修行的階位。“地上”與“地前”相對，指初地以上階位。“無緣大悲”指不論對象一律平等救度之慈悲心。此處將平等救度的慈悲心比作修行的手段。

（三）據重複句補正

在同一寫卷中，有些語句會重複出現。這些重複的語句，便可成爲相應語句中的缺文的補録依據。例如：

> （7）《法華義記卷第三》：“四大聲[聞]□□□解，在於譬喻，自陳己得，略領如來化導之方。如來成其所説。功行既就，是以列記，□□□□受記。”（《校注》2 / 504）

按：此是對《妙法蓮華經·授記品》内容的解釋。“列記”後缺字S.2733殘作“”（《英圖》49 / 290），當是“方將故名”四字。“”是“將”之殘字，如敦研189《妙法蓮華經卷七》“有一商主將諸[商人]”之“將”作“”（《甘藏》1 / 195b），S.2732《維摩經義記卷第四》“明將欲取飯，先現上方世界”之“將”作“”（《英圖》49 / 234），是其比。“”是“故”之殘字，如同卷下文“由十六王子請是，故説也”之“故”作“”（《英圖》49 / 290），S.2732《維摩經義記卷第四》“空理一相，故言不二”之“故”作“”（《英圖》49 / 228），字形左側皆與殘存字形相符，可資比參。同卷下文有“功行既就，是以列記方將，故名受記”（《校注》2 / 509），與缺字之句相同，是補作“方將故名”之證。“受記”指佛預言修行者於未來成佛的預言。“方將”指未來。摩訶迦葉、大目犍連、須菩提、摩訶迦栴延四大弟子修行完成，因此如來爲他們預言未來成佛之事。此句當録爲：“功行既就，是以列記[方將，故名]受記。”

（四）據對應句補正

佛經注疏中常用到總分結構，這種注疏結構往往會使得某些語句前後對應。這些前後對應的語句便成爲相應語句中的缺文的補録依據。例如：

> （8）《維摩經義記卷第四》：“‘爾時會中有菩薩名普現色身’以下訖‘入不二法門品’，□□[空]室生第四論。”（《校注》2 / 964）

按：據同卷上文和殘劃，兩缺字當補作“是因”。首缺字S.2732作“”

（《英圖》49 / 224），當是“是”之殘字，如同卷下文“一切衆道師，無不由是生者”之“是”作“”（《英圖》49 / 225），字形上部與殘存字形相符，可以比參。同卷上文：“後從‘普現色身’已下，是因空室生問，但不別立品名，寄此明也。”（《校注》2 / 960-961）此句與例句所釋内容相同，且前後相應，故據此補“是因”二字。普現色身菩薩因維摩詰室空，詢問其父母、眷屬等何在。維摩詰以此與普現色身菩薩開展論法，故稱因空室生論。

（9）《維摩經疏》：“自下第三，明維□座。”

（《校注》2 / 1051）

圖 6

按：據P.2202，“維”後約缺五字，如圖6右起第1行所示。①據同卷上文和殘存字形，缺字當補作“摩詰爲其取”。前三缺字P.2202作“”（《法藏》9 / 50b），當是“摩詰爲”三字。如同卷中“爲斷老病死苦”之“爲”作“”（《法藏》9 / 47b），“故於空樂著，爲空所縛”之“爲”作“”（《法藏》9 / 48b），與第三缺字的殘存字形相符，可以比參。同卷上文有：“就初段中，文復有[三：第一]，明念座；第二，維摩教訶；第三，爲其取座。”（《校注》2 / 1049）此與例句是總分關係，其中“第三”即是例句中的“第三”，故缺字補作“摩詰爲其取”。舍利弗隨文殊師利慰問維摩詰病情，見維摩詰室内空無床座，發出“當於何坐”之問。維摩詰呵責舍利弗求佛法却心念床座，後現神通力取來燈王寶座，因此言“維摩詰爲其取座”。

三、據所注經文補正

圖 7

在注疏佛經時，作注者往往會先徵引佛經原文，再展開解釋。有些缺文正是所注佛經的内容，找到所對應的經文，缺文便可補出。例如：

（10）《法華義記卷第三》：“曠□□□□明三界五道，無其聖人也。”　　（《校注》2 / 507）

按：據《妙法蓮華經》經文和殘存字形，缺文當補作“絶無人

①圖片來源：http://read.nlc.cn/OutOpenBook/OpenObjectBook?aid=892&bid=241731.0，第26張圖片。

者”。首缺字S.2733作“”（《英圖》49／292），當是“絶”字，如同卷下文“嶮道迴絶多毒獸者”之“絶”作“”（《英圖》49／294），“淵玄絶妙爲深”之“絶”作“”（《英圖》49／299），是其比。尾缺字S.2733作“”，當是“者”字殘劃，如同卷上文“嶮難惡道者”之“者”作“”（《英圖》49／292），與殘存筆劃相符，可以比參。《妙法蓮華經》卷三：“譬如五百由旬險難惡道，曠絶無人，怖畏之處。”（T9，p25c）其中“曠絶無人”是例句所釋内容，是補“絶無人”之證。隋吉藏《法華義疏》卷八：“‘曠絶無人’者，五百玄遠，故稱曠絶。諸佛菩薩之所不住，故云無人。”（T34，p575c）此與例句所釋内容相同，可以比參。此處當録爲：“‘曠[絶無人’者]，明三界五道，無其聖人也。”

(11)《法華義記卷第三》：“由有無明，故造其行；□□□□，故行亦滅也。餘者可知。”（《校注》2／505）

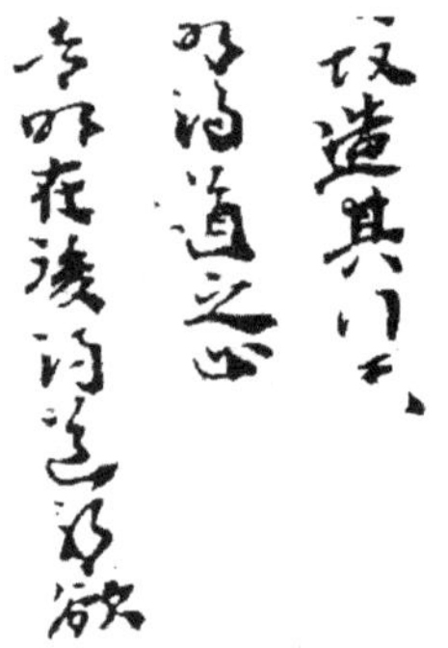

圖 8

按：據S.2733，“故造其行”後當缺三字，如圖8右起第1行所示。《大正藏》《校注》皆誤録作缺四字。據《妙法蓮華經》，缺字當補作“无明滅”。首缺字S.2733作“”（《英圖》49／291），當是“无”字。《妙法蓮華經》卷三：“爾時大通智勝如來，受十方諸梵天王及十六王子請……廣説十二因緣法……無明滅則行滅，行滅則識滅，識滅則名色滅。”（T9，p25a）此是例句所釋經文，可以比參。“無明”是十二因緣中的第一支，指衆生原始之愚癡也。“行”是十二因緣中的第二支，指過去世所行的善惡行爲。在十二因緣中前者是後者成立的條件，前者滅時，後者亦滅。

四、據同經異注補正

一部重要的佛教經典往往會有多家作注，雖然各家闡釋的佛經義理不盡相同，但在某些經文的解釋上各家注疏表述相近。這些表述相近的注疏便可爲相關缺文的補録提供參考依據。例如：

(12)《法華義記卷第三》：“□□功德，遮外惡不入，内善不失散，義同爲菌。”（《校注》2／509）

按：此句是對《妙法蓮華經·化城喻品》中“周匝有園林”的解釋。據隋吉藏《法華義疏》和殘存字形，缺字當補作“摠持”。首缺字S.2733作“”，當是

“摠”之殘字。敦煌寫卷中“總”常寫作“摠”，如S.1524《大方等陀羅尼經卷一》“總持方便者”之“總”作“”（《英圖》24 / 6b），P.2157《律戒本疏》“草木華綿之總名也”之“總”作“”（《法藏》7 / 151b），S.2732《維摩經義記卷第四》“欲明陀羅尼總持音聲”之“總”作“”（《英圖》49 / 226），皆是其證。尾缺字S.2733作“”，當是“持”之殘字，如同卷下文“故言則持佛身也”之“持”作“”（《英圖》49 / 301），與殘存字形相符，可資比參。《法華義疏》卷八：“周匝有薗林者，《淨名經》以總持爲薗，小乘亦隨分有也。”[①]（T34，p578a）此與例句均是對“周匝有薗林”的解釋，故據此補作“摠持”。“摠持”即“總持”，謂持善不失，惡法不起，具備衆德。“總持功德”義同“總持”，即具備衆德。此句將“總持”比喻爲薗，説明總持功德可以爲修行者遮擋外惡入侵，保持内善不失。

（13）《維摩經義記卷第四》：“又解：行於非道，爲令實凡終□佛□，遠則彰菩薩有兼物之德，形奪二乘獨善之道。”（《校注》2 / 960）

按：此句是對《維摩詰所説經 • 佛道品》開端部分的解釋。“爲令實凡終□佛□”當是“爲令實凡終行佛道”。“實”S.2732作“”（《英圖》49 / 221），乃是“實”字。“佛”後缺字S.2732作“”，當是“道”之殘字。隋吉藏撰《維摩經義疏》卷五：“又問：‘菩薩云何行於非道。’此第二番問答，釋非道爲道。答曰：‘若菩薩行五無間，而無惱恚。’答文爲五：初示起凡夫行通達佛道，次示起二乘行通達佛道，三起生死行通達佛道，四入涅槃行通達佛道，五總結也。”（T38，p971a）此與例句所釋内容相同，故據此補“行”“道”二字。“實凡”即“實凡夫”，指迷妄者。“二乘”指聲聞乘和緣覺乘，此二種人僅止於自我修行完成，而不回心救濟其他衆生，故言其道是“獨善之道”，是非道。菩薩雖處於非道，但仍堅持救濟衆生，爲衆生廣説佛法，故言“形奪”。

五、據可綴合殘卷補正

敦煌寫卷的分裂是造成録文缺録的原因之一，找到可以直接綴合的殘卷，有些缺録的文字便能補出。例如：

①《淨名經》即《維摩詰所説經》。《維摩詰所説經》卷中：“總持之園苑，無漏法林樹，覺意淨妙華，解脱智慧果。”（T14，p549c）

（14）《維摩義記》：“□律不通便生□慶悦。”

（《校注》2 / 932）

按：此句是S.2106號首句，[①]是對《維摩詰所説經 • 弟子品》中阿那律辭不問疾的注疏。由於寫卷分裂，致使部分文字缺失，難以録出。S.10594號與S.2106號内容前後相承，可以綴合。[②]兩號綴合後如圖9所示，原本分屬兩號的第12行的“有”字和第13行的“通便生歡”“以慶”六字得以合二爲一。“便生”和“慶悦”間的缺文也得以完整，缺文當補作“歡喜更有意旨所以”。“通”指通曉。“意旨”指尊者的意思，此處指維摩詰對天眼的認識。阿那律用三千大千世界和掌中菴摩羅果來説明天眼所見遠近、大小。維摩詰認爲天眼所見不能依有相、無相體現。佛、世尊内心寂靜，未嘗不見而未嘗有見，是真天眼。阿那律雖是天眼第一，但並未通曉真正的天眼，故聽聞維摩詰此種未曾有的説法便歡喜慶悦。此句當録爲：“□律不通，便生[歡喜，更有意旨，所以]慶悦。”

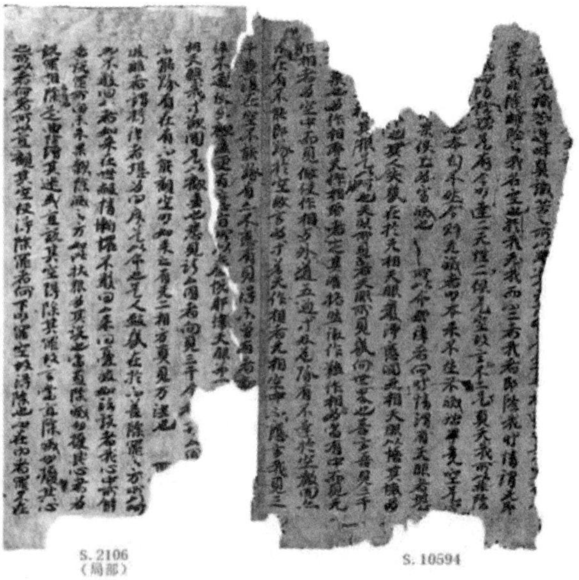

圖 9　S.10594＋S.2106（局部）綴合圖

敦煌佛經注疏文獻的缺文補録是多種因素綜合運用的結果。但在具體的缺文補録中，某一要素往往會起到關鍵性的作用。所以在具體的補録過程中，既要把握關鍵點，又要綜合分析各方面的綫索，這樣才能使缺文補録更加準確、可靠。

---

①例句對應圖版見《英圖》34 / 1。

②圖版見國際敦煌項目（IDP）網站：http://idp.nlc.cn/。

參考文獻

大正一切經刊行會　1983　《大正新修大藏經》，臺灣新文豐出版公司。
段文傑（主編）　1999　《甘肅藏敦煌文獻》，甘肅人民出版社。
方廣錩（主編）　2011-2017　《英國國家圖書館藏敦煌遺書》，廣西師範大學出版社。
胡　垚　2010　《敦煌本〈法華義記〉考辨》，《敦煌學輯刊》第1期。
黄　征　2019　《敦煌俗字典》（第2版），上海教育出版社。
黄永武（主編）　1981-1986　《敦煌寶藏》，臺灣新文豐出版公司。
李志賢等　1994　《中國草書大字典》，上海書畫出版社。
任繼愈（主編）　2005-2012　《國家圖書館藏敦煌遺書》，北京圖書館出版社。
上海古籍出版社等　1995-2005　《法國國家圖書館藏敦煌西域文獻》，上海古籍出版社。
于淑健　黄　征　2017　《敦煌本古佚與疑僞經校注——以〈大正藏〉第八十五册爲中心》，鳳凰出版社。
曾曉紅　2008　《敦煌本〈維摩經〉注疏敘録》，上海師範大學碩士學位論文。
張岱年　2014　《中國哲學大辭典》，上海辭書出版社。
張涌泉　2013　《敦煌寫本文獻學》，甘肅教育出版社。
鄭阿財　2019　《俄藏敦煌寫卷Φ.102〈維摩經疏〉研究》，《四川大學學報》第2期。
中村元　2009　《廣説佛教語大辭典》，林光明譯，臺灣嘉豐出版社。
中國電子佛典協會　2014　CBETA電子佛典集成，中國臺灣。

Supplement and Correction of Four Kinds of Transcripts of Commentaries on the Buddhist Scriptures in the Dunhuang Manuscripts

You Caina

Abstract: Due to human or natural factors, the Dunhuang manuscripts were damaged and torn in varying degrees in the process of circulation, which led to the collators' omissions in the transcript and caused inconvenience to reading comprehension. The missing records have brought inconvenience to reading comprehension. This article attempts to supplement and correct four kinds of transcripts of commentaries on Dunhuang Buddhist scriptures, based on clues such as remnant graphic forms, the context, scriptures in the original, other commentaries on the same scripture and patching up of the fragments, etc.

Key words: Dunhuang; Commentaries on the Buddhist Scriptures; Omissions; Supplement and Correction

（尤彩娜，河北大學文學院　保定　071002）

據出土文獻看｛福｝的用字演變

陳俊安

摘　要：{福}這個詞産生於西周早期，到今天一共使用了27個字位來記録，“福”字在各個時期都是記録{福}的習用字，有16個字位是在“福”字的基礎上發生的訛變或改造。影響用字發生變化的原因是多樣的，包括文字内部的因素，語音的影響以及國族用字的習慣等。

關鍵詞：福；用字；字際關係

{福}是一個含義比較寬泛的詞，古時用來統稱富貴壽考等概念，如《尚書•洪範》：“五福：一曰壽，二曰富，三曰康寧，四曰攸好德，五曰考終命。”還可以用來表示願望實現，諸事順遂。如《禮記・祭統》：“福者，備也；備者，百順之名也，無所不順者之謂備。”{福}最早見於西周時期的金文，如啟卣“用匄魯福，用夙夜事”，㝬鐘“降余多福，福余順孫”等。一個詞自産生以來，只使用一個字來記録的情況是很少的，特别是{福}這種出現得早，使用時間長的詞，往往使用過多個字位來記録。本文全面梳理了出土文獻中{福}的用字情況，分析用字變化的原因，並討論了諸多字位之間的關係。

一、西周時期用字情況

（1）季寧作寶尊彝，用求（畐—福）。[①]　（《集成》5940，西周早期）

（2）對揚祖［考］（畐—福），用作寶鼎。（《銘三》277，西周中期）

（3）降余魯多（畐—福）無疆。　（《集成》147，西周晚期）

（4）寧肈其作乙考尊簋，其用各百神，用綏多（福），世孫子寶。（《集成》4021，西周早期）

（5）用穆穆夙夜尊享孝綏（福）。　（《集成》2824，西周中期）

（6）褱受余爾𪓐（福），令終。　（《集成》246，西周中期）

（7）伯梁其作旅盨，用享用孝，用匃眉壽、多（福—福）。

①本文一般采用寬式釋文，重點討論字形除外。

（《集成》4446，西周晚期）

（8）伯梁其作旅盨，用享用孝，用匄眉壽、多（䣳—福）。

（《集成》4446，西周晚期）

（9）用匄多（䣳一福），眉壽無疆。（《集成》4329，西周晚期）

（10）（䣳一福）無疆，髮其萬年，子子孫孫永寶。

（《集成》35，西周晚期）

（11）降余多（䣳一福）。（《近出》106，西周晚期）

畐，朱芳圃（1962:91）以爲是甂的初文，季旭昇（2014:460）從之。張世超等（1996:1388）認爲畐是福之省文，西周金文中不从示的畐仍只作爲福之省文異體，没有獨立意義。黄德寬（2007:310）："畐，本酒罈之形，後加示旁孳乳爲福。畐則福之初文。"甲骨文中的畐作、等形，象某種長頸寬腹的容器，與出土的"甂"形體相近，見下圖：

圖1

圖2

圖3

例（1）～（3）的、、與甲骨文"畐"的寫法一脉相承，與圖1、2的外形十分相像。圖3這種帶蓋子的器形在"福"字的寫法中也有所體現，如例（6）的。將青銅器外形與字形比對，畐爲甂象形初文的説法是可信的。值得注意的是，用畐字來記録｛福｝時使用的都是不帶蓋的寫法，帶蓋的形體僅見於四器，均用來記録｛亯｝。①

福，从示从畐，是西周時期最常見的結構類型。古文字構形部件的位置不是固定的，故福字既可以寫作，也可寫作。畐、酉同爲盛酒器，且形體相近，福字所从的部件畐常常會訛寫作酉。酉在金文中的寫法多變，因此産生了多種異體，例（7）～（11）的、、、、皆是。

（12）其子=（子子）孫永（富一福）。（《集成》5411，西周中期）

（13）用喜樂文神人，用祈（富一福）祜。（《集成》356，西周中期）

（14）肇作尊，用匄永（寷一福）。（《集成》2280，西周中期）

（15）命父諲作寶簋，其萬年子子孫孫用享孝，受（寶一福）。

①詳見《集成》4331、10148、10251和10273。

（《集成》3925，西周晚期）

（16）用追（𩛆一福）禄于兹先神……用錫百（𥜪一福）。

（《集成》9718，西周晚期）

出於美觀的要求或是書寫習慣上的變化，西周金文有時會在文字原有的形體上增加一些筆畫或偏旁，這些新增的筆畫或偏旁與該字的音、義没有關聯，對文字音、義的表達不造成任何影響，只是一種羨餘符號（參見黄德寬，2014:175）。“宀”就是西周金文中經常用到的裝飾性部件，如段（）加宀寫作㲄（），殷（）加宀寫作㲇（）。例（12）、（13）的、即福、禫分别加“宀”增繁而來。

例（14）、（15）的、，董蓮池（2016:25）認爲皆是从示，寶省聲的福字；蔡一峰（2018:270）認爲此二字實際上是由“福”字分化而來的“富”字異構；謝明文（2022:121）將此二字看作富、福因音近而産生的糅合字形。前面我們已經提到，古文字構形部件的位置不是固定的，故“福”也可寫作“䙲”。西周倗叔壺中的，江學旺（2017:5）、謝明文（2022:115）等均釋作福。福字有加宀增繁作富，䙲加宀增繁作𡫀自然也是不奇怪的。則是在𡫀的基礎上加了形符“玉”。與春秋金文中的（䆟）應是同一字，所从的“口”屬於無意義的羨符。西周金文中在原字形上加羨符“口”的情況很常見，如寶：、；苟：、；逆：、；𢍏：、。

春秋金文中還有一記録{福}的字作，與、、等字形一脉相承。舊隸作“𡫫”，董蓮池（2016:24）改隸爲“𡫬”，且認爲是福字異體。我們認爲、、、都是福字異體，它們是福字在分化富字時出現的中間字形。{福}本是一個含義較廣的詞，{富}也是其含義之一。爲了保證文字表達語言的明確性，在福字的基礎上加上象徵財富的玉、貝等構形部件來分出表示財物多的詞義。這種分化在戰國時期基本完成。[①]

戰國楚系文字中{福}和{富}的用字情況見表1：

表1　楚文字中{福}、{富}用字表

{福}	畐、福、𥛆、禫、䙲、𡫀、𡧑
{富}	A：𥛆、䙲、𡫫、𡫀、𡫀
	B：𧴩、賈、賔、𧶊
	C：𧸘

① “福”分化出“富”可能不只是單线分化，春秋晚期的侯馬盟書中已經有“富”字出現，作爲人名使用。戰國時期晉系和秦系文字中的“富”字構形與今無別，與楚文字中“富”字的構形存在明顯差異。

楚系文字中{富}的用字可以分爲兩類，从“貝”的和不从“貝”的。A皆爲福字異體；B皆爲富字異體；C屬於“福”分化爲“富”的中間字形。而{福}的用字均不从“貝”。

例（16）的、，董蓮池（2017:52）認爲是“富”字的異體。𡩧、寚二字同見於一器，且記録的均爲{福}，應是一字異體。我們認爲它們並非“富”字異體，而是“寶”字異體。“寶”字在金文中有（𡨧）、（𡩓）、（䤋）、（𡨧）等異體。𡨧、𡩓、䤋都叠加了“酉”作爲聲符。但寶字从“缶”聲，缶在上古音中屬於幫紐幽部，酉屬於喻紐幽部，發聲部位不同，很難説二字音近。前面我們已經提到，福字所从的“畐”常常會訛寫作“酉”，𡨧、𡩓、䤋所从的“酉”即“畐”之訛寫。記録{寶}的字位“𡨧”就從畐。𡩧、寚既有从“酉”的寫法也有从“畐”的寫法（一、一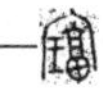）。春秋黄國諸器中使用袥、寚、䆖等來記録{福}，也是缶、畐相通之例證。如此，金文中幾組可以分别記録{福}和{寶}的異體字就可以得到合理的解釋：寚一𡧹（寚），寚是寶字的省形，𡧹是其替换聲符的異體；𡩧（𡩧）一寶，𡩧是寶字替换聲符的異體；袥一福，袥是福字替换聲符的異體；寚一富，寚是富替换聲符的異體。

（17）唯九月既生霸乙亥，周乎鑄旅宗彝，用享于文考庚仲，用匃永（㯱一福）。（《集成》5406，西周中期）

（18）彧者作旅鼎，用匃偁魯（祡一福）。（《集成》2662，西周中期）

（19）辛伯其普受厥永（匋一福），鼎。[①]（《集成》2712，西周早期）

（20）授牆爾龖福，懷（媢一福）禄。（《集成》10175，西周中期）

（21）對揚皇天子丕（坏一福）休。（《集成》2820，西周中期）

（22）周師丕（𤮊一福），賜守宫絲束。（《集成》10168，西周早期）

（23）姞作尊尊，用享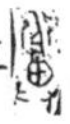（䍮一福）。（《銘續》244，西周中期）

例（17）是在“畐”的基礎上叠加了聲符“北”變成了一個雙聲符字，可能是爲了强調讀音而進行的叠床架屋式的增繁（參看劉釗，2011:85）。上古音中“畐”屬滂紐職部，“北”屬幫紐職部，音近可通。例（18）將聲符“畐”替换爲“北”也是同理。

例（19）从酉，勹聲。勹，《説文》：“裹也。象人曲形，有所包裹。”甲骨文作、等形。季旭昇（2014:714）：“甲骨文勹字象人側俯伏之形，當即伏之

①陳英傑（2010:64）認爲最後二字“匋 鼎”其實應是一個字，鼎是義符，勹是聲符，酉聲兼義。

本字。”伏和福在上古音中同屬唇音，韻部相同，二者音近可通假。[①]

例（20）是“髮”之異文，可以讀爲祓。《集成》《銘圖》等著録書皆釋爲“福”。祓是古代爲除災求福而舉行的祭禮。《左傳》僖公六年：“昔武王克殷，微子啓如是，武王親釋其縛，受其璧而祓之。”杜預注：“祓，除凶之禮。”凶去而福至，故《爾雅・釋詁》云：“祓，福也。”于省吾（1981:16）：“祓與福音義相因，既有聯繫又有區別。就消極言之，則謂除災惡，就積極言之，則謂求福祥……祓禄應訓爲既除災惡又有禄位。”我們認同于先生的説法。“媍”所記録的是{祓}而非{福}。

例（21）“丕”是西周金文中常見的詞，一般釋爲“丕顯”或“丕丕”。徐在國（2019:62）從安大簡《詩經》中的“㕻”在《毛詩》中作“副”得到啓發，將“㕻”字分析爲从二不，不亦聲。西周銅器銘文中的“不㕻”讀爲“丕福”，即大福的意思。古文字偏旁从“否”與从“不”常相通，如倍字既可以作，也可以作，杯字既可以作，也可以作。因此“𠻹”可看作“㕻”的異體字，也可以用來記録{福}。

例（23）吴鎮烽（2016:321）隸作𦉥，釋作福。然細觀此字不从畐，實从祼。前面我們已經提到畐字是瓿的初文，無論是字形還是器形都是平口的。而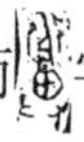字上部所从則是象斗形，與畐迥異。且西周金文中福字及其異體衆多，無一从廾。將其釋作福從字形上是説不通的。《合集》30949中一則辭例爲“薦”。“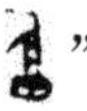”字胡厚宣（1999:1521），曹錦炎、沈建華（2006:3443），黄天樹（2022:3831）等隸定爲“畐”；陳年福（2021:2920），李宗焜（2012:1316）等釋作“祼”。我們認爲此字當釋“祼”，“薦”即“祼獻”。《周禮•天官•内宰》：“大祭祀，后祼獻則瓚，瑶爵亦如之。即所从的形符。“用言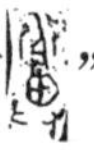”是“用言用祼”的省簡。金文中常見這種省去重複介詞的情况，如“用言用祀”常常省作“用言祀”，“用言用孝”常常省作“用言孝”。言、祼同爲祭名，故省“用”而連用。

西周時期{福}的用字情况見表2。

西周時期{福}共出現了142次，使用了15個字位，其中“福”字使用的頻率最高。畐、䚍、富、福、𥜽、賨、禜、祟等从“示”的字位均爲“福”字異體，用它們來記録{福}屬於本字本用；富、𥛱、匐、媍、㕻、𠻹等記録{福}屬於借用。

①前面我們已經提到，古文字中从畐的字常常訛寫作从酉。故“ 匔”也有可能是“匐”的訛寫。匐，《説文》：“伏地也。从勹，畐聲。”匐从畐得聲，故可假借爲福。

表2　西周時期｛福｝用字表

	畐	福	禉	𥛚	褔	瘤	寚	寶	竇	𥜽	祟	匐	媎	杯	𥙓
西周早期	1	7										1		2	1
西周中期	3	47	1	2	1		1			1	1		6	10	
西周晚期	1	42	12			1		2	1						
總數	5	96	13	2	1	1	1	2	1	1	1	1	6	12	1

二、春秋時期用字情況

（24）侯氏受（福）眉壽。　　（《集成》4458，春秋中期）

（25）牧臣行器，爾永古（祜）（畐—福）。　　（《銘三》553，春秋早期）

（26）使受/（寚—福）①，毋有疆。　　（《銘圖》5925，春秋早期）

（27）荆公孫鑄其膳敦，老壽用之，大（寶—福）無期。

（《銘圖》6070，春秋晚期）

（28）黃子作黃孟姬行器，則永祜（祜—福），令終令後。

（《集成》10122，春秋中期）

（29）黃子作黃夫人行器，則永祜（寤—福）令終令後。

（《集成》9445，春秋中期）

（30）黃君孟自作行器，子孫=（孫孫）則永寤（祜）（窄—福）。

（《集成》10104，春秋中期）

春秋時期記録{福}的字位有10個，其中新見的字位有寚、寶、祜、寤、窄。

例（24）將畐中的“十”寫成了“×”，這種寫法的“福”僅見於齊國和曩國青銅器，曩國是距齊國很近的小國，受齊系文字影響比較大。因此表現出齊系文字的特點。例（25）用（畐）來記録{福}是受到前面“祜”省簡作“古”的影響而產生的類化現象，同樣的情況還見於例（29）“祜”加“宀”增繁作“寤”，於是“祜”也類化作“寤”。

例（26）的舊有“寶”和“福”兩種釋法。此字最早見於西周晚期的周窐匜：“周窐作救姜寚（寶）匜，子孫永寚（寶）用。”陳英傑（2010:64）根據文例將

①同墓出土2件，形制、紋飾、銘文、大小基本相同，故將二字形皆列入辭例中。

釋作福。我們認爲此字是“寶”字異體，在此器中借用來記録{福}，詳見上文。

例（27）在“富”的基礎上加上了構形部件“玉”和“貝”。如上文所述，玉是珍貴之物，貝在古代作爲貨幣使用，二者都是財富的象徵，加上這些部件可能是爲了突出富有這一含義。

前文已經提到，作爲聲符使用時，从缶和从畐的字可以通用，例（28）的即福字替换聲符的異體字；例（29）的受到前面“祜”字類化的影響，在“⿰示缶”的基礎上加上了一個無意義的羨符“宀”；例（30）的前一字已經使用⿱宀⿰示缶來記録{祜}，蓋出於避重的考慮，將“⿱宀⿰示缶”省簡作“⿱宀⿰示午”。使用字位⿰示缶及其變體⿱宀⿰示缶、⿱宀⿰示午來記録{福}的辭例共有22條，均源自春秋早期黄君孟夫婦墓出土的青銅器，屬於國族用字的特點。黄姓是周代嬴姓國，故城在潢川縣西北6公里的隆古。⿱宀⿰缶畐字在黄國器外僅一見，用來記録{寶}，這又是福、寶二字音近互通的佳證。

春秋時期{福}的用字情况見表3。

表3　春秋時期{福}用字表

	畐	福	⿰示酉	富	⿱宀⿰示酉	⿱宀⿰缶畐	⿱宀⿰玉⿱缶貝	⿰示缶	⿱宀⿰示缶	⿱宀⿰示午
春秋早期	3	52	6	2	1	2				
春秋中期		10			1			3	16	3
春秋晚期	2	31	4	2			2			
總數	5	93	10	4	2	2	2	3	16	3

春秋時期{福}共出現了140次，使用了10個字位，福字依然是記録{福}的習用字。新增的5個字位中⿱宀⿰玉⿱缶貝、⿰示缶、⿱宀⿰示缶、⿱宀⿰示午是福的異構字，屬於本用。“⿱宀⿰缶畐”是寶字異體，屬於借用。

三、戰國時期用字情況

（一）楚系用字

（31）勿又庶戾，宜尔（爾）祜（福）。

（清華簡拾《四告》24，戰國・楚）

（32）我母（毋）墜先公之（⿰示酉—福）。

（清華簡拾《四告》24，戰國・楚）

（33）並受亓（其）（⿱畐示—福）。

（上博簡三《周易》45，戰國・楚）

（34）女（汝）亦隹（惟）又（有）萬（⿱畐示—福）業業＝（業業）

才（在）乃備（服）。　　　　（清華簡叁《説命下》6，戰國・楚）

（35）先王之（票—福），天子之霝（靈）。

（上博簡七《吴命》8，戰國・楚）

（36）天又（有）命，有（稟—福）有禍。

（清華簡伍《命訓》7，戰國・楚）

（37）四豊（禮）以共（恭），全中（忠）曰（畐—福）。

（清華簡拾壹《五紀》61，戰國・楚）

（38）祈（𥛁—福）舉禱文君。　（《新蔡簡》甲三419，戰國・楚）

（39）寵（稾—福）逆亞（惡）。

（清華簡捌《邦家處位》1，戰國・楚）

（40）句（苟）君（𡨄—福）之，明歲有之。

（清華簡玖《禱辭》22，戰國・楚）

楚文字裏構形部件“畐”異體較多，故而出現了衆多福字異體。有的訛寫作酉，如（䄆）、（票）、（𡨄）；有些綜合了“酉”的特徵，中間寫作兩横，如（禀）；有的横竪皆爲兩筆，如（畐）、（稟）。例（40）的（𡨄）是“富”字的訛寫。富、福在上古音裏音韻皆同，可以通用。出土文獻中也不乏二字相通的例子。如《郭店・老子甲》：“貴福驕，自遺咎也。”馬王堆帛書本和今本“福”皆作“富”。

楚文字中{福}的用字情况見表4。

表4　楚文字中{福}用字表

	畐	福	禀	稟	票	䄆	𥛁	稾	𡨄
上博簡1—9			5		6				
清華簡1—12	1	3	4	7	5	2		2	1
郭店簡					1				
新蔡簡			6	1			1		
子彈庫帛書					1				
總數	1	3	15	8	13	2	1	2	1

楚系文獻中{福}共出現46次，使用了7個字位。①使用上下結構的字40次，占比達86%。這一現象大概是因爲竹簡細窄，爲了書寫方便才做出這種改變。上下結構的

①構形部件無别的我們視爲同一字位，故“福”和“稟”，“䄆”和“票”這四個字實應歸爲福（稟）和䄆（票）兩個字位。表格中分别統計是爲了更好的展示書寫載體對文字結構的影響。

“福”所从的“示”常會省簡作“丌”，如、、、。有時候“示”也會和“畐”的形體糅合在一起，如例（39）的。除畐（富）字是借用，其他字位均爲“福”字異體，屬於本用。

（二）秦系用字

（41）賜某大（畐—福），不錢則布。

（《睡虎地秦簡·日乙》195壹，戰國·秦）

（42）賜某大（幅—福），錢乃布。

（《睡虎地秦簡·日甲》13背／154反，戰國·秦）

（43）正行脩身，禍去（福）存。

（《睡虎地秦簡·爲吏》5貳，戰國·秦）

例（41）和例（42）整理者（睡虎地秦墓竹簡整理小組，2001:210、247）均讀爲“富”。王子今（2002:327）：“幅讀爲福，亦可通。《考工記·梓人》祭辭的最後一句正是‘諸侯百福’。”劉釗（2003:69）：“秦簡的賜某之幅、賜某之畐相當於典籍祭侯之詞的‘詒女（汝）曾孫諸侯百福’，可見秦簡的‘幅’和‘畐’二字都應該讀作‘福’，以往讀爲‘富’是錯誤的。因爲‘福’在古代是指富貴壽考齊備，《尚書·洪範》有五福：‘一曰壽，二曰富，三曰康寧，四曰攸好德，五曰考終命。’‘百福’就相當於典籍的‘五福’，已經包括‘富’在内，而祝詞所祈求神靈賜予的顯然不限於富貴。”我們認同王、劉二位先生的説法。西周、春秋時期都有用“畐”記録{福}的用例。福、幅相通的例子又見於《睡虎地秦簡·金布律》：“布袤八尺，福（幅）廣二尺五寸。”

秦文字中{福}的用字情况見表5。

（三）其他

（44）唯逆生禍，唯順生（福）。　（《集成》9735，戰國·中山）

（45）（票—福）壽。　（《璽彙》4684，戰國·三晉）

戰國文字一般分爲秦、楚、三晉、燕、齊五系，但{福}在秦、楚出土文字材料之外，僅見於中山王譽方壺和几枚三晉的璽印。就數量相對較多的秦、楚二系用字情况來看，福字都是記録{福}的習用字。楚文字中尚有一些福字異體，秦文字則基本統一使用“福”字。

表5　秦文字中{福}用字表

	畐	幅	福
睡虎地秦簡	1	1	3
里耶秦簡1-2			7
放馬灘秦簡			1
嶽麓秦簡1-7			1
北大秦簡			2
總數	1	1	14

四、西漢時期用字情況

（46）今吾欲具圭璧犧牲，令祝宗薦之上下，意體可干（畐—福）乎？

（銀雀山漢簡《晏子》7，西漢早期）

（47）徒者，（畱—福），多子。

（馬王堆帛書《陰陽乙・天一》12，西漢早期）

（48）是權近險以幾遠（福）。

（馬王堆帛書《春秋事語》55—56，西漢早期）

（49）禍（福）同道，莫知其所從生。

（馬王堆帛書《經法》3，西漢早期）

（50）逆之有禍，順之有（福）。

（張家山漢簡《蓋廬》3，西漢早期）

（51）喜數而（福）大矣。　（虎溪山漢簡《閻昭》8，西漢早期）

（52）成則爲（福）。

（馬王堆帛書《戰國縱横家書》137，西漢早期）

（53）是謂前陰以祠受（福）哉。

（馬王堆帛書《陰陽乙・文武》17，西漢早期）

從西周到西漢時期都有用字位“畐”來記録{福}，但使用的頻率都很低。字舊不識，施謝捷（2001:123）：“此字其内部所從與秦漢文字中的‘甾’寫法相同，應是富字訛變之形。福、富均从畐，固可通假。”例（48）～（53）的、、、、、都是“福”字的異體。隸變打破了“福”字的構形理據，導致構形部件“畐”構形發生了訛變：、右上部分訛寫作“自”，、訛寫作“目”，訛寫作類似“一日”，訛寫作“百”等，這些我們都歸入異寫字的範疇，不計入新的字位。隸變對“福”字形體的影響深遠，西漢以後出現的諸多

“福”字異體大都能在這一時期找到源頭。

五、西漢以後的用字面貌

（54）爲民祈福（福）。（《桐柏淮源廟碑》，東漢）
（55）既定爾勳，福（福）禄攸同。（《郃陽令曹全碑》，東漢）
（56）繼禹之迹，亦世賴福（福）。（《西狹頌》，東漢）
（57）規立福（福）祚。（《徐義墓誌》，西晉）
（58）福（福）善空言。（《元廣墓誌》，北魏）
（59）一同此福（福）。（《趙阿歡造像》，北魏）
（60）福（福）慶無徵。（《趙充華墓誌》，北魏）
（61）普同斯福（福）。（《道常等造像》，北齊）
（62）如何福（福）善。（《杜君妻鄭善妃墓誌》，隋）
（63）運百福（福）而長今。（《雁塔聖教序》，唐）
（64）福（福）緣善慶。（《千字文》，唐）
（65）資神分福（福）。（《張騷墓誌》，唐）
（66）莫説命輕福（福）薄的人弄他不來。
（《集成》本《連城壁》，清）
（67）若還没有福（福）氣，請避過一邊，看我們作樂。
（《集成》本《連城壁》，清）

從西周開始到現在，福字一直是記録{福}的習用字，其他諸多字位都是在福字的基礎上的訛變。福、福、福等不同時期的碑刻文字與我們今天“福”字的寫法無别。例（59）的福由例（49）的福楷化而來，保留了較老的形體，酒器的頸部還没有分化成“一口”。例（61）的福則是省去了“畐”的一横。

“畐”與“福”字所從形體結構的演變基本是保持一致的，但是在小篆中，二者出現了差異。“畐”的小篆作“畐”，而“福”字的小篆作“福”。蓋是受到“畐”小篆字形的影響，出現了例（56）的福、例（57）的福和例（65）的福這類“福”字的異體。

例（55）的福的構形部件“亠口”連在了一起，就寫成了“福”。這樣的寫法少見，帶著寫手個人的書寫特點，具有偶然性。部件“亠”有時候也會寫作“𠆢”，如例（60）的福和例（62）的福，例（63）的福則像从“亠”向“𠆢”轉化的過渡字形。例（66）的福和例（67）的福則是楷書草化的結果。

小結

通過對出土文獻中{福}的用字情況考察，我們可以得出以下幾個結論：

一、{福}這個詞産生於西周早期，前後使用了27個字位來記録，大致可以分爲兩類：一類是“福”字和由其産生的17個異體字，一類是利用音同或音近的字來記録的字位共10個。使用字位最多的是西周時期，春秋戰國逐漸減少。“福”字自始至終都是{福}的習用字，秦以前由“福”變異出的異構字高達16個，秦以後由於隸變和書寫習慣導致的諸多異寫字也都是以“福”字作爲基礎進而發生了改變。

二、影響{福}用字的因素大致可以分爲三類：

一是文字内部的因素。主要包括省簡、增繁、訛寫和聲符替换四類。“福”字及相關異體演變關係見圖4。

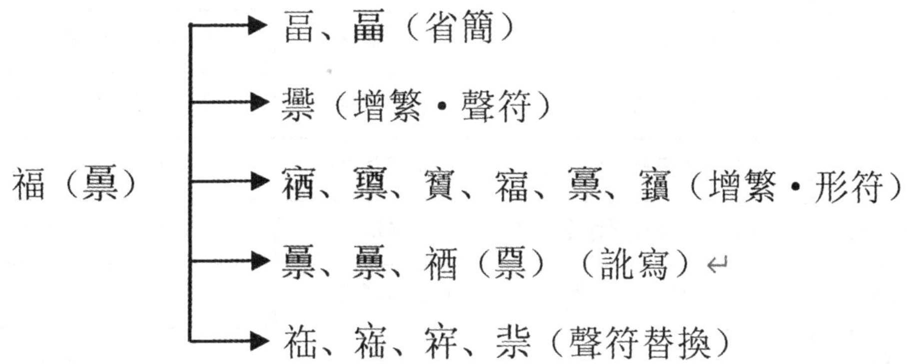

圖4

二是語音方面的因素。主要是利用與“福”音同或音近的䨿、𨡞、匐、婨、杯、䣳、𡨦、畗、幅等來記録{福}。

三是國族用字的影響。春秋戰國時期，周王室衰弱而諸侯國日益强大，不同的國家或群體在文字的使用上也出現了差異，正如《説文・敘》所説：“田疇異畝，車途異軌，律令異法，衣冠異制，言語異聲，文字異形。”周波（2013:361）在較爲全面的研究戰國各系文字中間的用字差異後也得出戰國時代的用字受到明顯的地域性限制，各系文字間的用字差異比較明顯的結論。春秋早期黄君孟夫婦墓出土的青銅器使用祜、𥛦、𥙧，戰國楚系文字使用畗、畗等都帶有明顯的地域特色。

三、記録某個詞的字其構形理據與該詞關係密切的我們就稱其爲記録該詞的本字，利用音同或音近的字來記録該詞的我們稱爲借字。就{福}的歷時用字而言，字際關係以“本字—異構本字”爲主，以“本字—借字”關係爲輔（見表6）：

表6

本字—異構字：	畐、畗、福（𥛱）、䄱（𥜶）、𡪠、𡨾、𡫱、𡫹、𨰉、𥜽、祡、䄬、𥘩、𥘞、𥛱、𥛯、𡫎。
本字—借字：	䪞、鍢、匐、焇、杯、䣾、𡪢、畗、幅、𥦒。

引書簡稱表

集成	殷周金文集成	**近出**	近出殷周金文集録
銘圖	商周青銅器銘文暨圖像集成	**銘續**	商周青銅器銘文暨圖像集成續編
銘三	商周青銅器銘文暨圖像集成三編	**上博簡三**	上海博物館藏戰國楚竹書（三）
上博簡七	上海博物館藏戰國楚竹書（七）	**清華簡叁**	清華大學藏戰國竹簡（叁）
清華簡伍	清華大學藏戰國竹簡（伍）	**清華簡捌**	清華大學藏戰國竹簡（捌）
清華簡玖	清華大學藏戰國竹簡（玖）	**清華簡拾**	清華大學藏戰國竹簡（拾）
清華簡拾壹	清華大學藏戰國竹簡（拾壹）	**新蔡簡**	楚地出土戰國簡冊合集2
睡虎地秦簡	睡虎地秦墓竹簡	**璽彙**	古璽彙編
銀雀山漢簡	銀雀山漢墓竹簡	**張家山漢簡**	張家山漢墓竹簡（二四七號墓）
馬王堆帛書	长沙马王堆汉墓简帛集成	**虎溪山漢簡**	沅陵虎溪山一號漢墓

參考文獻

陳年福　2021　《殷墟甲骨文辭類編》，四川辭書出版社。

陳英傑　2010　《金文字際關係辨證五則》，《語言科學》第5期。

蔡一峰　2018　《金文雜識（四則）》，《古文字論壇》（第3輯），中華書局。

董蓮池　2016　《釋春秋㺩公孫敦中的“福”字兼談黄諸器中的“福”字構形》，《中國文字研究》（第23輯），上海書店出版社。

董蓮池　2017　《釋兩周金文中的“富”字》，《戰國文字研究的回顧與展望》，中西書局。

黄德寬（主編）　2007　《古文字譜系疏證》，商務印書館。

黄德寬　2014　《古漢字發展論》，中華書局。

黄天樹（主編）　2022　《甲骨文摹本大系》，北京大學出版社。

胡厚宣（主編）　1999　《甲骨文合集釋文》，中國社會科學出版社。

季旭昇　2014　《說文新證》，藝文印書館。

江學旺　2017　《西周文字字形表》，上海古籍出版社。

李宗焜　2012　《甲骨文字編》，中華書局。
劉　釗　2003　《江蘇高郵邵家溝漢代遺址出土木簡神名考釋》，《東南文化》第1期。
劉　釗　2011　《古文字構形學》（修訂本），福建人民出版社。
睡虎地秦墓竹簡整理小組　2001　《睡虎地秦墓竹簡》，文物出版社。
施谢捷　2001　《簡帛文字考釋劄記（再續）》，《文教資料》第4期。
吴鎮烽　2016　《商周青銅器銘文暨圖像集成續編》，上海古籍出版社。
王子今　2002　《睡虎地秦簡〈日書〉甲種疏證》，湖北教育出版社。
徐在國　2019　《據安大簡考釋銅器銘文一則》，《戰國文字研究》（第1輯），安徽大學出版社。
謝明文　2022　《談“寶”論“富”》，《文獻》第1期。
于省吾　1981　《牆盤銘文十二解》，《古文字研究》（第5輯），中華書局。
張世超　1996　《金文形義通解》，中文出版社。
朱芳圃　1962　《殷周文字釋叢》，中華書局。
周　波　2013　《戰國時代各系文字間的用字差異現象研究》，綫裝書局。

The Evolution of the Use of Characters of the Word *Fu*｛福｝from the Perspective of Unearthed Documents

Chen Jun’an

Abstract: The word *fu*｛福｝appeared in the early Western Zhou Dynasty. There are 27 graphemes used to record it so far. The character 福 is commonly used to record the word *fu* all the time. 16 of them were erroneously changed or transformed from the character 福. The reasons for the change of use of characters are various, including the internal factors of characters, the phonetic influence and the regional usage of characters, etc.

Key words: *Fu* (福); Use of characters; Inter-character relationship

（陳俊安，鄭州大學文學院/漢字文明傳承傳播與教育研究中心　河南　450001）

出土文獻與《説文》“省聲”所揭示的上古音變現象初探*

鄭　櫟

摘　要：出土文獻資料與《説文》“省聲”合證可揭示一些古音來源及其上古音變現象，體現出語音的不同歷史層次。具體表現爲：（1）流音塞化現象；（2）清鼻流音聲母在上古有更早的源頭*hN-、*hl-、*hr-，在省聲字中兩分，分別讀入中古的曉母和透徹母；（3）部分清流音聲母發生擦化，變爲中古的書母字；（4）“㬎”經歷*n->*h-音變，可以解釋省聲中*n-、*r-不分現象；（5）心母省聲字有鼻音及牙喉音聲母的來源；（6）諧魚盍兩部的“㞐”字本爲盍部字，省聲反映了韻尾脱落前的讀音；（7）幽部一等字“羔”讀入宵部；（8）侵部四等字“甜”讀入談部；（9）部分收-m韻尾的侵部省聲字轉入東部和蒸部。

關鍵詞：説文解字；出土文獻；省聲字；音變現象

“省聲”是《説文解字》中重要的分析條例之一，研究“省聲”的傳統古已有之，但省聲字的性質却仍然存在争議。由於多數省聲字不能在古文字資料中找到未省之形，因此以往的研究認爲，“《説文》凡言‘省聲’，十之八九是不可靠的”（參看姚孝遂，1983）。朱德熙先生最早認爲省聲爲注音方法，陳夢家先生從此説，並將“省聲”列爲《説文》四大注音條例之一。①齊興坤（2019）對所有《説文解字》省聲字的聲韻關係進行分析，認爲有98.7%的“某”字與省聲字存在語音上的關係；蔣冀騁、席德育（2021）舉例考察了部分“省聲”“讀若”，進一步揭示了省聲字所反映的先秦到漢代的重要語音演變，對本文的研究有重要啓發。我們在前賢研究的基礎上，對《説文》的省聲字的上古音來源及其音變現象進行綜合研究，我們認同《説文》省聲字是許慎出於注音目的所分析的一批字，省聲字反映了語音演變的不同歷史層次，

---

*本文爲2022年度國家社科基金重大項目“出土文獻與商周至兩漢漢語上古音演變史研究”（22&ZD301）的階段性成果。

①詳參朱德熙《説省聲》，載陳夢家《中國文字學》，中華書局，2006年，第104頁；此外，認同省聲爲注音條例的還有李長仁（1992）、顧之川（1990）。李長仁（1992）：“从某某省聲，可以看作《説文》爲形聲字注音的變例。這種注音方法是將聲旁省其形而存其聲。”顧之川（1990）也徑直指出：“所謂‘省聲’，是説在某些形聲字中，充當聲符的那部分構件有所簡省或簡化，而該形聲字的讀音仍從原聲符。究其實，這並不是古人的一種造字條例，而是人們在分析漢字結構時所用的一種注音方法。”

有重要的語音研究價值。[①]本文在此觀點的基礎上，結合出土文獻材料，重新分析不同歷時階段與共時平面内省聲字之間的形音關係，揭示《説文》省聲字所反映的上古音變現象及不同歷史語音層次。

一、“省聲”所反映的上古聲母現象

省聲字的聲母總體表現爲同部位的聲母注爲省聲，但也出現了一些例外的特殊諧聲情况。以下我們將詳細辨析和討論一些較爲複雜且特殊的聲母問題。

（一）從《説文》省聲看漢語史上的流音塞化現象

蒲立本（1962）、包擬古（1980）、鄭張尚芳（2003:134-140）、白一平、沙加爾（2014:27-28、109-111、180、190-191、48）、潘悟雲（2002:320-343）等皆關注到上古漢語流音的“塞化”現象。單l-的塞化即古音學家所説的“喻四歸定”，其機制或與長元音和冠音ɦ有關，Cl-、Cr-的塞化機制在通常情况下是由於流音前具有别的語音成分引起。以上諸家皆認爲塞化發生的時間當不早於漢代末年，葉玉英（2018）則認爲在古文字資料中，流音塞化在戰國中晚期就已經發生。許慎的某些“省聲”也反映了這種變化，這些音變有的發生在戰國中晚期的雅言中，有的則發生在漢代晚期。《説文》省聲中流音塞化的類型可分爲以下三類：

1.*l-型塞化

（1）融*l-[②]——蟲 *l'- ＞ d-

《説文・鬲部》：融，炊氣上出也。从鬲、蟲省聲。䲛，籀文融不省。

古文字材料中，“融”字作“”[③]（邾公釛鐘）“”（楚帛書1）“”（望山簡123）“”（包山簡237）“”（新蔡乙一22）。上博簡字形作“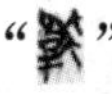”“”，从“𩫖”，“蟲”省聲，隸定爲𩏂。“墉”“蟲”“融”音近故通。“融（𩏂）”字所从“虫”是“蟲”的省變。“融，蟲省聲”，在古音上也是確有其據的，《詩・大雅・雲漢》：“藴隆蟲蟲。”毛傳云：“蟲蟲而熱。”正義云：“《詩》曰‘蟲蟲’，猶云‘融融’也。”“蟲”在戰國至秦初仍有讀爲流音的現象，上博八《志書乃言》“蟲材以爲獻”，整理者（馬承源，2011:221）認爲“蟲材”即“蠢

①詳參鄭櫟《古文字與〈説文解字〉省聲字研究》，厦門大學碩士論文，2021。

②本文擬音主要採用鄭張尚芳（2013），並參考潘悟雲《漢語古音手册》，若有特殊之處，則出注説明。

③本文所用金文字形採自《集成》著錄銘文拓片。《集成》未收者，則另括註説明。字形均經過電腦技術處理。

材”，“蟲”當讀爲“庸”；上博五《三德》“天災繼繼”，“繼”讀爲“隆”（釋讀從徐在國，2013:889）。葉玉英（2018）指出，“蟲”字聲母在戰國至秦初的雅言裏還未塞化，但在楚方言裏已經塞化。“蟲”字上古聲母極有可能是流音*l'-，後塞化爲*d-，如上博三《周易》“雗雗”，讀爲“眈眈”。“融，蟲省聲”所反映的塞化音變在戰國中晚期就已發生。

2.*r-型塞化

（2）藺*r-、閔*b·r-——冃*r->d->ɖ-[①]

《説文·隹部》：藺，今藺似鴝鵒而黄。从隹、冃省聲。藺，籀文不省。

《説文·火部》：閔，火皃。从火、冃省聲。讀若粦。

“藺”最早見於金文，字形作“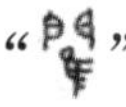”（藺簋），不从冃。睡虎地秦簡及馬王堆帛書“藺”字皆从門不从冃。“閔”字甲骨文字作“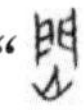”（《合集》27160），戰國文字作“”（閔令趙狽戈），古文字材料中所見均爲門裏有火形，亦不从“冃”。師玉梅（2007）曾指出，《説文》二例皆从“冃省聲”，不知許氏何從，古文字材料中“藺”“閔”皆从“門聲”。此説並不完全準確，漢代文獻中“藺”通常和來母“吝”“粦”聲通假，如馬王堆帛書《周易》通常以“藺”爲{吝}；《史記·司馬相如列傳》：“觀徒車之所轔轢。”《漢書·司馬相如列傳》“轔”作“藺”。“藺”的上古聲母應爲來母。“閔”則多與“藺”通假，如三年閔令戈，“閔（藺）令孫長善”，又《説文》“讀若粦”，故而我們認爲，至少在許慎時期，“閔”應當讀爲來母字。許慎以“冃”爲聲，則“冃”的早期聲母也應當爲流音，但《説文·門部》：“冃，登也。讀若軍敶之敶。”依《説文》聲訓及讀若音看，“冃”在許慎時期已經發生音變，塞化爲d-，後又轉入澄母。因此“藺，冃省聲”和“冃，登也。讀若軍敶之敶”的“冃”分屬於兩個不同的歷史語音層次，省聲層次*r-早於讀若音d-。

3.*C·l-型塞化

（3）匋聲*bl'->*l'->d-和勹聲*pr->p-

《説文·缶部》：匋，瓦器也。从缶、包省聲。古者昆吾作匋。案《史篇》讀與缶同。

《説文·橐部》：橐，囊張大皃。从橐省、匋省聲。

①鄭張尚芳（2013）未收“閔”“冃”，“閔”參潘悟雲先生意見，將其聲母擬爲*b·r-，“冃”的聲母筆者暫擬爲*r-。

“匋”西周金文字作“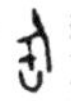”（能匋尊），可見最早的字形很可能是从人（勹）、缶聲，後人形訛變爲勹形；戰國文字“匋”字的異體或从宀，缶聲，如“”（郭店•忠恕1），故許氏有云：“匋，《史篇》讀與缶同。”缶，甲骨文字作“”（《合》6571正）、戰國楚文字作“”（包山260）、“”（清華壹《祭公》20）、“”（清華叁《琴舞》07）。“包”字作“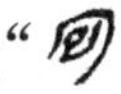”（睡虎地•法律61），“包聲”或“从包聲”字也能與从“匋聲”“缶聲”字通假，如齊䋣鎛中“鞄”用爲“鮑”，《臨淄齊墓（第1集）》“胊”用爲“庖”：“宋左大市（師）罨左胊（庖）之餴鼎。”“缶”用爲“陶”常見於《陶録》：“右缶（陶）攻（工）徒”（4•15•1），“上缶（陶）共（4•98•1）”。“坻”用爲“陶”則見於上博二《容成氏》：“咎（皋）坻（陶）既已受命。”從“匋聲”與“缶聲”的接觸來看，二者語音關係是很密切的。

《說文》“橐”从“缶”得聲，在漢代通假材料中通作“苞”或“包”。石鼓文：“其魚惟何？隹鱮隹鯉。可以橐之？隹楊及柳。”[①]段玉裁注：“橐讀如苞苴之苞。”王輝（2008:218）指出，“包魚”《史籀》作“橐魚”。上博二《容成氏》：“會在天地之間，而橐（包）在四海之内。”可見“橐”與“包”聲的關係密切。

那麼“匋”聲系與“勹”聲系的關係該如何解釋呢？《古文字譜系疏證》將“匋”收於“缶”聲系下，鄭張尚芳（2013）生則將“勹”與“匋”分爲兩個聲系，潘悟雲先生則將“匋”納入“勹”聲系下。魏宜輝（2012）、鄔可晶（2018）立足於端母與幫母字語音能否通轉的角度思考，認爲該分離兩系字，單育辰（2015）也持此觀點。[②]葉玉英（2020b）指出，上古音研究的新進展表明，“匋”的上古聲母不是*d-，而是*l-，曾侯乙墓竹簡“裪”假借爲“裯”是因爲戰國晚期“裪”已塞化成*d-，武威漢簡中“陶”假借爲“抽”也是因爲西漢晚期“陶”和“抽”的聲母都已變成*d-。據此，我們認爲“匋”的上古音最初當爲*bl’u，後經歷*bl’uu>*l’uu音變，“勹”的上古音構擬成*pruu，流音來源可以解釋這兩條省聲的語音關係。

（4）陸聲系*hl-分化

《說文•山部》：嶞，山之墮墮者。从山、从憜省聲。讀若相推落之憜。

《說文•魚部》：鰖，魚子已生者。从魚、憜省聲。鱗，籀文。

《說文•衣部》：褙，無袂衣謂之褙。从衣、惰省聲。

①參看周秉高（2011）。

②單育辰：《占畢隨録之十八》，載武漢大學簡帛網，2015年4月22日首發，http：//www.bsm.org.cn/show_article.php?id=2218。

《説文·艸部》：蓨，藍蓼秀。从艸、隨省聲。

《説文·言部》：譼，相毁也。从言、隨省聲。

《説文·辵部》：隨，从也。从辵、𡐦省聲。

鄭張尚芳（2013）將“隓、鰖、憜、橢、褍、惰、隨、譼”等字皆收在“隋聲”下，實即本文所言“陸聲”，從《説文》複雜的省聲關係看，可知這些字與諧聲偏旁讀音已有區别。

“陸”字屢見於西周金文與戰國楚簡，西周春秋金文字作“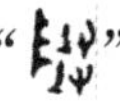”（𤼈公盨）、“”（五祀衛鼎）；戰國文字作“”（包山2.22）、“”（包山2.168）。裘錫圭（2012:148）認爲，“陸”字本作“𨻰”，从阜，二又、二土，會雙手使阜上土石墮落之意，爲“墮”字的表意初文，“圣”形部件後來訛變爲“左”旁。“陸”本一詞多義。李守奎、劉波（2012:654）認爲，“‘陸’同時具備毁壞、墜落、伴隨三個意義。一字形記録多音義之現象如果長期存在，會影響文字的區别度，就會引起文字的分化，最常見的方式就是添加意符構成形聲字。”由此才會有添加了心旁的“惰”專指懶惰，添加土旁的“墮”專指墜落，添加言旁的“譼”專指相毁之言等。

添加不同意符的形聲字對應了“陸”不同的音義，本文從分化關係上溯古音，“陸聲”應有更早的源頭*hl-，①後分化出送氣的清流音聲母*l̥^{h}-和不送氣的清流音聲母*l̥-，中古讀爲透母的“橢”來源於*l̥^{h}-，中古讀爲定母的“墮、鰖、褍”來源於*l̥-，中古讀爲曉母的“譼”、讀爲以母的“蓨”也來源於*hl-。中古讀爲邪母的“隨”的來源可能是*lj-，邪母讀音應同樣從以母演變而來。

《説文》中，“𡐦”是“陸”的篆文，故而音同，又《説文·女部》：“嫷，讀若陸。”“嫷”爲喉音曉母字，由讀若音可知，許慎時期“陸”的讀音當爲曉母。“隋（陸）、隨”讀爲邪母出現的時間要晚於東漢，《儀禮·特牲饋食禮》：“祝命挼祭。”鄭玄注：“挼祭，祭神食也。《士虞禮》：‘祝命佐食隋祭。’《周禮》曰：‘既祭，則藏其墮。’墮與挼讀同。”鄭玄謂墮、隋、挼音同，至陸德明《經典釋文》：“隋，許恚反，劉相恚反。”可知東晉劉昌宗“隋”用爲祭名已出現了曉母以外的異讀，擦化爲齒音聲母。

（二）從《説文》省聲看漢語史上的清鼻流音聲母

李方桂（1980）曾構擬上古漢語的清鼻流音系統爲*hm-、*hn-、*hŋ-、*hŋw-、*hl-。鄭張尚芳（2003:109-111）將清鼻流音聲母分爲兩類：帶喉冠音h-的複聲母在中古變爲書母和曉母，另一套送氣的清鼻流音聲母在中古則變爲送氣塞音。白一平和沙加爾（2014:111-116）構擬了咽化和不咽化兩套清鼻流音。潘悟雲（2018）在鄭張

①這一聲系的來源與下文要討論的清流音聲母有關，但仍有部分關涉到流音塞化的音變現象，故而暫列此處。

系統和白沙系統基礎上提出了鼻音“清、次清、全濁”的三分格局。葉玉英（2020a）在此基礎上對古文字資料中清鼻流音聲母做出了共時和歷時兩個方面的考察。《説文》省聲字也反映了上古若干清鼻流音聲母的來源及其音變現象，省聲字的諧聲關係揭示了清鼻流音聲母有更早的源頭*hN-、*hl-，有些清鼻流音在戰國晚期已經發生塞化和擦化，而有些則保留在許慎時期的雅言中。

1.*hN-的分化①

（1）萬聲系

《説文·口部》：噧，高氣多言也。从口、蠆省聲。《春秋傳》曰：噧言。

《説文·辵部》：邁，遠行也。从辵、蠆省聲。邁，邁或不省。

《説文·疒部》：癘，惡疾也。从疒、蠆省聲。

《説文·厂部》：厲，旱石也。从厂、蠆省聲。蠇，或不省。

从萬聲的字，在省聲中有以下幾組：“噧、邁、癘、厲”在《説文》中皆爲“蠆省聲”，“蠆”中古聲母爲徹母，“萬、邁”是明母字，“厲、癘”是來母字，“噧”有曉母和透母兩讀。要釐清該組省聲的關係，必須釐清“萬”“蠆”等字的形音關係。

“蠆”“萬”本一字分化。“萬”是“蠆”的象形初文，在卜辭中假借爲“萬”。羅振玉謂“萬”象蠍形，郭沫若認爲“萬”“蠆”同字（詳參于省吾，1979:1804），張世超（1996）指出“蠆”“蠍”皆“萬”之晚出字。前者追加意符而成，後者另構形聲。“蠆”由“萬”字下加“蚰”形分化而來，“蠆”可認爲是“萬”的後起本字。

噧，兩周金文作“”（噧鼎），从口，萬聲；“噧”在《廣韻》裏有兩切，《怪韻》“高聲皃，又多言。許介切”，《曷韻》“多言也，他達切”，“噧”字曉母一讀音義承自《説文》，透母的異讀則多爲人名。癘，秦文字作“”（《睡虎地·日甲52》）、“”（《睡虎地·法律121》）；厲，金文作“”（五祀衛鼎）、“”（散伯簋），秦漢文字字作“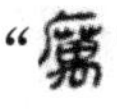”（《睡虎地·日甲15》）、“”（《張家山·脉書15》）；又《説文·山部》：“㠣，巍高也。从山蠆聲，讀若厲。”可知在許慎語音中，“蠆聲”與“厲聲”“噧聲”“邁聲”讀音仍是相同或相近。

①清鼻音聲母的書寫形式有不同方案，例如蒲立本（1962/1999）的*Nh-方案與李方桂（1971/1980）的*hN-方案，趙彤（2004，2015:119-124）的*N̥-方案等，其本質並無根本差別。本文選擇以*n̥-、*m̥的方式記録清鼻音聲母，*l̥-和*r̥-的方式記録清流音聲母，*hN-和*hl-則指清鼻流音的早期發展階段。

當一個字的中古反切有送氣塞音、鼻音和曉母三個反切，或有送氣塞音和曉母兩種反切時，則可以假設有些清鼻音和送氣清鼻音還有更早的源頭*hN-。潘悟雲（2018）指出：*hN-産生非綫性音變，分化出*N-和*Nʰ-。葉玉英（2020c）指出，*hl-和*hr-也發生了類似的音變，即*hl-＞*l̥-*l̥ʰ、*hr-＞*r̥-*r̥ʰ-。“蠆省聲”的系列字的關係爲：“噧”在《廣韻》中有許介切和他達切兩讀，上古音聲母應當是複輔音*hmr-，後分化成爲*m̥ʰr-和*m̥r-，其音變軌迹爲*m̥ʰr-＞h-，中古讀爲曉母；*m̥r-＞*tʰ-，中古讀爲透母。“蠆”的上古聲母爲*m̥r-，發生*m̥r-＞*tʰ-＞ʈʰ-的音變，中古讀爲徹母。而“癘、厲”的上古聲母應當爲一個複雜輔音，鄭張尚芳先生擬爲*m·r-，其音變軌迹爲*m·r-＞r-，中古讀爲來母。

2.*n̥-＞tʰ和*n̥ʰ-＞h-

（2）漢 *n̥ʰ-＞h——難 *n-；歎 *n̥-＞tʰ——鷬*n-

《説文·水部》：漢，漾也。東爲滄浪水。从水、難省聲。

《説文·欠部》：歎，吟也。从欠、鷬省聲。歎，籒文歎不省。

與“菓”聲系相關的省聲字有五組，除上述泥母與曉母、泥母與定母交替的例子外，還有“嘆，歎省聲”“戁，難省聲”“熯，漢省聲”。“嘆”“歎”同爲透母，“戁”讀若“受福不儺”，“難”“儺”同爲泥母，“熯”爲曉母，“漢”則有曉母和透母兩讀。《説文》之所以不將上述幾字分析爲“堇聲”，正是因爲這些字的讀音與“堇”有很大距離。這些省聲現象雖然與“難”字下注“堇聲”相矛盾，但已經反映了語音的變化。

春秋金文“漢”字作“”（敬事天王鐘），指漢水，鄂君啓舟節“漢”字作“”，从水、難聲，即“灘”字，在這裏也指漢水。《廣韻》“灘”字有“呼旱切”“他丹切”“奴案切”。“歎，鷬省聲”有籒文“歎”的不省之形，在形音關係上與“難（鷬）”也有密切關係，如上博一《性情論》：“聽琴瑟之聲，則悸如也斯難（歎）。”

趙彤（2006:60）曾將楚簡中“難”“歎”構擬爲舌根鼻音*ŋl-和*ŋ̊l-，鄭張尚芳（2013:348）則構擬爲送氣的清鼻音聲母*nh-，而此處我們采用潘悟雲（2018）的鼻音三分法，將中古讀爲透母的“嘆、歎、灘”的上古聲母擬爲不送氣清鼻音*n̥-，讀爲曉母的“漢、熯、暵”擬爲送氣清鼻音*n̥ʰ-，這樣才能與泥母的“難、儺”等泥母字相諧。中古“嘆、歎、灘”變爲透母，是*n̥-＞tʰ音變結果；“漢”的聲母則是發生*n̥ʰ-＞h-音變，變成曉母。

3.*ŋ̊l-＞tʰ和*ŋ̊-＞kʰ-

（3）炭 *ŋ̊l-＞tʰ——岸 *ŋ-

《説文 • 火部》：炭，燒木餘也。从火、岸省聲。

“炭”，信陽楚簡作“”（信2·028），當隸定爲“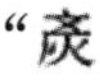”，从火，彦省聲。關沮周家臺秦簡“炭”字作“”（317），據《説文》可分析成从火、岸省聲。“彦”“岸”都是疑母字。趙彤（2006:60）曾指出，楚國楚方言中“炭”的聲母是舌根清鼻音*ŋ̊l-，其音變軌迹爲*ŋ̊l->th。葉玉英（2020）則進一步指出，從楚簡和《説文》的諧聲情況看，在戰國雅言乃至許慎時期的雅言裏，“炭”的聲母當爲*ŋ̊l-。由此將“炭”的古音構擬爲清鼻音聲母，與讀爲疑母的“岸”相諧。

（4）哭 *ŋ̊->k^h-——獄 *ŋ-

《説文 • 吅部》：哭，哀聲也。从吅、獄省聲。

此例“省聲”是以“哭”字所从之“犬”爲“獄”省，此説牽强。段玉裁認爲當改爲形聲字，段注改形聲爲會意，何琳儀（1998:352）則認爲“哭”爲“嚻”之省文，但未能定論。“哭”字最早見於楚文字，作“”（郭店簡 • 性自命出29），秦文字作“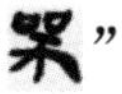”（睡虎地 • 日書甲29背），禤健聰（2017:485）認爲郭店簡“哭”字可“从犬，咢省聲”。“咢”“獄”皆爲疑母字，鄭張尚芳（2012:327）將“哭”擬爲送氣的清鼻音聲母*ŋh-，而在潘悟雲（2018）的三分格局中，不送氣的清鼻音聲母演變爲中古的溪母，送氣的清鼻音聲母中古則爲曉母，因此我們將“哭”的聲母改擬爲*ŋ̊-，葉玉英（2020b:227）據通假材料還推定了音變發生的時間，上博四《昭王毀室》“訋寇”當讀爲“號哭”，“寇”的上古聲母爲不送氣清鼻音*ŋ̊-，放馬灘簡《志怪故事》：“祠墓者毋敢殻（哭），殻（哭），鬼去驚走。”“哭”假借“殻”爲之。可知在戰國秦方言中“哭”已變成溪母字。“哭，獄省聲”在字形關係上可謂疑案，古文字材料中也没有可見的不省之形，但語音上確有其據，“獄省聲”一讀很可能是清鼻音聲母的遺留。

4.*l̥hj->ɕ-

（5）余 *l-——舍 *l̥^{hj}->①ɕ-

《説文 • 八部》：余，語之舒也。从八、舍省聲。𩂈，二余也。讀與余同。

“余”的甲骨文作“”（《合》585正），金文字作“”（洹子孟姜壺），

①鄭張尚芳（2013）將“舍”的聲母擬爲*hlj-，我們將其改擬爲*l̥^{hj}-。

小篆字作“”。“余”的篆書和甲骨文相比已增飾筆，《説文》“从八，舍省聲”的形體分析不確。林義光《文源》：“‘余’本義爲賜予，即‘予’之或體……‘舍’與‘余’同字，賜予也。”劉釗（2006:237）也認爲“余”“舍”是一字分化。葉玉英（2010）指出，“余”“舍”“予”在形音義上密切相關，西周早期“舍”字從“余”字中分化出來，表示本義“賜予”，“舍”“予”是古今字，“予”是從“舍”形分化出來的，並承擔了“舍”的義項。禤健聰（2017:275）進一步指出，“舍”當是“余”的分化字，西周金文“舍”多用爲舍予之{予}和施設、放置的{舍}，楚簡用法同。傳世古書以“舍”表示房舍之{舍}，引申之有舍止、駐扎等義。楚簡舍止、駐扎之{舍}多記寫作“豫”。

從古音關係來看，“余”爲以母魚部字，“舍”爲書母魚部字。上古以母與書母字的關係非常密切，師玉梅（2003）已證金文中“舍从余聲”。葉玉英（2010）從“予”“余”“舍”再證三者讀音關係密切，白一平、沙加爾（2014）認爲清流音聲母是中古書母的重要來源，“余”上古聲母爲*l-，“舍”上古聲母爲*l̥^{hj}-，更爲妥帖。

（6）弞 *l̥^{hj}-①>ɕ——引 *l-

《説文・矢部》：弞，況也。詞也。从矢、引省聲。矢，取詞之所之如矢也。

張富海（2007:93）曾指出，《説文》“弞”，石經古文寫作“”，用爲虚詞“矧”，李春桃（2012:74）認爲，《汗簡》“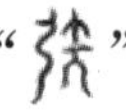”，該形也是从矢从引省聲，與鄂君啓節中的“”是同形字（節銘爲“射”，讀爲“澤”）。引，《説文・弓部》：“開弓也。从弓、丨。”其古音在以母真部，聲母爲*l-，“弞”中古是書母字，其來源應爲上古的清流音*l̥-。又《説文・系部》：“紖，牛系也。从系、引聲。讀若弞。”可見“弞”確與“引”聲同。“引省聲”反映的是“弞”音變前的讀音。

（三）從《説文》省聲看*n、*r-不分現象

《説文・重部》：量，稱輕重也。从重省、曏省聲。𨤼，古文量。

于省吾先生（1979:414）認爲“量”字下从“東”是古“重”字，當是露天從事量度工作。商代金文“重”字作“”（重父丙觶）、“”（重鼎）、“”（井侯簋）等形，从人、从東，會人背重物之意，从東兼聲。黄天樹（2006:279）將“量”的結構分析爲“从日、从東，東亦聲”，認爲“量”是“糧”的初文，古文專指旅行所用的乾糧。“東”即“橐”，遠行者需以袋盛乾糧，橐是裝乾糧的口袋，同

①鄭張尚芳（2013）將“弞”的聲母擬爲*hl-，我們將其改擬爲*l̥hj-。

時義兼聲。

那麽“𩠹”“量”聲母上的關係該如何解釋呢？王志平（2020:203）指出，“𩠹”在《廣韻》中有三個反切，分别爲《廣韻 • 漾韻》“許亮切”，《養韻》“書兩切”，《漾韻》“又音式亮切”，因此“量”可能還有曉母的異讀。“𩠹”古音則爲書母陽部字，按照李方桂的擬音，“𩠹”聲母當爲*hrjaŋ，當代學者一般改爲*hljaŋ，鄭張一潘則是將聲母擬爲小舌音*qhj-，“量”的藏文同源詞graŋs（數目）、ɦgraŋ（計數），又揭示“量”當有喉牙音的來源，因此潘悟雲先生擬“量”的上古音爲*g·raŋ，這是一種可能合理的解釋。但“量”在出土文獻中表現爲單一的與來母字通假，我們更傾向於認爲“量”的聲母爲*r-。白沙將“𩠹”的上古聲母構擬爲*n̥-，其實可以將“𩠹”徑直構擬爲*n-。葉玉英（2020）曾指出，“𩠹”的古音經過*n->*h-音變。“𩠹”曾有*n-的讀音，“量”的聲母爲*r-，《説文》：“量，𩠹省聲”，很可能是*n、*r-不分的一個例證。[①]

（四）從《説文》省聲看心母字的上古音來源

在省聲字和被省字的語音關係中，心母與其他聲母的交替現象表現得較爲複雜。它既與舌音定母交替，也與泥母和牙喉音聲母關涉。心母與舌音交替反映的可能是上古清流音的來源，與牙喉音交替則可能是牙喉音向舌尖前音發展所産生。

1.心母的流音來源

（1）厗 *l'——屖 *sl- ＞ s

《説文 • 厂部》：厗，唐厗，石也。从厂、屖省聲。

“屖”，最早見於甲骨文，字作“”（《屯》278），季旭昇（2014:676）認爲似“夷傷之意”。西周金文作“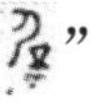”（五祀衛鼎）“”（史牆盤），戰國銅器銘文“”（曾侯乙鐘）。曾侯乙編鐘“爲屖（夷）則羽角”，“夷則”爲十二律之一。“屖”與“夷”相通。“屖”又有“遲遲”之用，作舒緩、遲行貌；《玉篇》：“屖，先帝切，今作棲，亦作屖。”戰國楚器王子午鼎：“温龔舒屖（遲），畏忌趩趩，敬氒盟祀，永受其福。”《上博一 • 孔子詩論》“其樂安而屖”，“屖”讀爲“遲”，釋爲舒遲；《馬王堆帛書 • 天下至道談》：“娚樂之要，務在屖久。苟能遲久，女乃大喜。”上作屖，下作遟，實爲同義。《説文 • 辵部》“遲”下另有：“迡，遲或从𡰥。遟，籒文遲从屖。”葉玉英（2010）指出，“遲”當屬“尸”聲系。甲骨文、金文“夷”多數情況下都是假借“尸”爲之，只有少數作“𡰥”，若依

①上古n、l不分的相關研究，可詳參葉玉英（2020c）。

此説，“尸”來源於上古的清流音聲母$*\mathring{l}^{hj}$，“屖”的來源應當是*sl-，在中古轉入心母。

屖，甲骨文字形作“”（《村中南》471）。鄭張尚芳先生擬“屖”字聲母*l’-，中古發生塞化音變，有文獻可證，《漢書・地理志》：“平谷，安樂，屖奚。”孟康曰：“屖音題，字或作蹏。”可知在後漢三國時期“屖”已讀爲舌音。省聲揭示了“屖”音變前的讀音。

2.心母的鼻音來源

（2）囊 *n——襄 *n̥ʰ->h-> s-[①]

《説文・橐部》：囊，橐也。从橐省、襄省聲。

“囊”最早見於《睡虎地秦簡・日甲》，字作“”（159背），本義爲裝東西的口袋或布袋一類，上古音在泥母陽部。襄，《説文・衣部》：“从衣、㲋聲。”《説文》“㲋”，又“讀若穰”。《郭店楚簡・成之》：“㲋我二人，毋有合哉言。”今本《尚書・君奭》“㲋”作“襄”。《睡虎地秦簡・盜日》：“藏之糞蔡之中，襄（壤）下。”可見“襄”與鼻音有密切聯繫。

鄭張尚芳（2013）構擬“襄”爲*sn-而非*n̥-，鄭張體系中*n̥-中古變爲th-，*sn-中古變爲s-。邊田鋼（2018）對清鼻音聲母提出了新構擬，邊文認爲，與泥（娘、日）相諧聲的心母字，當由上古清鼻音聲母演變而來，可直接構擬爲清鼻音聲母*n̥-，無標記的清鼻音在一、四等韻條件下變爲中古透母；在三等韻條件下變爲中古心母，即“襄”徑直發生了由*n̥->s-的音變，但先秦兩漢的通假異文材料揭示，“襄”可能還經歷了讀爲曉母的過程，《古陶文彙編》有“”（9・50），釋爲“成襄”，何琳儀《古陶雜識》中讀爲“城鄉”。《左傳》莊公三十二年：“鄉者牙曰：‘慶父材。’”《史記・魯周公世家》“鄉”作“曩”。張家山漢簡《晏子（一六）》：“襄（曩）之唱善者皆欲若魚者也。”“曩”指不久之前。《儀禮・士相見禮》：“向者，吾子辱使某見，還請摯於將命者。”鄭玄注：“向，曩也。”因此我們傾向於將“襄”擬作*n̥ʰ-，*n̥ʰ-音變爲曉母，即*n̥ʰ->h-。[②]

3.心母的牙喉音來源

（3）咺 *qh>——宣 *sqh->s-[③]

《説文・口部》：咺，朝鮮謂兒泣不止曰咺。从口、宣省聲。

①鄭張尚芳（2013）將“襄”構擬爲*sn-，此處由作者改擬。

②鼻音與擦音聲母字的交替問題，可詳參鄭偉（2016）、葉玉英（2020a）。

③白沙將二字構擬爲“咺”$*q^{wh}$，“宣”$*s\text{-}q^{w}$，可供參考。

“宣”爲“咺”注省聲，在語音上是有依據的。宣，《廣韻》須緣切，屬心母。《説文》中从“宣”得聲的有“咺”，爲曉母；“愃、瑄”爲心母。“瑄”爲《説文》新附字，此處不做考察。愃，郭璞《方言注》：“今江東呼快爲愃。”《詩》曰：‘赫兮愃兮。’《毛詩》作咺，傳云：‘威儀容止宣著也。’《韓詩》作宣，顯也。’”許慎引《詩》作“愃”，毛詩作“咺”，“宣，顯也”，韓詩作宣，又訓爲顯也。可知“宣、愃”仍與曉母字通假。裘錫圭（1981）曾指出，曾侯乙編鐘的律名“亘鐘”還作“宣鐘”“洹鐘”。《清華伍・三壽》：“惠民由任，徇句遏淫，闡（宣）儀和樂，非壞於湛。”“闡”即楚人爲記録｛關｝這個詞而造的楚人獨用字，假“關”爲“宣”，可理解爲宣揚、宣傳。《三壽》：“觀覺聰明，音色柔巧而叡武不罔，效純佢（宣）猷，牧民而御王。”佢，或通“桓”。“關”“桓”皆爲牙喉音，假“宣”爲之。

“咺”爲曉母元部字，“宣”爲心母元部字，但從通假情況看，“宣”應从“亘聲”。“宣”的聲母必然經歷*sqh＞s-的音變，中古音變後則讀爲清擦音聲母心母，許慎所説“咺，宣省聲”是音變前的讀音。

二、“省聲”所反映的上古韻母現象

在討論具體的韻部交替現象之前，我們先就省聲字的韻部總體規律進行總結。省聲字的韻部大體呈現出同部互注的規律，但同時也存在塞音韻尾的脱落，陰陽對轉及旁轉現象，陽聲韻不同韻尾之間的互注現象較爲豐富。我們將嘗試對這些交替現象做一些解釋。

1.塞音韻尾脱落

《説文・户部》：层，閉也。从户、劫省聲。

“去”是魚部字，但是从“去”得聲之字的讀音却分成兩系。一系是魚部，一系是葉部字收-p尾的，如劫、怯、层、鉣等。古音學家則大都把屬於葉部的从“去”聲的字全都看作从“劫省聲”。裘錫圭（1979）指出：原來小篆的“去”把較古的文字裏兩個讀音不同的字混在一起了。魚部字來自表張口貌的“呿”的初文，即離去的“去”。葉部字來自“盍”的初文，來源於“蓋”字所从的“盍”上部的“去”。在小篆字形中，這兩個形體相近的字已經混同了起來。郭錫良在《漢字古音表稿》（2018）將“层”歸在魚部，忽略了徐鉉注音“口盍切”，這一注音與“劫”省聲相符的。又《廣韻・魚韻》：“丘倨切，閉也，又口荅切。”孟蓬生（2001:251）在同源詞研究中曾提出，以去聲兼諧魚盇兩部的韻轉現象如“𡰥”字，可能是失落韻尾的現象；葉玉英（2016）則通過古文字資料證明：“‘𡰥’最早爲盇部字，後來塞音韻尾脱落，才有魚部的讀音，《廣韻》記録的也是兩個不同歷史層次的讀音。”

2.幽部一等字“羔”轉入宵部

省聲字中幽部和宵部的互注也體現出與漢代語音相一致的特點，即王力（1985:109–111）所説的，幽部一二四等轉入宵部。

《説文・羊部》：羔，羊子也。从羊、照省聲。

“羔”从“照省聲”，清代《説文》學家已經有懷疑者。桂馥《説文解字義證》云：“照省聲者，疑後人亂之，當云从火。《月令》‘食麥與羊’注云‘羊，火畜也’，《周禮》：‘羊人屬夏官，故羔从火。’”王筠《説文釋例》云：“羔之从火也，或古篆之形近似乎火，小篆整齊之以致然耳。”徐灝《説文解字注箋》：“照省聲似未確。疑羔之本義爲羊炙，故从火。小羊味美，爲炙尤宜，因之羊子謂之羔。”“羔”並無羊炙義，其本義應該就是小羊。林義光《文源》：“火爲照省不顯，羔小可炰，象羊在火上形。”此説可信。莫伯峰（2013:227–230）釋出甲骨文中的“羔”字，原形作，其上部作倒全羊之形，會炮炙羔羊之意。

“羔”上古爲幽部字，“照”爲宵部字。張富海（2020）認爲《説文》“羔”从“照省聲”，或許意在説明許慎口中“羔”和“照”是同韻的。王力（1987:102）指出，東漢時幽部一等可能已經轉入宵部，即幽部一等和宵部一等已經合流。此例省聲或與幽部和宵部的合流有關。

3.侵$_2$部四等字“甜”轉入談部

《説文・心部》：恬，安也。从心、甜省聲。

恬，北大漢簡《老子》字作“”，甜，古文作“”（《汗簡》）、“”（《古文四聲韻》），从人、舌，即“佸”字。李春桃（2016:387）指出，“恬”與“甜”在典籍中可通，《周禮・天官・酒正》“醴齊”，鄭玄注：“醴，猶體也，成而汁滓相將，如今恬酒矣。”孫詒讓正義：“《釋名・釋飲食》云：恬即甜之借字。”《初學記》引“恬酒”作“甜酒”，“恬”“甜”可通用。

鄭張一潘體系中，“恬”屬談$_2$部，該部主元音*-e是一个前元音，因此其與侵部發生諧聲關係最密切的當爲侵$_2$部，“甜”屬侵$_2$部，其主元音是*-i，中古以後，“恬”“甜”同爲“定母添韻開口四等字”，“恬”从“甜省聲”表明，“恬”“甜”同音的現象很可能在東漢已經出現，中古添韻四等字來源於上古的談部和侵部，《説文》省聲中，侵$_2$部“甜”字的元音可能正在發生*-i̲m＞*-em的音變，與談$_2$部的“恬”*-

e̯m音極近。

4.韻尾-m＞-ŋ的新變與孑遺

《說文 • 貝部》：贛，賜也。从貝、竷省聲。贑，籀文贛。

贛、竷在出土文獻材料中皆可與談部字通假，《上博六 • 用曰》：“贛贛（坎坎）險險，其自視之泊。”同篇又有：“有竷竷（坎坎）之裕，而有莫莫之徧。”《清華陆 • 子儀》4、5：“乃張大侯於東奇之外，禮子儀，舞；禮隋貨，以贛（竷）。”“贛”字古音從談部轉入東部，音變影響了字形的演變。①

陳劍（2007:8）在《釋西周金文的竷（贛）字》中指出，“贛”的字形經歷了“”（庚嬴鼎）—“”（《曾侯乙墓》67）—“”（包山2.175）—“”（《新蔡》零331-1）—“”（《陶匯》5.363）—“”（《馬王堆 • 春秋事語》62），丮或訛爲欠，欠或繁化爲次，或加意符貝，以顯賜予之意。秦漢時期欠又訛爲夊，或其繁體次訛爲夅，與其下“貝”結合又聲化成“貢”。李運富、趙曉慶也在《也說“贛（贑）字”及相關字詞》一文總結了四種關於“贛”聲符的假說。②古文字學者在研究字形變化和字形糾葛上做出了許多細緻且精到的分析。這些假說在兼顧字形變化的同時還要解釋音義關係，不難發現，其文字形體的聲化是以字詞（音義）關係的變化事實爲基礎的。

《說文 • 能部》：熊，獸似豕，山居，冬蟄。从能、炎省聲。

據古文字材料可知，“能”本象熊之形，是{熊}的本字，後世借“熊”表示{熊}。楚人先祖“穴熊”，又作“鬻熊”，其後以“熊”爲氏。新蔡簡中也有用“能”表示{熊}的用法。蕭兵（1990:31）認爲楚先祖名“穴熊”，是說楚民族出自熊穴，或穴處的熊祖。楚先公名號及氏名之{熊}，楚簡和其他出土文獻中多記寫作“酓”，“酓”从“今聲”，收-m尾。《說文》作“炎省聲”，雖然在字形分析上不能成立，但反映的應當是許慎方言裏的孑遺。李新魁（1994:437）曾指出：現代許多方言及外

①贛，竷省聲。並非音隨字轉，而是語音發生變化後，才發生變形音化，是爲了準確地記録語音。

②依據該文總結如下：一爲夅聲說，乃依段玉裁，將“竷”分析爲从章，夅聲；王念孫《說文諧聲譜》“夅聲”下列“竷”。二爲欠聲說，乃依《說文》“贛”字籀文贑，从貝，剩餘部分爲“𣣔”或“𣣭”，裘錫圭、李家浩（1984）認爲“𩏂”是表音聲符，是“𣣔”字訛變而來。三爲變形聲化說，陳劍（2007:8）認爲，“䡅”在戰國文字中“𣣔”“𣣭”兩種寫法，都可以看作是从章从欠，“欠”是“丮”訛變聲化而起表音作用的聲符。四爲章聲變轉說，李學勤（1990）以“章”爲聲符，故把“䡅”讀爲“賞”，李運富則認爲“章”聲上古屬陽部，能更好解釋“贛”“贑”“竷”“𩏂”有冬侵部、談部、東部甚至緝韻的讀音。

族語借音讀熊爲-m尾，如閩方言讀him或hom，朝鮮漢字音讀kom，日語漢語借音讀kuma。方言材料與古文字通假皆指向“熊”字上古在侵部，後來才轉入蒸部。

出土文獻證據表明，“熊”字從侵部轉入蒸部，與“能”字讀音的變化應該是相關的，新蔡楚簡中用“能”表示{熊}；《上博二·容成氏》：“中正之旗以澳（熊），北方之旗以鳥。”其中“熊”字寫作“澳”，从水興聲。洪颺（2010）認爲：“在楚文字材料中，‘熊’字由寫作‘酓’，到寫作‘能’，或作‘澳’，正表明熊字的讀音經歷了由侵部轉入蒸部或正處於這一變化之中的事實，其發生年代應該在戰國中期或更早。”麥耘（2020）根據諧聲、假借與同族字材料，推論“能”的古韻原本在侵部，後來進入蒸部和咍部。《説文》“熊，炎省聲”，反映的是戰國楚方言中-m尾的孑遺。

《説文·隹部》：雁，鳥也。从隹、瘖省聲。或从人，人亦聲。鷹，籒文雁从鳥。

許慎分析“雁”既从“瘖省聲”，又从“人亦聲”，則可認爲“雁”是雙聲符字。劉釗（2011:82）指出雙聲符的出現應該是“雁”在演變過程中追加聲符産生。甲骨文雁字作“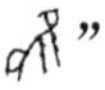”（《合集》8239）、“”（《合集》10589），釋爲“雁”，即“膺”字的初文，鳥形胸部用一指事符號表示“胸”這一概念。金文作“”（雁公方鼎）、“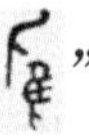”（雁叔鼎），从“”从“”。“人”字“”爲追加的聲符，後人字訛變爲“厂”，又進一步訛變爲“疒”，因此《説文》認爲“雁”从“人”亦聲。確切出現“雁”字形的是放馬灘秦簡《日書·乙篇》中的“廣顔，大脣（唇）、目，大雁〈雁-膺〉。”

“雁”等字的歸部，古韻學家分兩派：段玉裁、孔廣森、張成孫等歸蒸部，嚴可均、朱駿聲歸侵部，歸侵部者是依據許慎的説解，“瘖”上古爲侵部。許慎在《説文》中爲“雁”聲之字作注解，大多从“雁聲”，例如，“應”从心雁聲，“膺”从肉雁聲，“譍，从言雁聲”。在先秦文獻的通假用例中，“雁”聲通常表現爲内部通假。那麽上述諸字是否都收-m尾呢？上古時期蒸部字是否有-m尾的來源呢？陸志韋（1947:207）曾談到蒸侵的收音，認爲在周代之前，上古蒸部、侵部和中部是收-m尾的，蒸跟侵主元音較近，侵和中主元音較近，因此《詩經》韻和諧聲能通轉。周朝以後，蒸部的-m尾變成-ŋ尾，蒸跟侵就不通轉了。從出土文獻的通假和先秦韻文的押韻來看，至少蒸部當中有一部分的字是從-m尾字變來的，但是否整個蒸部都收-m尾，尚不能説死。

三、結語

《説文》省聲字中蘊含了豐富的語音信息，對研究上古音變及語音的歷史層次有重要意義。同聲系字聲母讀音的分化，韻部的通轉關係，皆表明省聲字的音讀已經有别於原來的諧聲偏旁。省聲字和被注字處在動態的演變之中，借助出土文獻資料和漢代經師音注，可以幫助我們釐清其中的演變過程和音變發生的時代。因此，對待《説文》省聲字不能以單一性質的文字分析它，有些省聲字可以追溯未省之形，但絶大部分是出於注音目的所作的；省聲字也有不符合“同聲必同部”的例子，一定程度上揭示了語音演變的歷史層次，這些音變發生的時間有的在戰國時期，有的在漢初，還有與許慎年代相同，即正在發生的音變。徵之以出土文獻，能够更好地幫助我們還原省聲字的本來面貌。

參考文獻

白於藍　2017　《簡帛古書通假字大系》，福建人民出版社。

包擬古　潘悟雲、馮蒸譯　1985　《上古漢語中具有l和r介音的證據及相關諸問題》，《原始漢語與漢藏語》，中華書局。

邊田鋼　2018　《上古清鼻音聲母音位化構擬的一個嘗試》，《古文字與漢語歷史音韻學高端論壇論文集》，復旦大學出土文獻與古文字研究中心。

陳　劍　2007　《甲骨金文考釋論集》，綫裝書局。

陳　劍　2002　《釋㞒》，載《追尋中華古代文明的踪迹——李學勤學術活動五十周年紀念文集》，復旦大學出版社。

董同龢　1944　《上古音韻表稿》，中央研究院歷史語言研究所。

高本漢　聶鴻音譯　1987　《中上古漢語音韻綱要》，齊魯書社。

顧之川　1990　《論〈説文解字〉中的省聲字》，《青海民族學院學報》第3期。

何琳儀　1998　《戰國古文字典》，中華書局。

郭錫良　2018　《漢字古音表稿》，《文獻語言學》（第8輯），中華書局。

洪　颺　2010　《“熊”字的上古讀音之古文字材料補正》，《遼寧師範大學學報（社會科學版）》第5期。

蔣冀騁　席德育　2021　《〈説文〉“省聲”“讀若”所反映的語音演變》，《古漢語研究》第1期。

季旭昇　2014　《説文新證》，臺灣藝文印書館。

李長仁　1992　《〈説文解字〉注音體例概説》，《松遼學刊（社會科學版）》第2期。

李春桃　2012　《古文異體關係整理與研究》，吉林大學博士學位論文。

李方桂　1980　《上古音研究》，商務印書館。

李新魁　1994　《音韻學與中國古代文化的研究》，《李新魁語言學論集》，中華書局。

李守奎　劉　波　2012　《續論戰國陸字構形與陸聲系的音義》，《古文字研究》（第29輯），中華書局。

李運富　趙曉慶　2021　《也説“贛（贑）字”及相關字詞》，《漢語字詞關係研究（貳）》，中西書局。
林義光　2012　《文源》，中西書局。
劉　釗　1995　《談史密簋銘文中的“㞒”字》，《考古》第5期。
劉　釗　2011　《古文字構形學》，福建人民出版社。
陸志韋　1947　《古音説略》，哈佛燕京學社。
孟蓬生　2001　《上古漢語同源詞語音關係研究》，北京師範大學出版社。
潘悟雲　2018　《上古漢語鼻音考》，《民族語文》第4期。
蒲立本著　潘悟雲、徐文堪譯　1962　《上古漢語的輔音系統》，中華書局。
裘錫圭　1979　《談談古文字材料對古漢語研究的重要性》，《中國語文》第6期。
裘錫圭　2012　《豩公盨銘文考釋》，裘錫圭著，《裘錫圭學術文集·金文及其他古文字卷》，復旦大學出版社。
裘錫圭　李家浩　1981　《曾侯乙墓鐘磬銘文釋文説明》，《音樂研究》第1期。
齊興坤　2019　《〈説文解字〉省聲字研究》，陝西理工大學碩士論文。
山東省文物考古研究所　2007　《臨淄齊墓Volume I》（第1集），文物出版社。
師玉梅　2003　《喻四、書母古音考——由金文舍从余聲説開》，《語言研究》增刊。
師玉梅　2007　《出土文獻證〈説文〉形聲字的訛變與誤斷》，《考古與文物》第6期。
王志平　2020　《釋“鬻”》，《古文字研究》（第33輯），中華書局。
William H. Baxter, Laurent Sagart　2014　Old Chinese：*A New Reconstruction*, New York：Oxford University Press.
魏宜輝　2012　《説“匋”》，《古文字研究》（第29輯），中華書局。
鄔可晶　2018　《説古文字裏舊釋“陶”之字》，《文史》第3期，中華書局。
蕭兵著　1990　《楚辭文化》，中國社會科學出版社。
禤健聰　2017　《戰國楚系簡帛用字習慣研究》，科學出版社。
葉玉英　2009　《古文字構形與上古音研究》，厦門大學出版社。
葉玉英　2010　《論第一人稱代詞“予”出現的時代及其與“余”“舍”的關係》，《中山大學學報》第3期。
葉玉英　2015　《論同形字與上古音研究中的聲系劃分》，《古文字論壇》（第1輯），中山大學出版社。
葉玉英　2016　《〈廣韻聲系〉指誤（壹）》，《龍岩學院學報》第3期。
葉玉英　2018　《古文字資料所見漢語語音史上的一次大規模流音塞化運動》，*Old Chinese and Friends：Advance in the Reconstruction of Old Chinese Phonology*，Max Plank Institute for the Science of Human History。
葉玉英　2020　《基於古文字資料的上古漢語清鼻流音的歷史考察》，*The Journal of Chinese Linguistics*，第48卷第1期。
葉玉英　2020　《論“勹”聲系字和“匋”聲系字》，《〈中國文字〉出刊100期暨文字學國際學術研討會論文集》。
葉玉英　2020　《楚系出土文獻所見*n-、*l-不分現象及其源流與成因考》，《中國語文》第4期。
于省吾　1975　《双劍誃殷契駢枝三編》，臺灣藝文印書館。
于省吾　1979　《甲骨文字釋林》，中華書局。
趙　彤　2006　《戰國楚方言音系》，中國戲劇出版社。
張富海　2020　《據出土文獻證“羔”字當歸幽部》，《古文字研究》（第33輯），中華書局。

張世超　1996　《金文形義通解》，中文出版社。
周秉高　2011　《全先秦兩漢詩·先秦卷》，内蒙古大學出版社。
鄭　偉　2016　《中古鼻音與擦音聲母字在早期漢語中的語音交替》，《語言研究集刊》第2期。
鄭張尚芳　2012　《鄭張尚芳語言學論文集》，中華書局。
鄭張尚芳　2013　《上古音系》（第2版），上海教育出版社。
中國社會科學院考古研究所　2007　《殷周金文集成》，中華書局。

A Preliminary Study of the Old Chinese Sound Changes Revealed by Unearthed Documents and Characters with Abbreviated Phonetic Components in the *Shuowen Jiezi*

Zheng Liang

Abstract: The unearthed documents and characters with abbreviated phonetic components in the *Shuowen Jiezi* can reveal some Old Chinese pronunciations and their sound changes, reflecting different historical strata. They manifest themselves as follows: 1) The stopping of liquids; 2) Voiceless nasal and liquid initials had their earlier origins in *hN-, *hl-, or *hr-, and among the characters with abbreviated phonetic components, they divided into the Middle Chinese initials Xiao (曉) and Tou/Che (透/徹) respectively; 3) Part of the voiceless liquid initials were spirantized into the Middle Chinese initial Shu (書); 4) The initial of *Xiang* (纕) went through the sound change *n->*h-, which can explain the merger of *n- and *r-; 5) Characters with abbreviated phonetic components and the Middle Chinese initial Xin (心) had a source of nasals, velars and laryngeals; 6) The character *qu* (居) conforming with both Yu (魚) and He (盍) rhyme groups originally belonged to He rhyme group, where the abbreviated phonetic component reflects the pronunciation before the coda's dropping; 7) The character *gao* (羔) with division-I final changed from the You (幽) rhyme group into the Xiao (宵) rhyme group; 8) The character *tian* (甜) with division-IV final changed from the Qin (侵) rhyme group into the Tan (談) rhyme group; 9) Part of the characters with abbreviated phonetic components having the coda *-m in the Qin rhyme group transferred to the Dong (東) and Zheng (蒸) rhyme groups.

Key words: *Shuowen Jiezi*; Unearthed documents; Characters with abbreviated phonetic components; Sound changes

（鄭樑，南京大學文學院　江蘇　210023）

攜手共進謀發展：文獻所科研特色的形成述略

張顯成

摘　要：1990年，主要從事甲金語言文字和納西東巴文研究的喻遂生先生由中文系調入文獻所。1995年，主要從事簡帛研究、中醫文獻研究，以及吐魯番出土文書研究的張顯成先生博士畢業供職于文獻所。1998年，毛遠明先生從阿壩師專調入文獻所，次年轉而研究碑刻。繼後，文獻所陸續引進和選留了一些青年學者充實到出土文獻研究或民族古文字研究隊伍中。在老一輩學者的帶領下，全所同仁携手前進共謀發展，出土文獻與西南民族古文字研究這兩個特色日益明顯。僅2010年至2019年，所獲國家級、部省級相關科研項目即達64項。文獻所突出的科研特色爲學校學科發展、學位點建設做出了重要貢獻。

關鍵詞：文獻所；科研特色；形成

“文獻所”的全稱是“漢語言文獻研究所”，成立於1984年，是在“《漢語大字典》西南師范學院編寫組”的基礎上建立的。西南師範學院於1985年更名爲西南師範大學，2005年又與西南農業大學合併組建爲西南大學，無論學校的名稱怎么變，文獻所堅守國學研究的初心始終没有變。

一個科研單位，一定要有鮮明的科研特色，才會有好的發展，才會在學界有好的影響，如果没有自己的科研特色，就没有多大的生命力，也就難有多少競争力。建所之初，文獻所與其他不少國學研究單位一樣，僅從事傳世文獻的整理研究，且我所還曾出現過科研隊伍僅有4人的低谷，但我們没有氣餒，始終在突出科研特色、凝聚科研力量方面尋求出路。

1990年6月，喻遂生先生由中文系調至文獻所，喻先生主要從事甲金語言文字研究和納西東巴文研究，文獻所從此有了出土文獻研究和西南民族古文字研究的種子。

1995年7月，筆者張顯成從四川大學博士畢業來到文獻所工作，張顯成主要從事簡帛研究、中醫文獻研究，以及吐魯番出土文書研究，文獻所的出土文獻研究隊伍開始擴大。

1998年3月，毛遠明先生從四川阿壩師范專科學校調入文獻所，原本是因爲當時文獻所給研究生開課的人手都不够而調毛公來充實上課力量，而毛公來後，認識到他原來僅從事傳世文獻研究（主要研究《左傳》詞匯）并未站在學術研究的前沿，在張顯成的建議和支持下，便從1999年開始做碑刻研究。由此，文獻所在出土文獻研究方面，便初步形成了甲金研究、簡帛研究、碑刻研究配套的格局。

後來，特别是進入新世紀以後，我們又陸續引進了研究敦煌文獻的兩名人才趙鑫曄、史淑琴，加上甲金、簡帛、碑刻研究隊伍的陸續壯大，如從事甲金研究的鄧飛、李發、蘇文英、郭丽华、馬超、袁倫强，從事簡帛研究的王化平、李明曉（後轉從事碑刻研究）、陳榮傑、胡波、杜鋒，從事碑刻研究的何山、廖强、徐海東等青年學者的加入，以及孟蓬生先生於2018年調入文獻所，文獻所在出土文獻整理研究方面，便全面形成了甲金研究、簡帛研究、碑刻研究、敦煌吐魯番文獻研究配套成龍交相輝映的可喜局面，其出土文獻研究的特色越來越突出、越來越鮮明，被學界譽爲“出土文獻研究西南地區的重鎮”。

文献所的第二个科研特色是西南民族古文字研究。喻遂生先生是西南少数民族古文字研究特别是納西東巴文研究的专家。2007年，從事民族古文字研究的鄧章應博士畢業，從四川内江師院調至我所工作。文獻所後来又選留了本所培養的優秀博士從事東巴文研究的楊亦花、李曉亮和从事方块壮字研究的高魏留所工作，以充实到西南民族古文字研究的队伍中。年輕學者的研究能力都很强，在老專家的帶領下，我所的納西東巴文研究和方塊壯字研究均處於學術研究的前沿，且這兩個研究領域相輔相成、交相輝映，真正踐行着“特立西南，含弘光大”的西大精神。

下面，我們僅看看文獻所2010年至2019年這10年的科研項目情況，來管窺我所的科研特色：①

據本人粗略統計，有關出土文獻研究的僅國家級項目、部省級項目（其他層次的項目如教育部文科基地項目、中央高校基金項目、國家和重慶市博士後項目不計入），這10年即達45項，有關西南民族古文字研究的項目即達19項，其中重大項目就有5項。下面是細目：

表1 2010年至2019年出土文獻研究方面科研項目簡表（45項）②

序號	項目名稱	主持人	項目級别	立項時間
1	中華字庫·第八包石刻文字搜集與整理	毛遠明	國家重大文化工程項目	2011
2	簡帛醫書綜合研究	張顯成	國家社科基金重大項目	2012
3	漢字諧聲大系	孟蓬生	國家社科基金重大項目	2017

①要全面反映我所的科研特色，得從科研項目、科研著作、科研論文、科研獲獎、人才培養等各方面來談，但限于篇幅，以下僅以科研項目來談談。

②以下按國家社科基金重大項目（含重大文化工程項目）、國家社科基金冷門絶學項目、國家社科基金一般項目、教育部社科項目、高校古委會項目、重慶市社科項目這幾類分别排列，每類下又按立項時間爲序排列。下同。

表1　2010年至2019年出土文獻研究方面科研項目簡表（45項）（續表）

序號	項目名稱	主持人	項目級别	立項時間
4	走馬樓吴簡異體字整理與研究	陳榮傑	國家社科基金冷門“絶學”和國别史等研究專項	2019
5	甲骨軍事卜辭的分期分類排譜、整理與研究	李　發	國家社科基金項目	2010
6	秦漢簡帛系列字形譜	張顯成	國家社科基金項目	2011
7	唐代石刻異體字研究、異體字典及語料庫	毛遠明	國家社科基金項目	2011
8	漢字發展通史・魏晉南北朝漢字史	毛遠明	國家社科基金重大招標項目子項目	2012
9	出土先秦兩漢法律文獻整理與研究	李明曉	國家社科基金項目	2012
10	殷商甲骨卜辭時間範疇的個性表達和斷代演化研究	鄧　飛	國家社科基金項目	2013
11	走馬樓吴簡詞彙研究	陳榮傑	國家社科基金項目	2013
12	宋遼金元石刻異體字研究及字形譜	何　山	國家社科基金項目	2015
13	敦煌西域出土漢文醫藥文獻綜合研究・語言文字研究	張顯成	國家社科基金重大招標項目子項目	2017
14	以出土文獻爲中心之先秦易學的發生、發展及其流變研究	王化平	國家社科基金項目	2017
15	先秦兩漢出土簡帛和傳世典籍異文語言研究	胡　波	國家社科基金項目	2017
16	基於資料庫的商代祭祀資料的搜集、整理與研究	李　發	國家社科基金項目	2018
17	以甲金文樹庫建構爲基礎的商代漢語句法體系的描寫和闡釋	鄧　飛	國家社科基金項目	2018
18	出土涉醫文獻與古醫書經典化研究	杜　鋒	國家社科基金項目	2019
19	漢魏六朝鎮墓文校釋及相關問題研究	李明曉	國家社科基金後期資助項目	2019
20	出土先秦兩漢醫藥文獻與文物綜合研究・出土先秦兩漢醫藥文獻分類與學術流變	張顯成	國家社科基金重大招標項目子項目	2019
21	敦煌漢藏對音語言文獻整理與研究	史淑琴	國家社科基金項目	2019

表1　2010年至2019年出土文獻研究方面科研項目簡表（45項）（續表）

序號	項目名稱	主持人	項目級別	立項時間
22	基於簡帛文字資料庫的秦漢簡帛異體字研究	張顯成	教育部社科項目	2010
23	唐代石刻校注續編	毛遠明	教育部社科項目	2010
24	俄藏敦煌文獻敘録	趙鑫曄	教育部社科項目	2010
25	隋至初唐墓誌文字研究及字形庫	廖　强	教育部社科項目	2010
26	甲骨卜辞量范畴研究	邓　飞	教育部社科項目	2010
27	走馬樓吴簡經濟類詞語研究	陳榮傑	教育部社科項目	2011
28	甲骨文基本詞彙分類整理與詞義疏證	郭麗華	教育部社科項目	2011
29	宋遼金元墓誌纂注	何　山	教育部社科項目	2011
30	晚清碑派書法技法文獻分類整理與研究	徐海東	教育部社科項目	2011
31	金文所見古國、古族姓氏資料整理與研究	馬　超	教育部社科項目	2018
32	西北屯戍漢簡文書慣用語研究	郭麗華	教育部社科項目	2019
33	唐代石刻校注續編	毛遠明	高校古委會項目	2010
34	楚簡帛、秦簡逐字索引	張顯成	高校古委會項目	2011
35	吐魯番出土文書字形全譜	張顯成	高校古委會項目	2014
36	《嘉禾吏民田家莂》校理	陳榮傑	高校古委會項目	2015
37	新出唐一清買地券整理與研究	李明曉	高校古委會項目	2017
38	隋唐五代石刻新見字形整理及字譜編纂	何　山	高校古委會項目	2017
39	漢簡逐字索引（附原文及校釋）	胡　波	高校古委會項目	2017
40	先秦兩漢出土簡帛與傳世典籍互見資料彙編	胡　波	貴州省哲學社會科學規劃國學單列課題	2017
41	商代甲金文量範疇研究	鄧　飛	重慶市社科項目	2010
42	敦煌文字演變原因及規律研究	趙鑫曄	重慶市社科項目	2010
43	隋代石刻文字研究及字形語料庫	廖　强	重慶市社科項目	2010

表1　2010年至2019年出土文獻研究方面科研項目簡表（45項）（續表）

序號	項目名稱	主持人	項目級别	立項時間
44	武威漢簡文字研究	陳榮傑	重慶市社科項目	2011
45	基於語料庫的宋遼金元墓誌複音詞研究	何　山	重慶市社科項目	2012

以上是反映文獻所的第一大科研特色“出土文獻研究”方面2010年至2019年的科研項目情況，下面看看文獻所第二個科研特色“西南民族古文字研究”方面在這10年的科研項目獲准立項情況。

表2　2010年至2019年西南民族古文字研究方面科研項目簡表（19項）

編號	項目名稱	主持人	項目級别	立項時間
1	納西東巴文獻字釋合集	喻遂生	國家社科基金重大項目	2011
2	方塊壯字瀕危文獻搜集、整理、匯釋及資料庫建設	高　魏	國家社會科學基金冷門“絶學”和國别史等研究專項	2019
3	東巴文分域斷代與歷史層次研究	鄧章應	國家社科基金項目	2012
4	漢字發展通史•漢字在少族傳播研究	鄧章應	國家社科基金重大項目子課題	2014
5	納西族的祭祖儀式和東巴文祭祖經典調查研究	楊亦花	國家社科基金後期資助項目	2016
6	西方納西學史	李曉亮	國家社科基金後期資助項目	2018
7	比較文字學概要	鄧章應	國家社科基金後期資助項目	2018
8	東巴文譜系整理及歷時演變研究	鄧章應	教育部社科項目	2011
9	美國哈佛大學藏納西東巴古籍研究	李曉亮	教育部社科項目	2016
10	基於字料庫的新刊方塊壯字文獻字詞整理研究	高　魏	教育部社科項目	2018
11	甲骨文與自源民族文字比較研究	鄧章應	教育部、國家語委甲骨文等古文字研究與應用專項科研項目	2018

表2　2010年至2019年西南民族古文字研究方面科研項目簡表（19項）（續表）

編號	項目名稱	主持人	項目級别	立項時間
12	納西哥巴文文字學研究	鄧章應	教育部社科後期資助項目	2019
13	《維西見聞紀》校注與研究	鄧章應	高校古委會項目	2010
14	《滇南聞見録》校注與研究	鄧章應	高校古委會項目	2012
15	《鴻泥雜誌》校注與研究	李曉亮	高校古委會項目	2015
16	清代西藏游記三種校注及研究	杨亦花	高校古委會項目	2016
17	西方納西東巴文研究史	李曉亮	重慶市社科項目	2014
18	壯族麽教典籍《布洛陀》釋文訂補與研究	高　魏	重慶市社科項目	2017
19	新發現東巴文應用性文獻的釋讀與研究	鄧章應	重慶市社科項目	2018

從以上所列科研項目可以看出，文獻所至本世紀20年代，其出土文獻研究和西南民族古文字研究這兩大特色，已發展得十分鮮明突出。如果聯繫文獻所的科研成果、科研獲獎、人才培養等來看，可以説文獻所至本世紀20年代，無論是其科研特色，還是科研力量，無論是科研隊伍的發展，還是科研人才的培養，均已呈現出空前向好的可喜局面，同時，文獻所在學界的也得到越來越多同仁的肯定和贊譽。

以上我們分别簡述了文獻所的出土文獻研究與西南民族古文字研究這兩大科研特色的形成，有必要説明的是，近三十年來，我們凝聚科研力量大力突出和發展這兩大科研特色，並不意味着我們不重視傳世文獻的研究。實際上我們是出土文獻研究與傳世文獻研究兩手抓，並未放棄傳世文獻研究。因爲我們深知，不搞傳世文獻研究，出土文獻研究也搞不好，僅看看我們2010年至2019年有關傳世文獻的科研項目即可知：

表3　2010年至2019年傳世文獻研究方面科研項目簡表（12項）

編號	項目名稱	主持人	項目級别	立項時間
1	中華大典・農業典・園藝藥用作物分典	張顯成	國家重大文化工程項目	2016
2	《儒藏》（精華編）經部禮類禮記之屬7種	毛遠明 喻遂生 張顯成 虎維鐸	教育部社科專項委托重點項目	2010
3	漢語個性探索背景下的單雙音節語法問題多維度研究	王遠傑	國家社科基金項目	2019

表3　2010年至2019年傳世文獻研究方面科研項目簡表（12項）（續表）

編號	項目名稱	主持人	項目級别	立項時間
4	地名用字搜集整理、形音義研究與基礎信息平臺建設	楊文全	國家社科基金重大項目子項目	2018
5	當代漢語“漢外融合”新生詞語的形成機制研究	楊文全	教育部社科項目	2017
6	當代漢語“漢外融合詞”的族群化衍生路徑與形成機制研究	楊文全	教育部社科項目	2019
7	定語標記“的”的隱現規律研究	王遠傑	教育部社科項目	2010
8	清代類書研究	唐光榮	高校古委會項目	2012
9	清代西藏游記三種校注及研究	楊亦花	高校古委會項目	2017
10	漢語文字學	喻遂生	重慶市社科項目	2012
11	當代漢語“漢外融合”新生詞組的形成機制研究	楊文全	重慶市社科項目	2018
12	漢語韻律——語法介面的單雙音節問題研究	王遠傑	重慶市社科項目	2018

由上可知，文獻所並未放鬆傳世文獻的研究，而是在突出出土文獻研究和西南民族古文字研究的同時，也脚踏實地地進行着傳世文獻研究，並注意把二者甚至三者結合起來進行研究。

如上所述，以上統計僅限國家級、部省級項目等縱向項目，如果加上其他層次的縱向項目，如教育部文科基地項目、中央高校基金項目、國家和重慶市博士後項目，則2010年至2019年這10年間，文獻所獲準的科研項目總數當在100項左右。這10年間，文獻所年平均專職科研人員爲15位左右，記得2014年我曾統計過當年全所的在研各類縱向項目情況，達到平均每人2.5項。所以，文獻所在西南大學有“科研項目大户”之美稱。

正因爲文獻所在老專家的帶領下，在全所同仁的共同努力下，打造出了自己的科研特色，在學界産生了良好的社會效益，所以在2006年，儘管當時文獻所的專職科研人員僅10人，然而由文獻所領頭，以喻遂生、張顯成、毛遠明、蔣宗福四位爲方向帶頭人，整合文學院的有關力量，申報獲準了西南大學“中國語言文學”學科第一個二級學科“漢語言文字學”博士學位授予權。繼後，又於2011年，以“漢語言文字學”博士點爲領頭學科，申報獲準西南大學一級學科“中國語言文學”博士授予權。所以人們常説，如果没有當初文獻所領頭申報獲準的第一個二級學科博士授予權，西南大學“中國語言文學”一級學科博士學位授予權的獲得就可能滯後很多年，[①]那么西南

①因爲後來申請博士學位授予權需要以一級學科爲單位進行申報，若原來没有二級學科博士授予權，則很難獲准一級學科博士授予權。

大學在學科建設方面將大大落後於同層次高校。

文獻所鮮明的科研特色的形成來之不易，它是老專家帶領下，經過二十多年奮斗、竭力打造的結果。現在，老一輩專家逐漸退休，當初科研隊伍年齡斷層的艱難局面已得到根本性改觀，年青學者正呈現蒸蒸日上的蓬勃可喜之勢。長期以來，文獻所都是一個和睦的大家庭，2014年慶祝文獻所成立30周年時我曾説過：“（文獻所）這裏有平等和透明、有理解和支持，這裏有君子之交淡如水、有國學之味甘若醴，這裏的老學者關心提携青年人、年輕學者尊重敬仰老專家，在世風多有不正的當今，我們爲生活在這個大家庭感到慶幸和自豪。”[①]科研特色的形成有賴於一支團結的科研隊伍，故穩定和進一步建設好科研隊伍就顯得十分重要，願文獻所這支能打硬仗的科研隊伍，能一如既往地團結一心，矢志不渝，携手前行，永葆特色！

---

①見《繼承與創新——慶祝西南大學漢語言文獻研究成立三十周年論文集•張顯成〈前言〉》，西南師範大學出版社，2014年9月。

Working Together for Development: Introduction to the Formation of Scientific Research Characteristics in Institute of Chinese Language Literature

Zhang Xiancheng

Abstract: In 1990, Mr Yu Suisheng, who was mainly engaged in the study of oracle bone inscriptions, bronze inscriptions and Naxi Dongba script, was transferred to the Institute of Chinese Language Literature. In 1995, Mr Zhang Xiancheng, who was mainly engaged in the study of bamboo slips and silk scripts, bronze inscriptions and Chinese medicine literature, as well as the study of Turpan documents, graduated from his doctoral degree and worked at the Institute of Chinese Language Literature, and Mr Mao Yuanming was transferred to the Institute of Chinese Language Literature from Aba Teachers College in 1998, and he switched to the study of inscriptions in the following year. After that, some young scholars were introduced and retained to the research team of unearthed documents or ancient characters of ethnic minorities. Under the leadership of the older generation of scholars, all colleagues work together to seek common development, unearthed documents and ancient characters of Southwestern ethnic minorities, the two characteristics are increasingly obvious, only from 2010 to 2019, the national, provincial and ministerial scientific research projects that amounted to 64. The Institute of Chinese Language Literature have made significant contributions to the development of the university's disciplines and the construction of degree conferral units by its outstanding scientific research characteristics.

Key words: Institute of Chinese Language Literature; scientific research characteristics; formation

（張顯成，西南大學文獻所　重慶　400715）

《出土文獻綜合研究集刊》稿約

（2022年啓用）

《出土文獻綜合研究集刊》是由西南大學出土文獻綜合研究中心、漢語言文獻研究所主辦的學術刊物，旨在探賾索隱，推陳出新，宏揚原創，發表海内外有關出土文獻語言研究、文字研究、文獻研究等方面的學術論文和學術評論。本刊2012年开始籌辦，2014年正式創刊（半年刊），由巴蜀書社出版，現爲中文社會科學引文索引（CSSCI）收録集刊和人大複印資料來源刊物，並已收入中國知網和維普中文期刊服務平臺。

一、投稿方式

本刊已經開通“騰雲”期刊協同采編系統（知網版），網址爲：https://ctwj.cbpt.cnki.net。所有投稿、查看審稿進度均通過此系統完成。來稿切勿投寄個人，以免延誤審稿進度。

二、注意事項

（一）來稿若不屬本刊範疇，或經查證一稿多投，將直接作退稿處理。

（二）來稿字數以不超過3萬字爲宜，請按本刊规定格式用繁體字（一律使用新字形）排印。

（三）來稿若用到特殊字體，請用附件形式把相應的字體文件發送過來；若用到自造字、圖表或其他特殊形式，請做成圖像文件發送過來；將Word文件轉換成PDF文件時，請確認來稿内容（尤其是自造字和生僻字）可以在PDF文件中正確顯示。

（四）來稿引文務請核對原文，確保準確無誤。

（五）來稿請正確使用標點，注意兩個書名號（《》《》）、前後表達對等關係的引號（“”“”）之間不用頓號；單書名號用“〈〉”。

三、稿件格式

來稿請按16開（18.5cm×26cm）、每頁34（行）×36（字）排印。稿件内容請按如下順序撰寫：題目、作者、摘要、關鍵詞、正文、（徵引書目）、參考文獻、題目（英文）、作者（英文）、摘要（英文）、關鍵詞（英文）。作者簡介與聯繫方式請另附文檔。

（一）題目、作者、摘要、關鍵詞

來稿的中文題目限20字以内，摘要限300字以内，關鍵詞一般在3至6個。題目字體與字號爲宋體二號加粗，加寬0.1磅（副標題仿宋小三號），作者姓名爲仿宋體四號。“摘要”“關鍵詞”爲黑體小五號，摘要、關鍵詞的内容爲宋體小五號（左右縮進2個字符，並且首行縮進2個字符）。

題目、作者、摘要、關鍵詞的英文置於參考文獻後，字體爲Times New Roman。英文題目字號爲小四號加粗，其餘内容字號均爲11號。英文題目與關鍵詞請注意大小寫問題。

（二）題注

來稿若有所關涉的項目及需要向有關人員表示感謝等，應以“*”題注的形式標在稿件正文首頁下方，字體與字號爲宋體小五號，左側縮進2個字符，同時括注項目批準編號。

（三）正文

1.正文文字請用宋體11號。

2.正文中標題編排格式爲：一級小標題用“一”（居中、黑體四號）；二級小標題用“（一）”（左側縮進2個字符，宋體11號加粗）；三級小標題用“1.……”（左側縮進2個字符，宋體11號）。

3.正文中徵引的文獻例句用楷體11號（左右縮進2個字符，並且首行縮進2個字符），可於句後括注出處；例句如需排列，請采用（1）（2）（3）……的形式連續編號。例如：

（1）牧隻羌。（《甲骨文合集》39490/《合集》39490）

（2）韋橐，大、小十。（《敦煌漢簡》1147）

（3）躍躍毚兔，遇犬獲之。（《詩經·小雅·巧言》）

引文獨立成段時格式如下：

《風俗通義·過譽》有下面這樣的話：

孔子稱：“可寄百里之命，托六尺之孤，臨大節而不可奪。”相與之義，具於此矣。

4.正文中涉及公元世紀、年代、年、月、日、時刻和計數等，均使用阿拉伯數字。

5.正文中的圖片一定要清晰（不低於300dpi），達到出版標準；自造字或表外字一律采用圖片格式插入正文（不使用編碼方式造字），未經隸定的原形圖片字應儘量脱去底色。

6.正文中圖片、表格如超過一個，請分別用"圖1""圖2"……及"表1""表2"……的形式標明序號。表格若跨頁，續表加排表頭，同時要標注"續表"二字。圖表内文字一律用宋體小五號，圖片名位於圖片下端並居中；表格名位於表格上端，居中。

7.正文中引述文獻標注順序爲：作者（編者）、發表年份、（頁碼），作者（編者）與發表年份中間加逗號，發表年份與頁碼中間加":"號，外加圓括號。例如：（朱德熙，1986）；（裘錫圭，2013:32）。參看文獻格式爲：參看、作者（編者）、發表年份、（頁碼），作者（編者）與發表年份中間加逗號，發表年份與頁碼中間加":"號，外加圓括號。例如：（參看裘錫圭，1992）；（參看李學勤，1995:78）。

如果引述或參看文獻不止一個，中間用分號隔開。例如：（參看朱德熙，1982；裘錫圭，2013:69）。正文中已出現作者姓名時，可在其後括注發表年份。例如：朱德熙（1986）指出；李學勤（1998:75）認爲；可參看裘錫圭（1992）。

8.注釋

正文中的説明性注釋均采用當頁脚注（左側縮進2個字符，宋體小五號），每頁重新編號，注碼采用①②③……的形式。僅是參考或引述的文獻等内容一般不作爲注釋出現。

（四）參考文獻

排在正文後，空一行。"參考文獻"黑體小五號，頂格。所引文獻、書目等宋體小五號，另起一行，頂格，回行空7個字符。參考文獻格式爲：

1.期刊、輯刊或論文集中的文章書寫順序爲：作者或編者（2人以上，中間空1個字符）、出版年份（前後各空1個字符）、文題（加書名號）、（編者名）、刊名或論文集名（加書名號）、（出版社）、期數、（頁碼）。例如：

喻遂生　2002　《甲骨文單個祭祀動詞句的轉换和衍生》，《語言研究》第2期。
裘錫圭　1983　《戰國璽印文字考釋三篇》，《古文字研究》（第10輯），中華書局。
李學勤　2016　《清華簡的文獻特色與學術價值》，姚小鷗主編《清華簡與先秦經學文獻研究》，生活•讀書•新知三聯書店。

2.學位論文書寫順序爲：作者（2人以上，中間空1個字符）、出版年份（前後各空1個字符）、文題（加書名號）、學位授予機構及學位論文類型。例如：

陳　劍　2001　《殷墟卜辭的分期分類對甲骨文字考釋的重要性》，北京大學博士學位論文。

3.專著書寫順序爲：作者或編者（2人以上，中間空1個字符）、出版年份、書名（加書名號）、有關章節的編號、出版社。例如：

張顯成　2004　《簡帛文獻學通論》, 中華書局。
馬承源（主編）　2001　《上海博物館藏戰國楚竹書（一）》，上海古籍出版社。
太田辰夫　2003　《中國語歷史文法》（修訂譯本），蔣紹愚、徐昌華譯，北京大學出版社。

4.報紙上的文章書寫順序爲：作者（2人以上，中間空1個字符）、出版年份（前後各空1個字符）、文題（加書名號）、報紙名（加書名號）、日期。例如：

黄德寬　2017　《漢語史研究要避免落入新材料的陷阱》，《文匯報》2月3日。

5.外文參考文獻等書寫順序同中文。文章、書名排斜體。例如：

鷹取祐司　2017　《肩水金関遺址出土の通行証》，鷹取祐司編《古代中世東アジアの関所と交通制度》，汲古書院。
William H. Baxter, Laurent Sagart 2014 *Old Chinese: A New Reconstruction*, New York: Oxford University Press.

6.其他。

非正式出版的論著或非紙質媒體發表的論著，可以當頁脚注的形式注明。

同一作者（編者）如有數條文獻的，逐條分行排列，按文章发表年份顺序排列。作者（編者）在三人以上時，可在第一作者（編者）後加“等”字。

中文目録的編排順序以作者（編者）姓氏的音序排列；譯著按中文目録格式寫。外文目録一律排在中文目録後，順序先日文（文獻順序按作者姓氏中文讀音排序）後西文。

（五）作者簡介與聯繫方式

宋體五號。作者簡介包括：作者姓名、出生年月、籍貫、單位、職稱、學位、研究方向等。作者聯繫方式包括：通訊地址、郵政編碼、電子郵箱、聯繫電話等。

四、來稿處理

本刊采用雙向匿名審稿制度。編輯部一般在收到來稿後三個月内將審稿結果通過電子郵件告知作者。若編輯部未能如期處理稿件，作者可在三個月後來信咨詢。若需撤稿，請及時告知編輯部。

本刊不向作者收取版面費、審稿費等。稿件一經發表，本刊將贈送樣書兩册並支付薄酬。

五、聯繫方式

通訊地址：重慶市北碚區天生路2號西南大學漢語言文獻研究所《出土文獻綜合研究集刊》編輯部（400715）

電子郵箱：ctwxzhyj@163.com

聯繫電話：023-68252385

圖書在版編目（CIP）數據

出土文獻綜合研究集刊. 第二十輯/西南大學出土文獻綜合研究中心、西南大學漢語言文獻研究所编. —成都：巴蜀書社，2024. 11.

ISBN 978-7-5531-2256-4

Ⅰ. ①出… Ⅱ. ①西…②西… Ⅲ. ①出土文物－文獻－研究－中國－叢刊 Ⅳ. ①K877. 04-55

中國版本圖書館CIP數據核字第2024KY1759號

出 土 文 獻 綜 合 研 究 集 刊（第二十輯）
CHUTU WENXIAN ZONGHE YANJIU JIKAN

西南大學出土文獻綜合研究中心
西南大學漢語言文獻研究所 編

責任編輯	黄鳳嬌
責任印製	田東洋 谷雨婷
封面設計	冀帥吉
出版發行	巴蜀書社
	四川省成都市錦江區三色路238號新華之星A座36樓
	郵編：610023
	總編室電話：（028）86361843 發行科電話：（028）86361847
網　　址	www.bsbook.com
經　　銷	新華書店
印　　刷	成都蜀通印務有限責任公司
	電話：（028）64715762
版　　次	2024年11月第1版
印　　次	2024年11月第1次印刷
成品尺寸	260mmx185mm
印　　張	16. 5
字　　數	320千
書　　號	ISBN 978-7-5531-2256-4
定　　價	80. 00圓